문헌 연구 방법

문헌 연구 방법

황패강·송재용

박문사

서문

본서는 고인이 되신 필자의 은사(학부·석사·박사 지도교수) 故 황패강 선생님과 함께 엮은 책이다. 지금으로부터 34년 전 황패강 선생님은 필자에게 『문헌 연구 방법』 책을 출판하자고 말씀하셨다. 이에 흔쾌히 그러겠다고 했다. 필자는 황 선생님이 단국대학교 박물관 관장을 하실 때, 고서와 고문서 등을 박물관 소속 교수나 연구원들이 잘 모르니 혼자 정리해 보라는 말씀을 듣고 정리를 한 적이 있었다. 사실 서지학이나 고문헌 관련 공부는 관심이 있어서 학부 시절 답사와 3과목 수업, 석사와 박사 시절 2과목 등을 통해 배운 바 있다. 그러나 체계적으로는 배우지 못하였다. 그러다가 단국대 박물관 소장 고서와 고문서 등을 정리하면서 잘 모르는 부분은 선생님께 여쭈어 배우게 되었고, 선생님도 필자에게 많은 것을 가르쳐 주셨다. 그래서 제자들 가운데 필자가 거의 유일하게 문헌 연구 방법을 제대로 배울 수 있었다.

아무튼 황 선생님은 1993년 필자에게 『문헌 연구 방법』을 쓰기 위한 관련 자료들을 다 주셨고, 1996년 무렵 당신이 담당했던 부분의 원고까지 써서 주셨다. 그런데도 평소 게으르고 우매하였던 필자는 차일피일 미루다가 선생님이 병환 중이실 때 허겁지겁 출판사에 대충 원고를 써서 넘겼다. 사실 서문도 황 선생님이 쓰시는 것이 마땅한

데, 게으른 제자인 필자가 서문을 써 죄송스러울 따름이다. 그리고 2009년 선생님이 돌아가시기 1주일 전쯤 직계 제자들과 마지막으로 병문안(선생님 아들들의 연락으로)을 가서 의식불명에 피골이 상접하신 선생님을 뵙고 착잡한 심정으로 학교에 왔는데, 그날 오후 공교롭게도 출판사에서 보낸 초교 원고를 받게 되었다. 초교 원고를 교정도 하지 않고 계속 잡고 있다가 정년 해인 2021년 11월 말부터 교정을 보기 시작했다(다른 책 출판으로 교정을 보다 말다 함). 그런 필자를 인내하며 기다려 준 윤석현 사장에게 이 자리를 빌려 미안함과 고마움을 전한다. 그리고 돌아가신 선생님을 후일 저승에서 뵌다면 뭐라 해야 할지……. 아마 엄청나게 혼나리라. 잘못했으니 혼나 마땅하다. 그저 황 선생님께는 너무 죄송할 따름이다.

어쨌든 이 책은 이런 곡절을 겪고 출판하기에 이르렀다. 필자의 잘못으로 출판이 지연되었지만, 이 분야 연구서가 거의 없는 상황에서 (단편적이고 부분적인 서지학 같은 책들은 많지만, 종합적이고 체계적인 이론과 실제를 겸비한 책은 아직 없는 것으로 안다) 인문학 연구자들(국문, 사학, 한문학, 한국철학 등)에게는 꼭 필요한 책이라고 감히 단언하는 바이다. 그리고 본서에서 미비하거나 잘못된 부분이 있다면 전적으로 마무리를 한 송재용의 책임임을 밝힌다.

끝으로 출판을 흔쾌히 수락해주고 기다려 준 도서출판 박문사 사장님과 관계자 여러분에게도 감사의 마음을 전한다.

2024년 12월
은사 故 황패강 선생을 대신하여 송재용이 삼가 쓰다.

차례

Ⅰ. 머리말 11

Ⅱ. 문헌(文獻)과 서지학(書誌學)의 이해 17
   1. 문헌 19
   2. 서지학(書誌學) 27

Ⅲ. 문헌 연구 방법 197
   1. 방법론적 모색 199
   2. 실제 적용 사례 208

Ⅳ. 맺음말 263

I

머리말

Ⅰ. 머리말

　문헌이란 낱말은 주자(朱子)가 '문전적야 헌현야(文典籍也 獻賢也)'라 했듯이, 문헌이란 전거(典據)가 되는 서적과 어진 이의 언행(言行) 따위를 기록한 문서나 책, 바꿔 말하면 과거의 문화현상이나 제사상(諸思想)을 파악하는데 필요한 모든 쓴 것들을 지칭(指稱)하는 말이다. 그러므로 문헌 연구는 문헌을 연구 대상으로 삼고 연구목적도 문헌에 두는 것을 말한다.[1]

　문헌은 그 종류도 다양한바, 그 방법도 단순해서는 안 된다. 따라서 문헌을 연구하기 위해서는 편협과 독단에 빠지지 않고 있는 그대로를 이해해야 하며, 그 시대 영역도 포괄적이어야 한다.

　우리나라의 경우, 고대(古代)로 올라갈수록 빈번한 병란으로 인해 문헌이 거의 없어져 버려 접할 수 있는 것이 그리 많지 않다. 그러므로 우선은 있는 자료만이라도 수집·섭렵한 다음 이를 체계적으로 정리해야 한다. 이를 통해 우리는 문화유산을 보존하고 국학을 발전시켜야 한다.

　이처럼 우리는 문헌의 중요성을 인식하면서도, 실제로는 여전히 답보상태에 놓여 있다. 그것은 개인 또는 단체에 소장 되어 있는 문헌의 경우를 보아도 입증된다. 물론 어느 정도 정리된 문헌들도 있지

---

[1] 참고로 서양의 관점에서는 문헌학(Philology)이란 문헌자료를 언어학적, 역사적 측면으로 비판, 해석하고, 그에 근거하여 민족이나 시대의 문화를 연구하는 학문을 말한다. 그리고 문헌정보학(Library and information science)이란 문헌과 관련된 모든 사실이나 현상을 논리적·과학적으로 규명하고 추구하는 학제적인 성격을 띤 독자적인 학문을 말한다. 그리고 고증학(考證學)은 중국 명나라 말기부터 청나라 초반 사이에 문헌학, 언어학을 중심으로 객관적·실증적 태도를 견지하며 발전한 유학의 한 분파를 가리키는 말이다. 본서(本書)는 필자가 주로 동양적 시각에서 언급한 것이다.

13

만, 태반은 방치된 실정이다. 이는 관심과 지식 부족 때문이다. 따라서 문헌 연구도 개인보다는 전문지식인들로 구성된 단체 또는 대학을 통한 공동 작업이 필요하다.

문헌 연구 성과는 문예·정치·경제·사회 등의 역사를 더듬는 데서 오는 것이다. 결국 문헌 연구 최후의 목적은 하나의 문헌이 역사의 연구자료로 활용될 수 있느냐 없느냐 하는 것이다.

반면 문헌적 연구는 문학 연구를 위한 기초적·수단적 분야로써 문헌 연구를 포함한다. 따라서 이 연구는 수많은 문헌을 통해 그 가치 여부를 판별하는 일이 급선무다. 이를 위해선 다양한 문헌 종류에 대한 폭넓은 지식과 감식력, 그리고 냉철한 판단력과 비판적 안목이 절실히 요구된다. 이를 토대로 할 때 심도 있는 문학 연구도 가능한 것이다. 가령 우리가 문헌적 연구의 영역에 속하는 것들에 대한 시식이 없다고 할 때, 문헌적 연구는 당연히 불가능하며, 문학 연구 역시 곤경에 처하게 되는 경우가 많다. 그러므로 우리는 서지·주석학적 방법뿐 아니라 문헌학적 방법 등에 통달해야만 된다. 문헌적 연구는 이러한 폭넓은 지식을 통해 시작되어야 한다. 이는 문학 연구를 위한 기초단계에 불과한 것이다.

따라서 앞에서 언급한 바와 같이, 문헌·문헌적 연구가 선행되지 않은 연구물의 경우, 그 오류(誤謬)는 헤아릴 수 없을 정도로 많아 이것이 도리어 연구에 장애가 되고 있다는 것은 재론할 필요가 없다. 그런데 우리 학계의 경우, 이러한 연구에 대해 과연 얼마만큼 관심을 가지고 이를 지속해서 심화·발전시켜 왔는지 한 번쯤 생각해 볼 문제다. 물론 개중에는 상당한 연구업적을 쌓은 분들도 있으나, 일부에서는 소위 '자료적 학문'이라 하여 등한시해왔던 것도 사실이다.

무분별한 서양 이론의 수용으로 인한 피해 또한 적지 않은 오늘의 현실에 비추어 볼 때, 우리의 자성이 절실히 요구된다.

문헌·문헌적 연구는 문학 연구에서 지엽적인 것으로만 인식해서는 금물이다. 이러한 연구 역시 그 나름의 필요성이 요구되는 것으로, 앞으로 이를 극복한 다음 새로운 연구방법론을 도입 또는 개발해야 할 것이다. 이런 점에서 볼 때, 이에 대한 지식 축적이 절실히 요청된다. 이는 비단 문학에만 국한되는 것이 아니라 국학 분야에도 해당이 된다.

그동안 문헌학 또는 서지학 관련 연구는 많은 편이다. 그러나 종합적 연구라든지 문헌 연구 방법 관련 연구는 거의 없다고 해도 과언이 아니다. 사실 이 분야는 폭넓은 지식과 안목이 필요하다. 그만큼 어려운 분야라 할 수 있다. 그러므로 세부 전공자들이 분야별로 종합적이고 체계적으로 세분해서 쓰면 좋지만, 후일을 기대한다. 여기서는 필자(황패강·송재용)의 연구목적과 연구 방법 등을 중심으로 논의하고자 한다.

필자는 그동안 학계에서 문헌 연구 방법에 대한 체계적이고 종합적인 논의가 없었는바, 이 방면 연구자와 전공 학부생·대학원생을 위하여 개론서 성격의 책을 발간할 필요성을 느꼈다. 특히 문헌학이나 서지학, 문헌 연구 방법도 잘 모르는 일부 연구자들이 마치 잘 아는 것처럼 논문에 언급하는 것을 보고 충격을 받았다(이들 가운데 인연이 있는 일부 연구자들을 우연히 만날 기회가 있어 물어보니 잘 모른다고 한 적이 있다). 그래서 개설서 성격이지만 가장 기본적이고

문헌 연구 방법

일반적인 사항들과 함께 문헌 연구 방법을 실제 적용하는 사례(事例)까지 제시함으로써 연구자들과 학부·대학원생들에게 조금이나마 도움을 주고자 이 책을 써서 발간하기로 하였다.

　필자는 문헌 연구 방법을 기술하기 위해 먼저 문헌 및 서지학에 대한 기본적이고 필수적인 사항들에 대해 자세히 언급하였다. 그리고 이를 바탕으로 문헌 연구 방법에 대한 일반적인 사항들을 기술하고, 이를 실제 적용하였다.

　논의는 목차대로 기술할 것이다. 이를 통해 문헌 및 서지학에 대한 가장 기본적이고 일반적이며 필수적인 사항들을 숙지하고, 이를 바탕으로 문헌 연구 방법의 실제적 적용을 통해 문헌 연구 및 문헌 연구 방법을 제대로 이해하기를 바란다. 고전문학과 한문학, 역사학 등의 관련 연구자나 전공 학부생·대학원생은 문헌 연구 및 문헌 연구 방법을 반드시 알아야 한다. 이를 잊지 말기를…….[2]

---

[2] <참고문헌> : James Thorpe(ed), *The Aims and Methods of Scholarship in Modern Languages and Literatures*, 2nd edition, MLA, 1970.

II

문헌(文獻)과 서지학(書誌學)의 이해

II. 문헌(文獻)과 서지학(書誌學)의 이해

1. 문헌

문학의 문헌이라고 하면 작가가 쓴 수필본(手筆本)·교본(矯本), 제삼자가 쓴 필사본(筆寫本), 간본(刊本)으로서 고활자본(古活字本, 목활자<木活字>, 주활자<鑄活字>), 목판본(木版本), 근대에 나타난 활판본(活版本, 연활자<鉛活字>), 석판본(石版本), 등사본(謄寫本, 프린트본), 복사본(複寫本. 영인본<影印本>), 기타 등이 있다.

위의 문헌은 대개 문학에 관한 직접적인 자료로서, 문자로 기록하고 일정한 서적의 형식을 갖춘 것들이다. 그러나 문학 연구와 관련된 문헌이라고 할 때는 반드시 위의 조건에 부합되는 것만을 문헌의 범주에 넣을 수는 없다. 우선 문자 기록물로는 문학의 주변을 살필 수 있게 하는 문자기록(文字記錄)[도서(圖書), 문서(공사문서<公私文書>, 금석문(金石文), 판각(板刻)] 등이 있고, 비문자 문헌으로는 도화(圖畵)[책화(册畵), 괘화(掛畵), 정화(幀畵), 벽화(壁畵), 각화(刻畵), 지도(地圖), 기타)] 등을 문헌에 포함할 수 있다(논자들의 관점에 따라 차이가 있을 수 있으나, '구비<口碑>'도 넓은 의미에서 문헌에 넣어 다룰 수 있다).

여기서는 가장 중요한 부분인 문자 기록의 도서만 간단히 언급하겠다.

도서는 문자로 기록된 문헌의 한 가지로서 학문연구의 기본적 수단이 된다. 그러면 도서는 어떻게 변천되었는지 간단히 알아보기로 한다.

종이가 발명되기 이전에는 갑골(甲骨), 금(金), 도(陶), 옥(玉), 석

(石) 등이 종이를 대신하여 사용되었다. 갑골문은 거북이의 배, 동물의 배 등에 기록된 문자로서, 현존 최고의 것은 은나라 후기에 이루어진 것이라고 한다. 금문, 도문은 여러 종류의 금속기나 도기, 토기에 새겨진 명문을 말한다. 옥은 귀하게 쓰여 옥에 쓰인 명문의 경우, 장신구에서 주로 볼 수 있고, 돌에 쓰인 명문은 영구 보존성이 있는 바, 비석에서 많이 보인다. 옥(玉), 석(石)에 쓰인 명문은 탁본법이 발견됨으로써 복사도 가능하게 되었다.

다음으로 책의 직접적인 기원이 된 죽간(竹簡)과 목독(木牘) 그리고 백서(帛書)와 지권(紙卷)에 대해 살펴보기로 한다.

죽간(竹簡)은 대나무 조각에 문자를 새긴 것을 말하는데, 쓰인 시기는 상고로부터 5~6세기 동안이다. 목독(木牘)은 나무 조각에 문자를 새긴 것을 말한다. 그런데 죽간과 목독은 문자를 새긴 나무 조각 여러 개를 하나로 묶어 놓은 것이 보통이나. 한사의 종서(縱書 : 세로쓰기)법, 책의 명칭, 책을 세는 단위 등, 책에 관한 용어는 죽간과 목독에서 비롯된 것이 많다.

비단은 BC 6~7세기로부터 서사(書寫)에 쓰이기 시작하여 서기 3~4세기까지 지속되었다. 이러한 비단은 죽간이나 목독과 달리 유연성·흡수성·내구성이 있어 서사에 알맞았다. 이와 같은 비단에 문자를 기록한 것을 백서라 하였다. 한편 백서의 성격에 따라 이때부터 붓이 발달한 것으로 보인다. 백견(帛絹)에 쓴 것을 펴고 말기 쉽게 하려고 후단에 축(軸)이라고 하는 막대를 붙이고 책을 만들었는데, 이를 권(卷)이라 하였다. 그러나 비단은 귀하고 죽간은 무거워 불편한 점이 많았는데, 이러한 단점을 없애려는 노력이 계속되어 저렴하

Ⅱ. 문헌(文獻)과 서지학(書誌學)의 이해

고 가벼운 종이가 발명되었다. 이로부터 비로소 종이로 만든 책이 보편화되었다.[3]

(1) 일차자료(一次資料) : 원전(原典)[4]

일차자료에 관한 연구는 우선적이며 필수적이다. 왜냐하면 원전(原典)의 확정이 전제되지 않은 비평 또는 연구란 때에 따라서는 그것은 한갓 사상누각에 불과하기 때문이다.

따라서 이러한 원전을 확정하기 위하여 동원되는 방계학문은 서지학, 문헌학은 물론 인쇄술, 제지술, 제본, 필체 감정 등등 실로 광범위하다. 원전을 확정하기 위한 작업은 비문학적인 것 같으나, 실상은 대단한 감식력, 즉 넓은 의미의 비평적 안목이 필요하다. 그러므로 원전을 확정하는 과정은 서로 다른 시기에 따라서 또는 다른 특정한 문제에 따라 매우 다양한 것이지만, 그것의 일반적 원리는 동일(同一)하다.

이러한 원전의 확정을 위한 작업으로는 제일 먼저 문서적 파악이 급선무다. 즉, 현존 문서들(원고, 초간본, 수정본, 이본)을 근거로 하여 가장 순수하고 정확한 형태를 확정한다. 만약 원고가 부재한 경우라면 가능한 한 추정 본을 작성하기 위하여 교정·수정·보완·종합

---

[3] <참고문헌> : 유탁일, 『한국문헌학연구』, 아세아문화사, 1990.
[4] 여기서는 '1차 자료 : 원전'을 중심으로 간략히 언급하겠다. 구체적인 사항은 '서지학'에서 논하겠다.

적 작업을 함으로써 텍스트에서 오류를 제거하는 일이다. 다음으로는 많은 이본 또는 사(寫)·간본(刊本) 가운데 결정 본의 근거가 될 기본 텍스트를 결정하는 일이다. 그다음으로는 일정 기간에 출간된 한 작품의 여러 판본을 모두 대조·조사하여 서로 틀리는 부분을 확실히 기록해 두는 일이다. 마지막으로는 판본의 연대기적 선후관계를 파악하는 일이다. 이런 면밀한 조사·검토·수정과정을 거쳐 결정판이 탄생하는 것이다. 설사 원전이 찾아지고 그 가운데서도 믿을 만한 작품 초고가 발견되었다 하더라도 그것만으로 곧 한 작품이 완전한 자료가 될 수 있는 것은 아니다. 대부분의 작품 중에는 그 자체에서 쉽사리 알아볼 수 없는 부분이나, 뜻이 통하지 않는 부분도 있는 법이다. 따라서 그 정비과정이 필요한 것이다.

이상에서도 알 수 있듯이, 문헌자료를 대상으로 하는 학문에 있어서 원전 비평은 가상 선행되는 연구 분야임은 재론할 필요도 없다. 특히 그 자료가 작자의 원고본(原稿本)도 아니며(원고본이라고 예외가 되는 것도 아니다), 원간본(原刊本)도 아닌, 그나마 후대의 기사자(記寫者)나 편술자(編述者)에 의하여 전사·기술된 기간에 있었을 법한 원전에 대한 의식·무의식적 가공 부분을 가려내고 본모습으로(작자의 의도한) 바로잡는 일은 연구에 있어 필수적인 과제가 아닐 수 없다.

지금까지 나온 원전 연구의 업적을 간단히 언급하면, 김동욱(金東旭)의 『<춘향전> 연구(春香傳 研究)』, 정규복(丁奎福)의 「<홍길동전> 이본고(洪吉童傳 異本攷)」, 『<구운몽> 연구(九雲夢 研究)』, 황패강(黃浿江)의 「나암보우(懶庵普雨)와 <왕랑반혼전(王郎返魂

Ⅱ. 문헌(文獻)과 서지학(書誌學)의 이해

傳)>」,「<원생몽유록(元生夢遊錄)>과 임제문학(林悌文學)」, 유탁일(柳鐸一)의 『완판방각소설(完板坊刻小說)의 문헌학적 연구(文獻學的 硏究)』, 최운식(崔雲植)의 『<심청전> 연구(沈淸傳 硏究)』, 소재영(蘇在英)의 『임병양란(壬丙兩亂)과 문학의식(文學意識)』 등등을 들 수 있다.

그러나 일반적으로 원전 비평은 이본 교합에 치중하여 다분히 서지적 차원에 머물러 있다고 느끼게 한다. 원전 비평의 목적은 진실을 전해주는 원전의 확정 내지는 구성에 있어야 할 것이다. 그런데도 연대적으로 오랜 것만을 가치 있는 원전으로 생각하는 호고적(好古的) 취미가 원전 비평의 분야에서 지배적 경향으로 나타나고 있다. 당연히 문학 이해의 차원에서 진실을 전해주는 원전을 가치 있게 받아들이는 태도가 필요한 것이다. 이런 차원에서 본다면, 영국학자들에 의해 이루어진 셰익스피어 작품의 원전 복원작업은 우리에게 시사하는 바가 크다.

① 간사(刊寫)

일반적으로 도서는 출판 여부에 따라서 사본(寫本)과 간본(刊本)으로 분류된다. 사본(寫本)은 간본(刊本)을 필사(筆寫)한 책(册)을 총칭하는 말이다. 사본(寫本)의 동의어(同義語)로는 초본(鈔本 또는 抄本)이라고도 하는데 초(鈔)는 등사(謄寫)를 뜻하므로, 또한 등사본(謄寫本), 등록본(謄錄本), 등본(謄本)이라고도 하며, 선사본(繕寫本), 서사본(書寫本), 필사본(筆寫本) 등도 또한 사본(寫本)과 동의어(同義語)에 해당한다고 말하는 사람도 있다. 그런데 초본(鈔本), 등사본(謄寫本), 선사본(繕寫本) 등은 엄밀히 말해 약간의 차이가 있다.[5]

② 장정(裝幀)

장정(裝訂)은 책의 여러 종류의 외형적인 형태 중 어느 하나로 정하여 책을 만드는 것을 말한다. 또 우리나라에서 사용되고 있는 용어로서 장정(裝幀)이 있다. 이 장정(裝幀)은 표지에 미술적인 장식을 가하여 제책(製册)하는 것을 말하는바, 이것은 고서(古書)에는 해당하지 않는다.

우리나라 대부분의 고서는 장대하고, 황색 표지에 봉밀(蜂蜜)을 먹여 충해와 부식을 방지하고 홍사 한 줄로써 다섯 군데를 매고, 표지는 윤택이 나게 밀어 광택을 내고 능화판을 사용하여 문양을 냈다. 이러한 우리의 대표적인 고서를 황지홍사(黃紙紅絲)라 칭한다.

장정(裝幀)의 발달과정은 권자본(卷子本) → 선풍장(旋風裝) → 호접장(蝴蝶裝) → 선장(線裝) 순이다. 중요한 장정법으로는 권자(卷子), 첩장(帖裝), 선풍장(旋風裝), 호접장(蝴蝶裝), 포배장(袍背裝), 선장(線裝) 등이 있다.

---

[5] <참고문헌> : 『판본일람(板本一覽)』;『한국고활자견본철(韓國古活字見本綴)』;『한국고활자표(韓國古活 字表)』;『한적한국판목판목 · 활자본(韓籍韓國版木 板木 · 活字本)』.

Ⅱ. 문헌(文獻)과 서지학(書誌學)의 이해

③ 표지(表紙)

　권자(卷子)일 경우 그냥 보자기에 싸두기도 하지만 장정법이 발달함에 따라 표지도 종이, 비단 등으로 바뀌었다. 종이는 백지보다는 황색지, 청색지 등의 색지(色紙)를 사용했다. 우리나라에서는 표지에 여러 아름다운 무늬를 넣었는데, 그린 것이 아니라 목각으로 새긴 목각판에 눌러서 무늬를 넣었다. 이 무늬를 넣는 목각판을 능화판이라 하는데, 이 능화판 사용은 우리나라 고유의 방식이다. 도안의 다양성이나 조각 기술 면에서나 크게 발달 되어 고서의 표지에 나타나 있는 무늬 중 우수한 것이 많다. 능화판 문양의 종류는 다양한데 한 종류만 쓰이기도 하고 여러 개가 함께 쓰이기도 했다.

④ 용지(用紙)

　종이는 후한(後漢) 때 채륜(蔡倫)이 파포(破布), 어망(魚網)을 써서 만들었다고 하며, 대개 식물류 섬유질의 부드러운 것이 그 원료(原料)가 되며, 먼저 자비도란(煮沸搗爛)하고, 점즙(粘汁)을 합하여 렴(簾)으로 그 액체(液體)를 떠내어 말려서 만든다. 또한 원료(原料), 후박(厚薄), 장단(長短), 광협(廣狹), 염색(染色), 도련(搗練), 용처(用處) 등에 따라 동질이명(同質異名)의 것이 많다.[6]

---

[6] <참고문헌>: 안춘근,『한국 서지학 원론』, 범우사, 1990. ; 이겸노,『문방사우』, 대원사, 1997.

문헌 연구 방법

⑤ 간기(刊記)

책의 간행 시기는 간기(刊記)를 통해서 구체적으로 파악할 수 있다. 간기(刊記)에서도 간행 시기를 파악하는데 기본이 되는 것은 연호(年號)이다. 우리나라 고서는 거의 중국의 연호를 써서 간기를 나타냈다. 이 연호를 기준으로 대략 고려 이전, 고려, 조선 전기, 조선 후기, 근대 이후로 나눌 수 있다.

고려 이전에는 당(唐)의 연호인 정관(貞觀), 천보(天寶), 대력(大曆), 정원(貞元), 원화(元和) 등등이 쓰였고, 고려시대에는 원(元)의 연호인 대덕(大德), 지정(至正), 명(明)의 연호인 홍무(洪武) 등등을 썼다.

조선 전기에는 명(明)의 연호 일색으로 영락(永樂), 정통(正統), 천순(天順), 성화(成化), 홍치(弘治), 정덕(正德), 가정(嘉靖), 융경(隆慶), 만력(萬曆) 등등을 썼고, 조선 후기에는 명(明)이 망했음에도 불구하고, 명(明)의 연호인 숭정(崇禎, 1628)을 고집하기도 했으나, 청(淸)의 연호인 숭덕(崇德), 순치(順治), 강희(康熙), 옹정(雍正), 건륭(乾隆), 가경(嘉慶), 도광(道光), 함풍(咸豊), 동치(同治) 등도 사용되었다. 그러다가 근대 이후(1860년을 기준)에는 대한제국의 연호인 광서(光緒), 건양(建陽, 1896), 광무(光武, 1897), 융희(隆熙, 1907) 등을 사용하다가 일제강점기 시대를 맞았다.

일제강점기 시대에는 기년법(紀年法)을 써서 일본의 연호를 피하였다(예를 들어 '단묘손위후사백칠십년임술'은 단종이 왕위를 잃은 지 470년 되는 임술년. 1455+470은 1925이니 여기에 가까운 임술년

1922년을 찾으면 된다).

⑥ 목록(目錄)

"목록학은 학문 중 가장 긴요한 학문이다. 반드시 목록학을 통해서만이 바야흐로 그 분야를 연구할 수 있다(目錄之學 學中第一緊要事 必從此門途 方能得其門而入『七十史商榷』卷1, <史記集解>)."라는 말에서 볼 수 있는 바와 같이, 어떤 분야든 학문을 연구하는 사람은 그 분야에 예로부터 어떤 문헌이 있는가를 소상하게 알아야 한다. 연구하기 위해서는 일차적으로 필요한 일은 자료를 찾는 일이며, 자료를 찾는 일은 그 분야에 어떤 문헌이 있는가를 알아야 수월하고 효과적으로 할 수 있기 때문이다.

2. 서지학(書誌學)

(1) 어원(語源)

영어로 bibliography로서 biblio(書)와 graphy(誌)의 합성어이다. 원래는 '책을 쓰는 것'이라는 그리스어 bibliographia에서 유래 되었다.
서지학(書誌學)이 동양에서 쓰인 것은 20C 초인 듯하다. 그러나 동양에서도 서지학을 같은 시각에서 인식한 것으로 보인다. '목록학은 학문의 입문서'라 하였으며, 경(經), 사(史), 자(子), 집(集)이란 도서의 분류 방법도 일찍부터 창안되었음은 주지하는 바이다(淸의『四庫全書』, 朝鮮의『弘齋全書』의 해제가 그 예임).

(2) 개념(槪念)

서지학이란 책을 대상으로 조사, 분석 연구하여 기술하는 과학으로, 원래 서지학이란 용어는 근세에 도입된 서구어의 번역이다. 이 서지학의 연구 분야는 대개 셋으로 나누면 다음과 같은 것이다.

① 서양의 원문서지학, 중국의 교감학

문자의 수단으로 표현된 지적 소산인 본문에 있어서 문자 이동(異同)은 어떠한가? 즉, 본문에 오자와 탈자가 있는가? 없는가? 있다면 교정하고, 문장에 보탬과 깎임이 있다면 그 역사와 전래(傳來) 등을 조사, 연구하여 밝혀주는 것과 관련된 분야이다. 이를 서양에서는 원문서지학(原文書誌學)이라 하고, 중국에서는 교감학(校勘學)이라 한다.

② 서양의 체계서지학 · 주제서지학 · 지적서지학, 중국의 목록학

문자의 수단으로 표현된 지적 소산의 내용에 있어서 같은 주제의 것이 얼마나 있고, 그중 어떤 것이 좋은 내용을 다룬 것인가의 정보를 얻어 가장 바람직한 것을 가려 이용할 수 있도록 문헌을 체계 있게

서목(書目)으로 편성하거나, 이미 편성된 서목에 관하여 연구하는 것과 관련된 분야이다. 이를 서양에서는 체계서지학(體系書誌學), 주제서지학(主題書誌學) 또는 지적서지학(知的書誌學)이라 하고, 중국에서는 목록학(目錄學)이라 하여 왔다.

③ 서양의 형태서지학, 중국의 판본학

지적 소산을 문자의 수단으로 표현하여 담은 물리적 형체를 책의 형태라고 할 때, 그 형태에는 어떤 종류들이 있고, 그것들이 시대에 따라 어떠한 특징과 성격을 지니고 있으며, 그중 어떠한 것이 초기의 것으로 본문에 오자와 탈자가 없는 좋은 자료인가를 감정하는 일과 관련된 모든 사항을 다루는 분야이다. 서구에서는 이를 형태서지학(形態書誌學)이라 하고, 중국에서는 판본학(板本學)이라 한다.[7]

(3) 책(册)과 도서(圖書)

책은 문자 또는 그림의 수단으로 표현된 정신적 소산을 체계 있게

---

[7] <참고문헌> : Maurice Courant, 'Introduction to the *BIBLIOGRAPHIE COREENNE*', trans. by Mrs. W. Massy Royds,(*TRANSACTIONS OF THE KOREA BRANCH OF THE ROYAL ASIATIC.*) ; 長澤規矩也,『書誌學序說』, 吉川弘文館, 1970. ; 모리스 쿠랑(trans. 朴相圭),『韓國의 書誌와 文化』, 新丘文庫8, 1974. ; 諸洪圭,『韓國書誌學辭典』, 景仁文化社, 1974. ; 河東鎬,『書誌學』, 塔出版社, 1979. ; 尹炳泰,『韓國書誌學槪論(稿)』, 利久出版社, 1983.

담은 물리적 형체이다. 그 물리적 형체가 초기에는 대, 나무, 깁, 잎, 가죽 등의 재료로 만들어지기 시작하였지만, 그 뒤 점차로 종이가 사용되었으며 그것을 일정한 차례로 잇거나 겹쳐 꿰매고 철(綴)하여 책을 만들어냈다.

책의 명칭은 옛날부터 매우 다양하게 사용되었다. 그 용어로는 책(冊), 전(典), 서(書), 본(本), 도서(圖書), 문헌(文獻) 등이 있고, 그 밖에도 많은 합성어가 만들어져 사용되었다. 흔히 책은 일서(一書)를 일책(一冊)이라 한다.

책(冊)은 대와 나무의 조각을 엮은 책(策)의 모양을 보고 만든 글자로 일찍부터 쓰인 명칭이며, 현재 우리나라에서 주로 사용되고 있는 명칭이다. 이 글자가 만들어진 이후 나온 명칭으로서 간책(簡冊), 죽책(竹冊), 전책(典冊), 엽책(葉冊), 서책(書冊), 첩책(帖冊), 접책(摺冊), 보책(譜冊), 책자(冊子) 등이 있다. 우리나라에서는 서책(書冊)의 용어가 가장 많이 사용되었다.

전(典)은 책상 위에 책을 소중하게 꽂아 놓은 모양을 보고 만든 글자이다. 합성어로는 전책(典冊), 전적(典籍), 고전(古典), 원전(原典), 경전(經典), 불전(佛典), 법전(法典) 등이 있으며, 우리나라에서는 전적(典籍)과 고전(古典)을 가장 많이 사용했다.

서(書)는 '율(聿)'과 '자(者)'로 구성되어 있는 글자다. '율(聿)'은 글씨 쓰는 붓을 뜻하고, '자(者)'는 '저(著)'의 옛 글자로써 쓰는 것을 뜻한다. 그러므로 '서(書)'의 글자는 바른 손으로 붓을 잡고 죽백(竹帛) 등에 글씨 쓰는 것을 뜻한다. 그 합성어로는 죽서(竹書), 간서(簡書), 백서(帛書), 지서(紙書), 경서(經書), 불서(佛書), 사서(史書), 고서(古

書), 동서(東書), 장서(藏書) 등 그 종류가 매우 다양하다. 우리나라에서는 일서(一書)를 일장(一張)이라 한다.

참고로 엽(葉)은 書의 일지(一紙)를 일엽(一葉 : 당나라 때 불경의 범패에서 기인한 듯하다)으로 부르기도 한다.

본(本)은 책의 명칭인데 주로 사용하고 있는 나라는 일본이다. 우리나라와 중국에서는 주로 합성어로 사용하고 있는데 간본(刊本), 각본(刻本), 주자본(鑄字本), 인본(印本), 사본(寫本), 고려본(高麗本), 조선본(朝鮮本), 원본(原本), 관본(官本), 귀중본(貴重本), 진본(珍本) 등에서 볼 수 있다.

참고로 권(卷)은 죽백(竹帛)에서 유래했다.

도서(圖書)는 '하도락서(河圖洛書)'에서 유래된 말이다. '하도락서'는 『주역(周易)』의 「계사(繫詞)」를 보면, "하출도 낙출서 성인칙지(河出圖 洛出書 聖人則之)"(황하에서 그림이 나오고 낙수에서 글이 나왔는데 성인이 이를 본받았다)라는 구절이 있다. 본래 그림과 글씨가 담긴 것을 일컬은 데서 비롯한 것인데, 그 뜻이 다양해서 전적(典籍) 또는 서적(書籍), 지도(地圖)인 도적(圖籍), 지도(地圖)와 장부인 기록문서(記錄文書), 그림과 글씨인 서화(書畵), 도장(圖章) 또는 인장(印章) 등을 나타내기도 하였다.

(4) 지묵필(紙墨筆)과 자체(字體)

① 지(紙)

지(紙)는 후한(後漢)의 채륜(蔡倫)이 처음 쓴 것으로 보인다.

㉠ 한지

우리나라 고유의 종이로, 고려지, 조선지, 계림지, 만지 등으로 불린다. 닥나무를 사용한 것이 특징이며 우리나라에서는 7C 경에 사용한 듯하다. 원료에 따라 상지(桑紙), 저지(楮紙 : 닥나무 종이), 고정지(高精紙 : 인책에 가장 많이 사용, 고본<古本>은 대개 이 종이를 사용한 것이 많다) 등의 종류가 있다.

고정지는 귀리 짚으로 만든 황색 한지로, 북지·북황지로도 불린다. 고려에서 조선조로 내려올수록 종이의 질이 점점 떨어져 갔으며, 색깔도 나빠졌다. 대개는 오래되면 오래될수록 빛깔이 노르스름하고 더 쨍쨍해진다(예 - 국립도서관본『월인석보』: 백면지, 가람본『능엄경』: 죽피지,『십초시』제1권 : 유목지).

㉡ 당지

중국 고대의 제법에 따라 대나무를 표백하여 닥나무를 넣어 만든 종이로 부드럽고 얇아 먹물이 잘 흡수되기 때문에 서화용으로 많이 애용됐다(일명 화선지).

Ⅱ. 문헌(文獻)과 서지학(書誌學)의 이해

ⓒ 패엽

pattra(貝多羅)라는 고대 인도에서 종이로 대용했던 나뭇잎을 이용해 경문을 적었다.

ⓔ 피경(皮經)

짐승이나 사람 가죽에 경문을 쓴 것. 서양의 양피지도 양의 가죽을 이용해 만든 것이다.

② 먹(墨)

먹의 시초는 분명하지 않지만, 한나라 때 옻이나 소나무 그을음으로 먹을 만들었는 바, 기술이 상당히 발달하였다는 기록이 있다. 우리나라에서는 고려 초기에 송연먹을 제조했다는 기록이 있다.

먹은 참먹, 숯먹이 있다. 숯먹은 송연(松烟)을 재료로, 참먹은 유연(油烟)을 재료로 하였다. 송연먹이 인출 시 더 좋다(정품은 묵색이 선광하고 묵기가 향담하다). 유연먹과 당먹은 글씨 쓰는 데는 좋으나 인출 시 번진다.

먹을 선택할 때는 우선 가벼워야 하고 탁하지 않고 맑은 것이어야 한다. 또 향기가 좋고 먹을 갈 때 소리가 나지 않아야 한다.[8]

③ 붓

붓은 서기전 3세기 진나라 몽염(蒙恬)이라는 사람이 발견했다는

---

8 <참고문헌> : 이겸노, 『문방사우』, 대원사, 1997.

문헌 연구 방법

기록이 있다. 붓은 재료와 조제로 주로 분류되는데, 이중 황모필(黃毛筆. 족제비 꼬리털로 만든 붓)이 우수하다. 그리고 붓촉을 고를 때는 토끼털이면 가을철의 것이, 족제비 털은 겨울 족제비 털이 좋다고 한다. 토끼털이나 족제비 털이 아닐지라도 털이 뻣뻣하면서도 둥글고 뾰족한 것, 털이 많으면서도 가지런한 것, 털 윗부분이 끈으로 잘 묶어져 있는 것, 오래 써도 힘이 있는 것이면 좋은 붓이라 하겠다.[9]

④ 자체(字體)

체법(體法)은 책을 보고 숙지(熟知)해야 한다. 훈민정음 : 해서체(甲寅字, 인쇄용에 적합), 팔만대장경 : 구양순체-근조 초(近朝 初) 활자(活字)에는 안진경체가 흔히 쓰임(명조<明朝>, 사자체<寫字體>도 이 체임), 왕희지체(삼국~조선조까지 숭상, 활자는 대개 이 체임), 조맹부체(고려말~조선 초 숭상,『용비어천가』)

(5) 고서와 고서 상태에 관한 용어

① 건상본(巾箱本)

건상(巾箱)은 비단으로 싼 작은 상자이다. 수문고(手文庫)의 뜻으

[9] <참고문헌> : 이겸노,『문방사우』, 대원사, 1997.

34

로 두본(豆本), 수진본(袖珍本), 수진본(手珍本), 마상본(馬上本)이라고도 한다. 작은 글씨로 써서 건상 속에 넣고 혹은 작게 싸서 소매 속 등에 넣어 다니면서 수시로 꺼내 볼 수 있게 한 책이다. 과거용에 주로 쓰였다.

② 결본(缺本)

완본(完本)에 대하여 수가 부족한 책. 부족본, 잡본, 파본, 단본(端本), 낙권, 궐본이라고도 한다. 이 용어에 있어서 결본은 결본 수가 적을 때, 결본 수가 많을 때는 잔결(殘缺), 아주 적게 남아 있을 때는 영본(零本)이라 사용하기도 한다.

③ 고본(孤本)

유일본으로 류본(類本)이 없고 산실 되어 버린 책을 말한다.

④ 귀중본(貴重本)

귀중한 도서로서 수가 극히 적으며 흔하게 볼 수 없는 책을 말한다. 고사본, 고간본, 명가의 수택본, 또 학술상의 귀중한 자료 등을 말한다. 연대(年代)가 오래되지 않아도 귀중본으로 취급되기도 한다. 희서, 희구서(稀覯書), 진서(珍書), 진본, 기서(奇書) 등을 말한다.『도서관 용어집』(한국도서관협회 편, 1966)에 의하면 세상에서 별로 볼 수 없는 고판본 따위의 도서로서 그 가치가 매우 진귀하여 특별히 보관하여 다루는 책이라 한다. 우리나라 국립중앙도서관의 경우는 다음과 같다.

㉠ 고사본 및 고간본
  ㉮ 한국은 조선 인조(~1659년) 이전
  ㉯ 중국은 명조(~1368년) 이전
  ㉰ 일본은 원화(元和 : ~1623년) 이전
  ㉱ 서양 및 기타 나라: 1800년 이전
㉡ 근세 명가 초판본
㉢ 저명 화가의 초쇄 판화 및 삽화 초쇄본
㉣ 왕 또는 명가의 자필서명 및 수택본 낙관이 있는 것
㉤ 100부 이내 한정본 및 저명 사간본
㉥ 특수 장정본
㉦ 탁본·법첩
㉧ 특히 귀중하다고 인정되는 자료[10]
  ※ 필사본 가치평가 기준
    ⓐ 간본이 없으나 내용이 있는 것.
    ⓑ 간본이 있어도 전승되지 않거나 희귀한 것.
    ⓒ 간본이나 유포본과 다른 계통의 것.
    ⓓ 서사(書寫) 시대가 오래된 것이나, 간본이 있는 것은 출간 출

---

[10] <참고문헌> : 『국립중앙도서관 규정집』, 1969년, 68~69쪽, 국립중앙도서관 자료 취급 규정 제2조.

현 이전 것.
ⓔ 저자의 자필이나 명가의 수고본.
ⓕ 구가 간본과 다르거나, 간본에 탈락된 것.
ⓖ 고판본이나 고사본을 모사한 것. 특히 현존본 또는 복제 간본보다 파손이 적었을 때 필사한 것.
ⓘ 명가의 수(手)발, 구장, 인기(印記)가 있는 것.
ⓙ 명가의 교정을 경유하거나, 교정본이 미간일 때는 전사본(수결본)인 것.

⑤ 복각본(複刻本)

㉠ 원본을 그대로 재판하는 일
㉡ 고서에 있어서 원간본 또는 원각본을 판에 붙이고 이것을 판하(版下)로 하여 원형대로 다시 모각하여 찍은 책을 복각본(覆刻本)이라고도 한다.
※ 각수(刻手)에 의해 각판 되기 때문에 판면이 조잡하고, 내용의 변모를 초래하거나 오식이 많다.

⑥ 선본(善本)

㉠ 고사본, 고간본 등으로서 희귀서 또는 이에 준하는 책을 말한다. 인쇄, 장정 등은 당대를 대표할 수 있는 것이면서 오랜 시간이 지난 후에도 보존상태가 좋은 것을 말한다. 중국에서는 당본(唐本), 송

판(宋版), 또는 명대 초의 간본 등에 사용한다.

ⓒ 한적의 판본 또는 사본으로서 교정, 인쇄, 제본이 좋은 것을 말한다.[11]

⑦ 설본(屑本)

별로 쓸모없는 책 또는 파손되어 쓸모없는 책.

⑧ 소본(素本)

방점(榜㸃), 훈점(訓㸃) 등이 없는 무점본(無㸃本).

⑨ 수택본(手澤本)

손때 묻은 책이란 뜻으로, 수장자가 비치해두고 애용한 책. 수장자의 친필, 주석, 방점 등이 있는 것이 보통이며, 수장자의 장서인, 기(記) 등도 있다.

⑩ 영본(零本)

책수(册數)가 부족하여 전질이 갖춰지지 못한 책(없는 것이 많고,

---

[11] <참고문헌> : 국립중앙도서관 간행 『선본 해제』.

Ⅱ. 문헌(文獻)과 서지학(書誌學)의 이해

남아 있는 것이 적을 때). 고간본, 고사본의 경우에 사용되며 전질 중 남아 있는 1~2책을 말한다(있는 册만 기재). 예를 들어 卷6~9, 人册이 있다면 기재 시 3卷 1册 [零本 : 卷6~9(人)].

⑪ 낙질(落秩)

있는 것이 반 이상인 경우(없는 册만 기재), 예를 들어 8권 3책(天, 地, 人) 중 5권 2책(天, 地)이 있을 때 5卷 2册(卷1~5, 天, 地)이라 적고, 비고란에 落秩(卷6~8 : 人册이라고 기재)

⑫ 저본(底本)

㉠ 사본이나 복제본의 원본을 말한다. 또는 원본 중에서도 기초자료가 될 수 있는 것
㉡ 초고를 말한다. 장본(帳本), 저책(底册)이라고도 한다.

⑬ 족본(足本)

결본이 된 책을 다른 종류의 책으로 보완해 전질을 맞춘 책.

⑭ 흠정본(欽定本)

칙명에 의해 편찬된 책.[12]

문헌 연구 방법

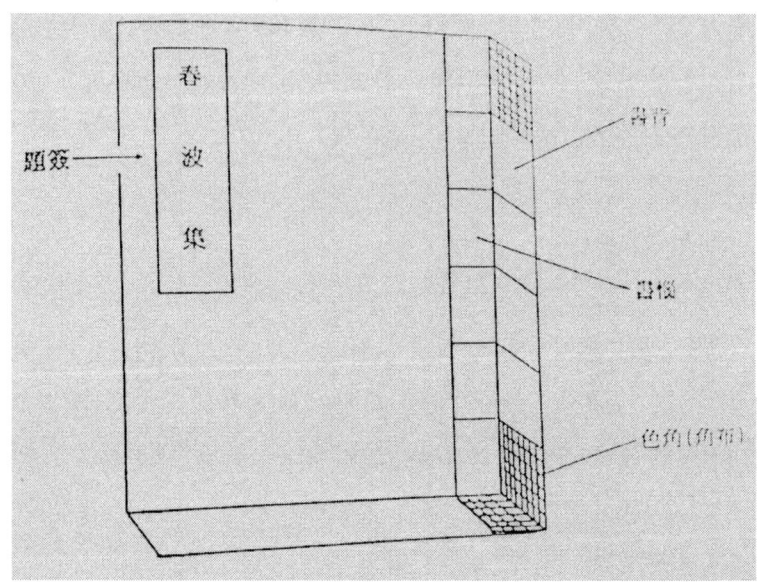

(6) 고서 외형에 관한 용어

서지학(書誌學)의 대상인 책(冊)은 그 체재에 따라 다음과 같은 부분 명칭이 있다.

참고로 국문학 연구자로서 서지학에 대한 기초지식은 크게 둘로 나눌 수 있다.

첫째, 형태 서지학 : 목판과 활판의 분별, 지질의 감별, 원본과 영인본의 대교를 할 수 있는 능력이 필요하다. 주로 형태 서지학에만 초점

---

12 <참고문헌> : 千惠鳳, 『韓國書誌學』, 民音社, 1993.

을 맞추고 있는데, 오늘날 주로 여기에 급급한 실정이다.

둘째, 내용 서지학 : 원본, 원고의 추적, 작자의 의식구조 파악, 생애 연구, 창작 동기 등을 탐색하는 것을 말한다. 이 둘을 토대로 연구 방법론을 개발할 필요가 있다.

특히 목록, 해제의 범위를 극복하고 ⓐ 어느 시대 어느 책이 출판되었는가를 조사, 정리해서 시대 정신과 생활을 파악하고, ⓑ 책의 전달 경로 조사를 통해 원저자의 의도를 증명하고, ⓒ 원본, 이본, 초판본, 후판본 등을 판별하여 원전 판본연구에 도움을 주며, ⓓ 어떤 책이 어떻게 연구되었나 조사, 정리 등을 통해 길잡이 구실을 해야 한다.

문헌 연구 방법

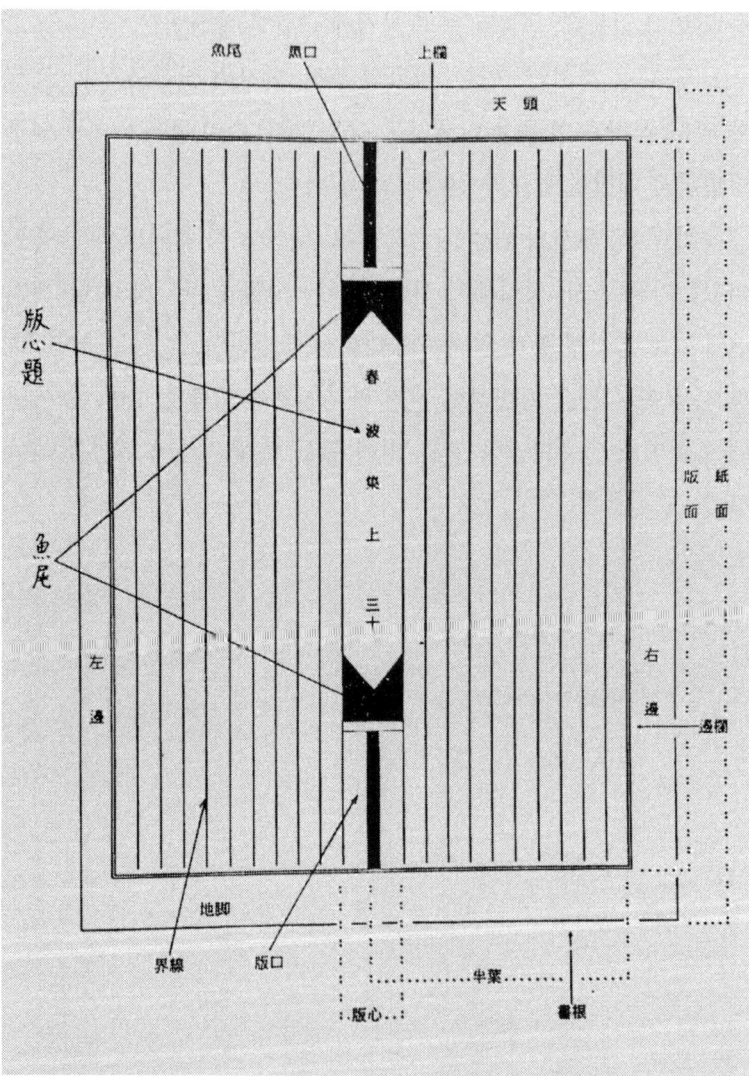

II. 문헌(文獻)과 서지학(書誌學)의 이해

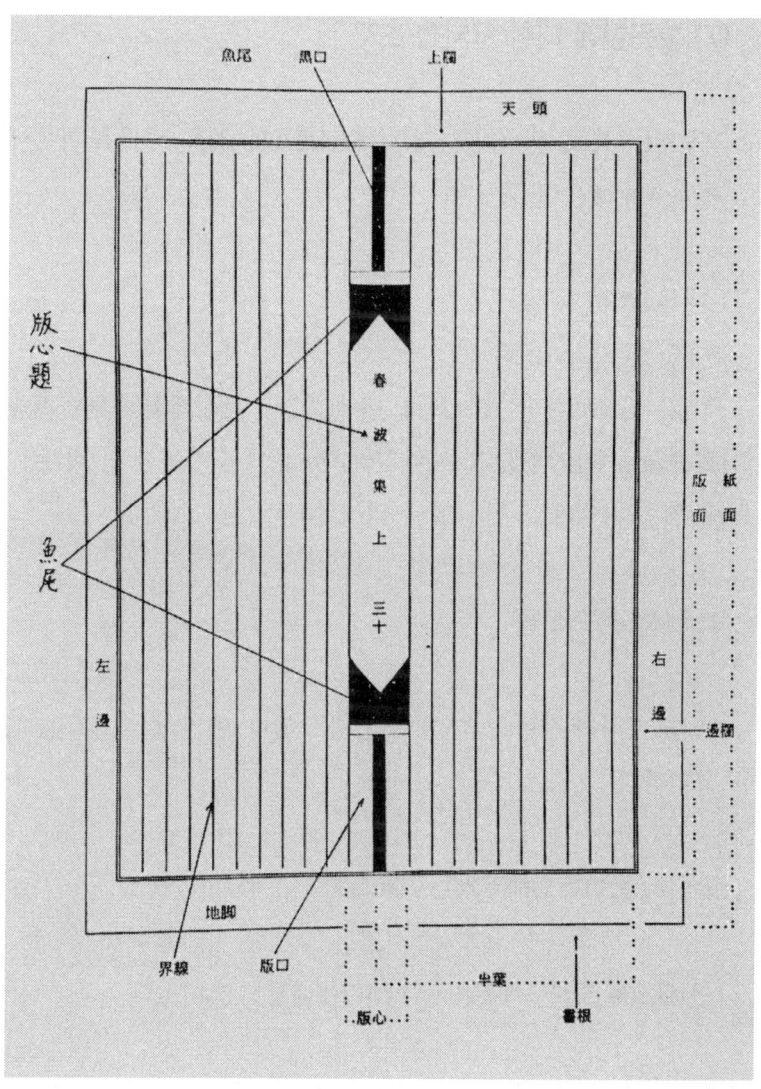

문헌 연구 방법

(7) 고문헌에 대한 서지적 조사

고문헌(古文獻)에 대한 서지적 조사(書誌的 調査)는 다음 항목에 걸쳐서 행해져야 할 것이다.

① 서명(書名)

외제(外題)(서외제<書外題>), 내제(內題), 판심제(版心題), 서근제(書根題), 제첨(題籤) 또는 약칭(略稱) 중에서 가능한 한 내제(內題)를 택한다(내제 → 판심제 → 외제 순).

② 권(卷), 책수(册數)

권(卷)에 따라 간년(刊年)이 다를 때도 있다. 예컨대『내훈(內訓)』이 그러하다.

③ 번역(飜譯)과 언해(諺解), 구결(口訣)

'언해(諺解)'라는 기록은 중종(中宗) 때부터 쓰이었다.

④ 편찬자(編纂者)와 서(序) 발(跋)

⑤ 완질(完帙), 낙장(落張) 여부, 배보(配補)본(A판이 있다가 그 중 어느

것이 없을 때 B판에서 보충하는 것)의 여부

배보본(配補本)은 서울대 가람문고에 소장 『신간구황촬요(新刊救荒撮要)』를 들 수 있다.

⑥ 간기(刊記), 시주질(施主秩), 내사기(內賜記)

내사기(內賜記)는 간기(刊記)로 잡아 틀림없다.

⑦ 장정(裝訂), 원장(原裝)과 개장(改裝)

※ 장정은 책의 여러 종류의 외형적인 형태 중 어느 하나로 책을 정하여 만드는 것. 우리나라는 '황지홍사(黃紙紅絲)'

㉠ 권자본(卷子本)
두루마리. 필사(筆寫) 또는 간인(刊印)한 비단 또는 종이를 이어 붙여 한끝에 둥근 축, 다른 끝에 죽심을 가늘게 깎아 책가위로 덮어 싸고 그 중앙에 책 끈을 달아 보존할 때 둘둘 만 다음 매 두는 형태의 장정을 말한다. 두루마리, 권물(卷物)이라고도 한다. 서권(書卷)의 좌단에 봉(축)을 달아 서사한 종이나 비단을 두루 말아서 한 권으로 하는 것인데, 이 봉이 마치 바퀴 축과 같아서 축장(軸裝)이라고도 했다. 현재 책을 세는 권(卷)이란 말이 여기서 유래했다.
축의 재료는 일정치 않으나, 비단 서(書)에서는 산호 축, 종이책에서는 금축(金軸), 그다음에는 대모(瑇瑁), 자단(紫檀)을 사용했다. 당나라 집현원의 장서는 축으로 그 종류를 구분했다 하는데, 경서(經書)는 나전 장식을 한 백아(白牙), 사(史)는 청아(靑牙), 자(子)는 자단(紫檀), 집(集)은 녹아(綠牙)로 축을 달리하여 보관했다 한다.

※ 권자 장정은 인쇄본의 경우는 드물고, 고려 때 많이 쓰였다. 필사본에 많다(해인사 대장경). 서기 750년 이전의 것으로 보이는 '무구정광대다라니경(無垢淨光大陀羅尼經)'도 권자본(卷子本)이다.

ⓒ 첩장(帖裝)(선풍장<旋風裝>, 범협장<梵夾裝>)

권자(卷子)가 발달한 형태로, 두루마리를 펴서 같은 간격으로 접은 것에 앞뒤 표지를 붙인 것인데, 앞뒤 표지가 떨어져 있다. 절첩본(折帖本), 절본(折本)이라고도 한다. 종이 겉을 안으로 이절(二折)한 것을 겹쳐 절목(折目)의 부분을 배하여 밖으로부터 표지를 쌓은 고서(古書)의 장정법이다. 당대(唐代)에서만 유행했다고 하나, 후대에 와서도 필첩(筆帖), 간첩(簡帖), 법첩(法帖), 탑본(榻本) 등을 장정하는 데 많이 사용하고 있다.

※ 불가 경전의 사본, 법첩, 탁본 등에 많이 사용.

ⓒ 호접장(糊蝶裝)

송대(宋代)의 대표적인 장정법인데, 인쇄된 종이의 문면(文面)을 안으로 향하게 접고 이것들을 중첩하여 외부에 풀을 바른 것이다. 풀칠한 중앙 이외의 부분에는 풀을 바르지 않아 여백 면이 보인다. 중국에서는 송나라, 우리나라에서는 고려 중엽 때 발달한 것으로서 가

Ⅱ. 문헌(文獻)과 서지학(書誌學)의 이해

운데에 검은 부분이 있고, 양옆은 여백이 된다.

② 포배장(包背裝)

중국 원대(元代)까지 유행하던 것으로 호접장과 비슷하나 인쇄된 것을 밖으로 가게 접어 판심(版心)이 중앙에 오는 것이 아니라 밖으로 가게 한 것으로, 풀칠을 하기도 하고 묶기도 한다. 묶는 경우는 다음에 설명한 선장(線裝)과 같다. 포배장은 구멍을 뚫지 않고 책등에 주로 풀칠을 하여 한 장으로 앞뒤 표지를 하였다.

◎ 선장(線裝)

중심을 접은 종이를 중첩시켜 접히지 않은 부분을 끈으로 묶은 것으로 방책본(方册本)이라고도 한다. 대부분의 고서가 이 장정법을 쓰고 있다. 뚫는 구멍수에 따라 사침안(四針眼 : 명조철<明朝綴>), 오침안(五針眼), 육침안(六針眼 : 강희철<康熙綴>)이라 한다. 중국은 대체로 사침안정법(四針眼釘法)을 사용하고, 일본도 중국을 따랐으나, 우리나라만 독특하게 오침안정법(五針眼釘)을 사용하고 있다. 책등을 싸지 않고 구멍을 뚫어 실로 꿰매는 것이 특징이다. 우리나라 문헌은 구멍을 5개 뚫었지만, 중국 책과 일본 책은 4개를 뚫었다.

- 표지(表紙) : 보통 황색, 문양은 능화문 또는 연화문, 만자문 등
- 표제(表題) : 거의 붓으로 사용. 정조 이후 간혹 서명 인쇄. 소설의 경우 인본보다 사본이 많은 편이다(규방, 지적 수준이 낮은 사람들의 필사로 와전, 오류가 많다). 그러나 궁중에서 간행된

문헌 연구 방법

낙선재본은 매우 정확하다.

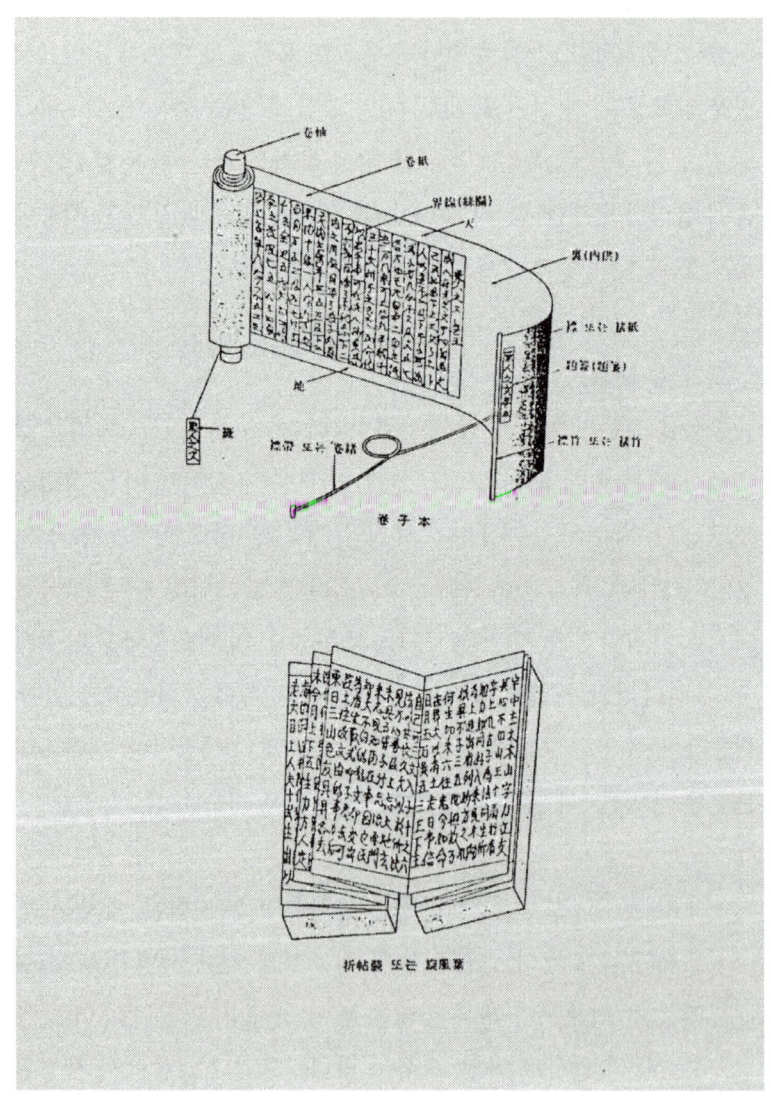

Ⅱ. 문헌(文獻)과 서지학(書誌學)의 이해

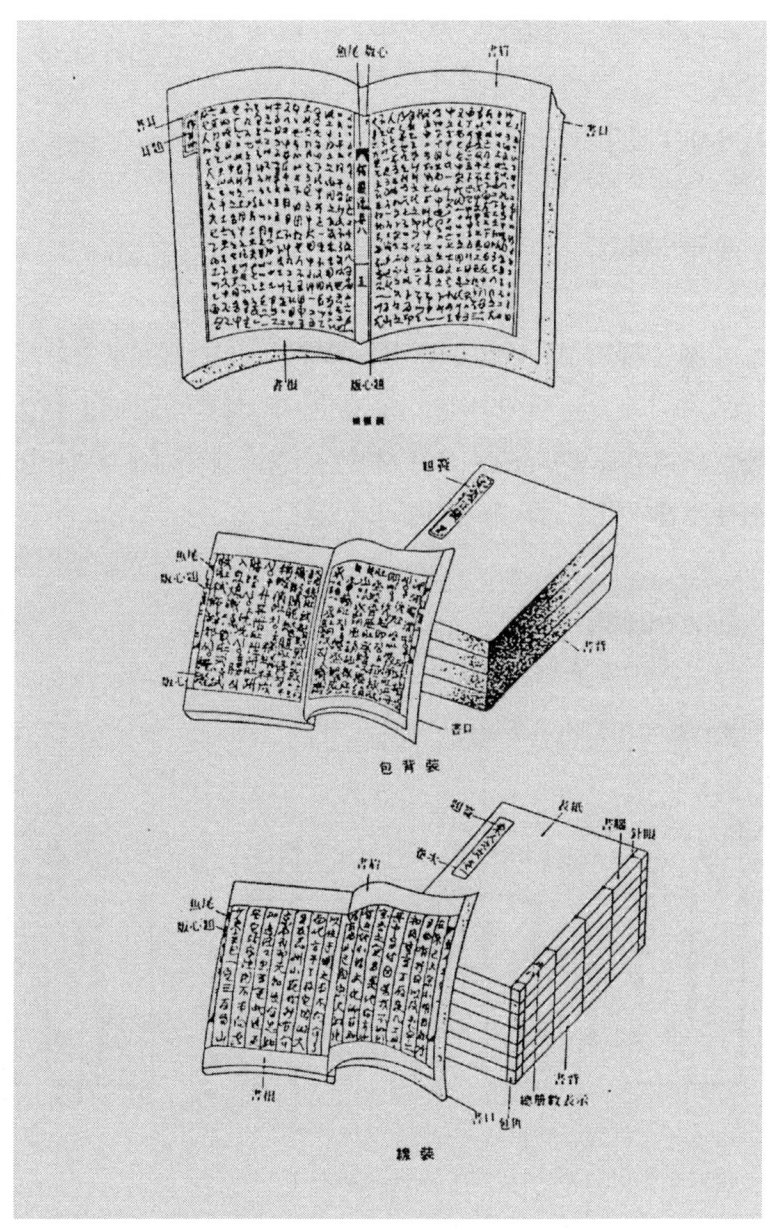

⑧ 자체(字體), 운점(韻點), 문자(文字)(ᅀ, ㅸ, ㆁ 등)

자체(字體)는 ㅏ ㅑ ㅣ: 등을 알아본다.

⑨ 판식(版式)

선장본(線裝本)인 경우, 반을 접은 모양만 보이는데 이것을 판식(版式)이라 부른다. 이 판식(版式)은 고서(古書)의 판종(版種)을 감별하는 데 매우 중요한 사항이므로 서지를 기술할 때는 대개 형태사항이나 주기사항(註記事項)에 기술하고 있다.

㉠ 변란(邊欄)
㉮ 사주단변(四周單邊) ㉯ 사주쌍변(四周雙邊) ㉰ 좌우쌍변(左右雙邊) ㉱ 상하쌍변(上下雙邊)

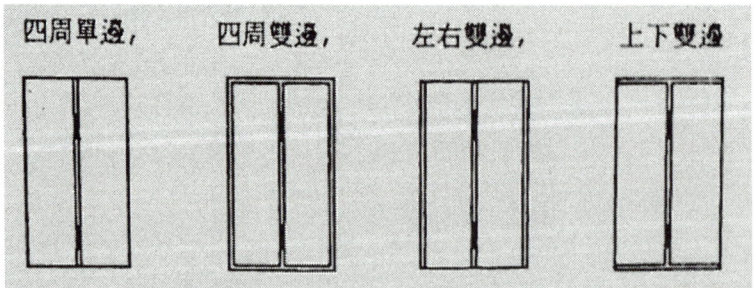

줄이 2개 있을 때 바깥 줄이 조금 굵다.

Ⅱ. 문헌(文獻)과 서지학(書誌學)의 이해

ⓛ 광곽(匡郭)의 대소(大小)

광곽의 대소를 기술할 때는 고(高)×폭(幅), 즉 세로×가로 순으로 한다. 이렇게 치수를 잴 때는 1권(卷之一)의 제1장 앞면을 대상으로 한다. 쌍변(雙變)일 때는 선(線)의 안쪽을 재며, 선이 굵을 때도 안쪽을 잰다.

(예) 37.3×22.6㎝

ⓒ 계선(界線)의 유무(有無)

유계(有界), 무계(無界). <참고>『팔만대장경』은 계선이 없다.

※ 계선의 빛깔에 따라
- 오사란(烏絲欄) : 계선이 검은색(한국본)
- 주사란(朱絲欄) : 계선이 붉은색(중국본)
- 남사란(藍絲欄) : 계선이 남색(중국본)

ⓔ 행자수(行字數)

(예) 10행(行) 21자(字)

ⓜ 판심(版心)
- 권자본 축 기원설.
- 권자본, 첩장, 선풍장은 무(無), 후세에 넓어진다.
- 어미만은 한국 특유의 변화를 보인다.

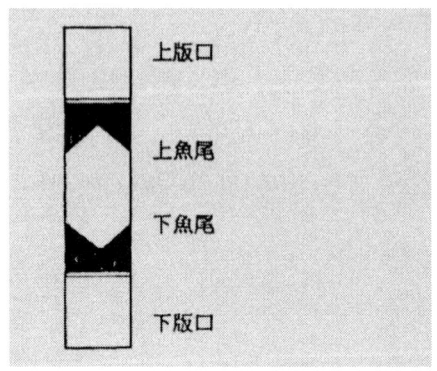

㉮ 판구(版口)(판구(板口), 화구(花口)
ⓐ 백구(白口) : 판구의 아래 또는 위가 비어 있는 것.
ⓑ 흑구(黑口) : 주자본에도 있지만, 주로 목판본에 많다.
복각본을 제외하고는 연대추정이 가능하다.

㉠ 대흑구(大黑口)

중종~선조<만력 전까지> 대흑구를 사용했지만, 임진왜란 후에는 자취를 감춘다. 그러나 1820년대 전사자본(全史字本)『계원필경』, 1834년 취진자본(聚珍字本)『금릉집』 등에서 흑구를 간혹 볼 수 있다.

※ 임란 전은 대개 흑구(中 以上)가 있다. ⅔ 이상(고려조).

Ⅱ. 문헌(文獻)과 서지학(書誌學)의 이해

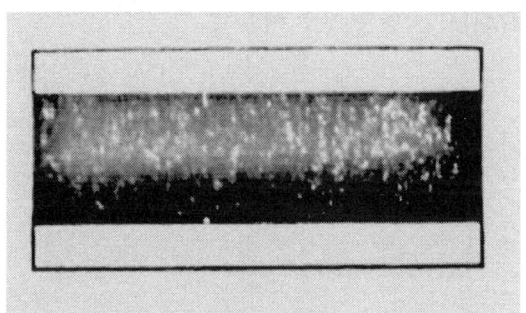

㊂ 중흑구(中黑口)

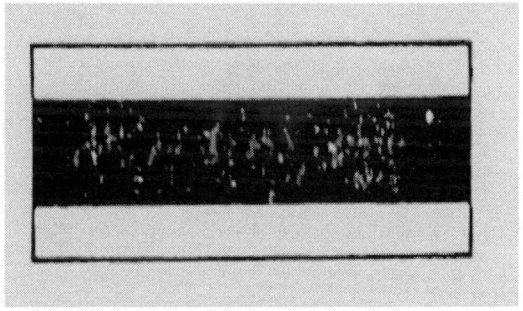

㊂ 세흑구(細黑口)

㉣ 사흑구(絲黑口<조선 정조 이후>)

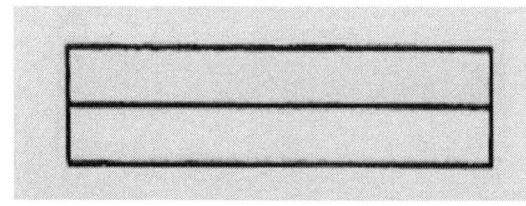

㉯ 어미(魚尾)

※ 화문어미는 수에 따라 2, 3, 4, 5, 6 등이 있는데, 대개는 대칭형이고, 비대칭도 간혹 있다.
- 상하하향어미 : 사가본, 사찰본에는 별로 없다.
- 이엽화문어미 : 조선 숙종 말(숙종 28~46년, 1702~1720)부터 나타난다.
  * 동양문고 소장 무신자본『고사촬요』→ 상하내향이엽화문어미(영조 때 본격적으로 사용)
- 상하하향흑어미 : 대체로 조선 세종 연간(1434~1450)에 간행된 초기 갑인자본에 나타난다.
- 삼엽화문어미 : 조선 중종 때 나타나기 시작하여 경종 때를 거쳐 간혹 영조 초기에도 사용되기도 하였다.

Ⅱ. 문헌(文獻)과 서지학(書誌學)의 이해

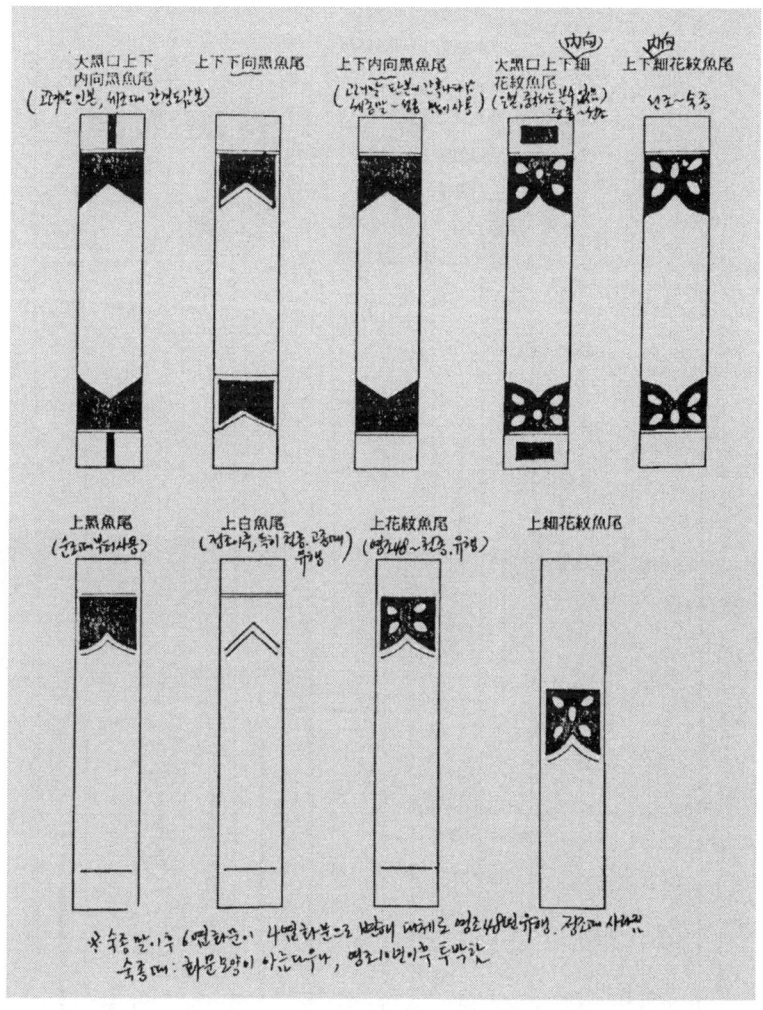

문헌 연구 방법

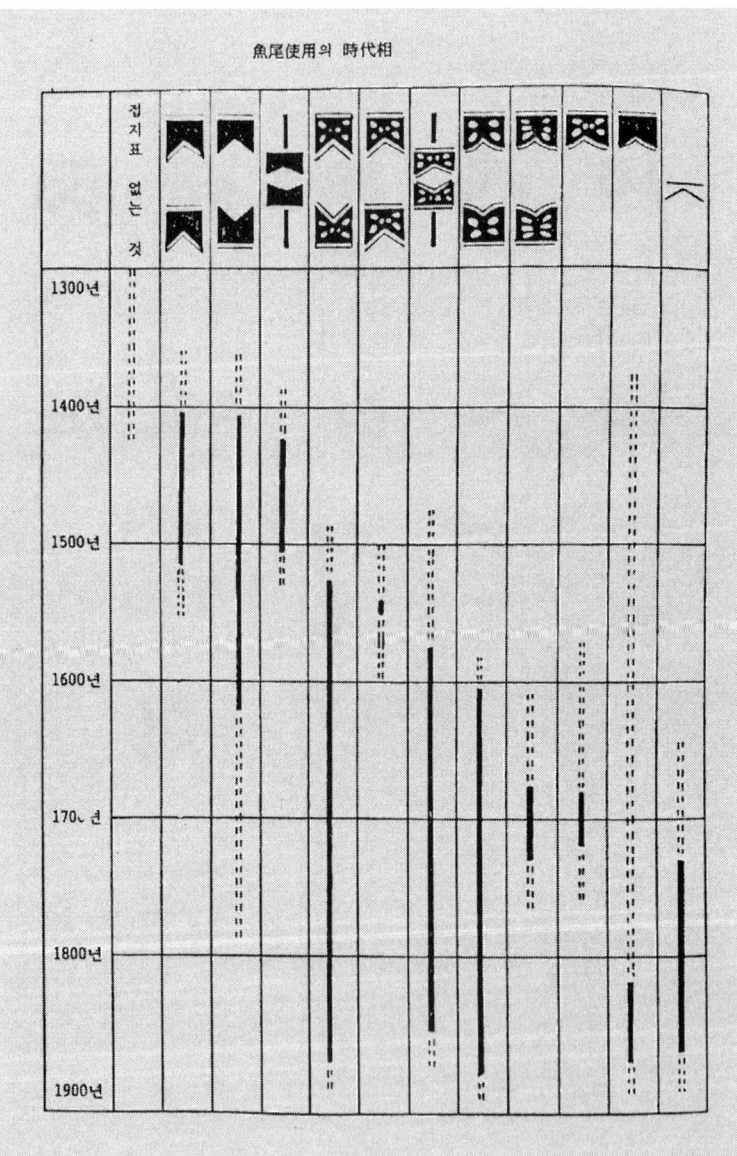

Ⅱ. 문헌(文獻)과 서지학(書誌學)의 이해

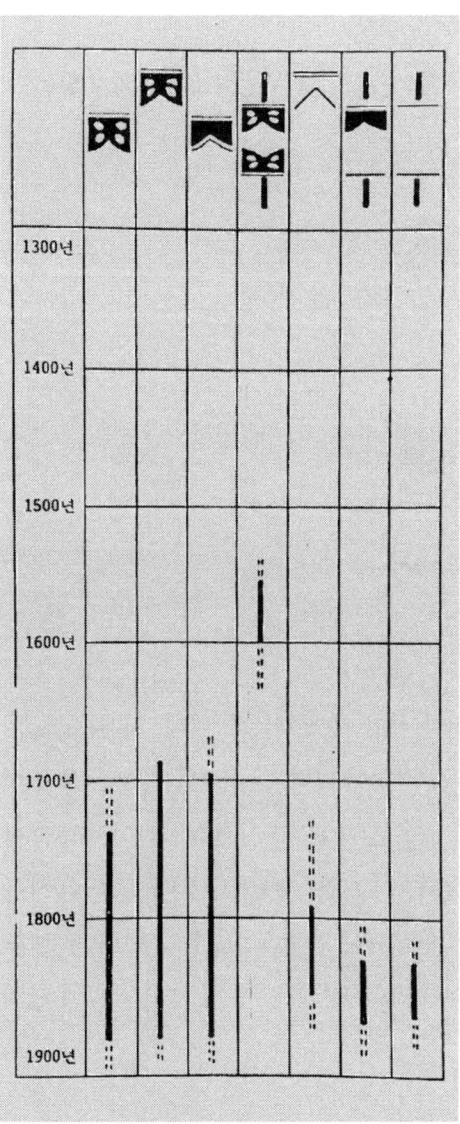

문헌 연구 방법

ⓑ 각수명(刻手名)

각수명(刻手名)은 대개 좌변(左邊)이나 우변(右邊)에 새겨 넣는다.

ⓢ 지질(紙質)

㉮ 저지(楮紙) : 닥나무 종이
㉯ 원정지(瑗精紙) : 지푸라기로 만든 종이[13]

(8) 관점에 따른 고서 분류

① 출판여부(出版與否)에 따라서

ⓘ 사본(寫本)

간본(刊本)을 필사(筆寫)한 책을 총칭하는 말이다. 사본(寫本)의 동의어로는 초본(또는 초본(抄本))이 있다. '초'는 등사(謄寫)를 뜻하므로 또한 등사본(謄寫本), 등록본(謄錄本), 등본(謄本)이라고도 한다. 선사본(繕寫本), 서사본(書寫本), 필사본(筆寫本) 등도 또한 사본(寫本)과 동의어에 속한다고 말하는 사람도 있다. 그런데 초본(鈔本), 등사본(謄寫本), 선사본(繕寫本) 등은 엄밀히 말해 약간의 차이가 있다.

• 초본(鈔本, 抄本)

---

[13] <참고문헌> : 千惠鳳,『韓國書誌學』, 民音社, 1993.

Ⅱ. 문헌(文獻)과 서지학(書誌學)의 이해

　원본(原本)의 내용 중 일부를(필요한 부분만) 그대로 베낀 것을 말한다.
　• 등사본(謄寫本, 謄本)
　원본(原本)의 내용을 있는 그대로 전부를 베낀 것을 말한다.
　• 선사본(繕寫本, 繕本)
　두 가지의 경우가 있는데, 그 하나는 원본에 부족 되었다고 생각하는 사항을 필사자가 보충하여 정서(淨書)한 것을 말하는 것이고, 다른 하나는 여러 가지 문서를 수집하여 기록한 것을 의미한다.
　이밖에 녹권(錄卷)이란 것이 있는데, 이것은 원종공신(原從功臣)의 공훈을 기록한 문서를 뜻하는 것이다.
　사본(寫本)은 초고(草稿), 자필(自筆), 전사(轉寫), 사경(寫經) 등에 따라 다음과 같이 구분할 수 있다.

　㉮ 고본(稿本)
　편저자(編著者)가 문장(文章)을 고안하여 초고(草稿)한 것을 말하는데, 고본(藁本), 초고본(草稿本), 초본(草本), 원고본(原稿本), 수고본(手稿本) 등이라고도 한다.

　㉯ 자필본(自筆本)
　편저자가 스스로 친히 쓴 책으로 친필본(親筆本)이라고도 한다.

　㉰ 전사본(轉寫本)
　자필본(自筆本)을 다른 책에 베껴 쓴 것을 말하는데, 이사본(移寫

本)이라고도 한다. 사본(寫本)을 저본(底本)으로 하여 거듭 베껴 쓴 책을 중사본(重寫本), 중초본(重抄本)이라 한다.

㉣ 사경(寫經)

불경(佛經)을 서사(書寫)한 것을 말한다. 현존 우리나라 최고의 사경(寫經)은 1988년 성암(誠庵)고서박물관에서 발견・확인된 서기 600년대로 추정되는 '백마지주계묵서금강반야바라밀경(白麻紙朱界墨書金剛般若波羅密經)'이다. 이 사경(寫經)은 호암(湖巖)미술관이 소장한 '신라백지묵서대방광물화엄경'(755년 추정)보다 앞선 것이며, 일본 최고의 사경(寫經)인 '금강장다라니경'(686년 추정)보다 제작연대가 앞선 것이다.

그런데 사본(寫本)은 목필(木筆), 도필(刀筆), 모필(毛筆) 등으로 모사(模寫), 전사(轉寫 또는 全寫), 필사(筆寫)한 것을 말하는데, 간본(刊本)보다 역사적으로 앞선다. 특히 저자(著者)가 직접 쓴 고본(稿本)인 경우는 사료적(史料的) 가치가 매우 높다. 필사본 가운데 문집류로서 현존 최고본은 고려 말 절사(節士)의 한 사람이었던 『원운곡집(元耘谷<天錫>集)』이 있다(고대도서관 소장).

Ⅱ. 문헌(文獻)과 서지학(書誌學)의 이해

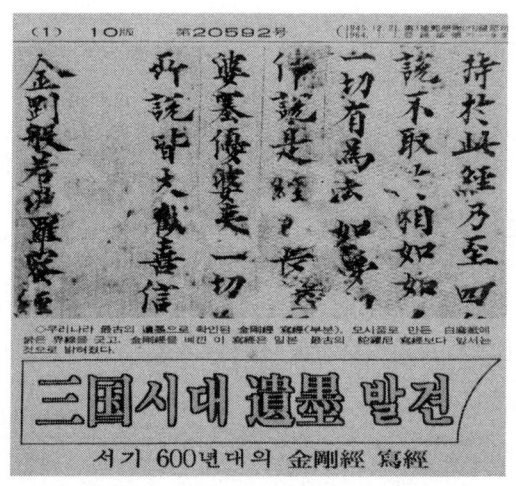

ⓒ 간본(刊本)

　간본(刊本)이란 어떤 저작을 간행하기 위해 글자를 새긴 간본(刊本)에서 찍어낸 목판본과, 한 자씩 조각 또는 주조한 활자(活字)를 식자(植字)하여 찍어낸 활자본의 총칭이다. 판본(版本) 또는 인본(印本)이라고도 한다. 학자에 따라서 목판본(木版本)을 간본(刊本)이라고 하는 사람도 있으며, 목판본과 활자본을 다 간본(刊本)이라고 하는 사람도 있다. 활자본은 다시 금속활자(金屬活字)와 목활자(木活字)로 구분된다.

　간본(刊本)은 출판자에 따라서 관판본(官版本), 사간본(私刊本), 서원본(書院本), 사찰본(寺刹本), 방각본(坊刻本) 등으로 분류할 수 있다.

㉮ 관판본(官版本)

　중앙 및 지방의 관아(官衙)에서 간행한 책을 총칭하는 말로서 관

61

판(官版), 관간본(官刊本), 관각본(官刻本)이라고도 일컫는다. 이 관본(官本)은 관아의 명칭에 따라 여러 종류가 있는데 중요한 것으로는 다음과 같은 것이 있다.

ⓐ 대장도감본(大藏都監本)

고려 고종(高宗) 23년(1236년)에 대장경을 인쇄하기 위하여 임시 설치하였던 관아인 대장도감에서 간행한 책을 말한다. 그 당시 본사(本司)는 강화(江華)에 두고 분사(分司)는 진주(晋州), 해남(海南) 등에 두었다.

ⓑ 간경도감본(刊經都監本)

조선 세조(世祖) 7년(1461년)에 불경의 간행을 위하여 설치된 이후 성종(成宗) 2년(1471년)까지 존속되었던 관아인 간경도감에서 간행한 책을 말한다. 이 간경도감본에는 한자본(漢字本)의 불경도 있지만, 주로 국역한 불경이 많은 점이 특징이다. 국역(國譯) 및 간행(刊行)에 종사하던 고승(高僧)과 관리(官吏)로는 신미(信眉), 학조(學祖), 한계희(韓繼禧), 윤사로(尹師路), 황수신(黃守身), 노사신(盧思愼), 강희맹(姜希孟), 김수온(金守溫) 등을 꼽을 수 있다.

ⓒ 교서관본(校書館本)

경적(經籍)의 인반(印頒)의 향축(香祝), 그리고 인장(印章) 유각(鎪刻) 등 인쇄·반포 등의 업무를 맡아보던 관아인 교서관(校書館)과 그 소속인 주자소에서 간행한 책을 말한다. 이 교서관은 조선 태

Ⅱ. 문헌(文獻)과 서지학(書誌學)의 이해

조(太祖) 원년(1392년)에 설치된 교서감(校書監)의 명칭이다. 여러 차례 개칭되었다가 성종(成宗) 15년(1484년)에 다시 교서관으로 환원되었으며, 정조(正祖) 원년(1777년)에 규장각이 설치됨에 따라 외각(外閣)으로 편입되었다. 그리고 교서관본은 주로 활자본(活字本)이 많으나, 흔히 여러 종류의 활자(活字)를 사용하여 간행한 것이 그 특징이다. 한국의 판본 중 가장 정교하고 문장이 정확하다. 전장류(典章類) 등과 같이 널리 인반(印頒)이 필요할 때는 목판으로 찍어낸 적도 있다.

ⓓ 내각본(內閣本)

조선 정조(正祖) 원년(1777년)에 설치된 내각(內閣)의 규장각(奎章閣)에서 간행한 책을 말한다. 책의 간행은 내각의 주관하에 외각인 교서관에서 이루어졌다. 간본(刊本)에는 활자본과 목판본이 있으나, 흔히 여러 종류의 활자를 사용하여 간행한 것이 그 특징이다. 우리나라 판본(版本) 중 가장 정교하고 문장이 정확하다.

ⓔ 훈련도감본(訓鍊都監本)

조선 선조(宣祖) 때의 임진왜란 직후에 설치된 병영인 훈련도감에서 간행한 책을 말한다. 이 훈련도감본은 주로 목활자본인 점이 특징이며, 현재 전해지고 있는 간본(刊本)에 의하면, 갑인자(甲寅字), 경오자(庚午字), 을해자(乙亥字), 갑진자(甲辰字) 등 이미 주조되었던 활자의 자체(字體)를 모방한 목활자본이 많다.

ⓕ 사역원본(司譯院本)

조선 태조(太祖) 때 설치된 이후 통역과 번역에 관한 일을 맡아 보던 관아인 사역원에서 간행한 책이다. 이 사역원본은 화어(華語), 청어(淸語), 몽고어(蒙古語), 왜어(倭語) 등을 가르치기 위한 역학류(譯學類)가 위주다(예:『몽어노골대』,『노골대언해』,『첩해신어』등).

ⓖ 관상감본(觀象監本)

천문(天文), 지리(地理), 측후(測候), 각루(刻漏) 등의 일을 맡아 보던 관아인 관상감에서 간행한 책을 말한다. 이 관상감본은 월력(月曆)을 비롯한 천문(天文)과 술수(術數)에 관한 책이 위주다.

ⓗ 학부간본(學部刊本)

1894년 갑오경장 이후 내각 관제(官制)의 개혁과 함께 새로운 지식의 보급을 위한 국민교육용 교과서가 필요하여 학부(學部)에서 간행한 책을 말한다. 이 학부간본은 인서체(印書體)의 목활자를 사용하여 간행한 것이 특징이다.

ⓘ 지방관본(地方官本)

감영(監營), 부(府), 목(牧), 군(郡), 현(縣) 등의 지방관아에서 간행한 책을 말한다. 이 지방관본 중 기영(畿營)(경기도 감영), 금영(錦營)(충청도 감영), 완영(完營)(전라도 감영), 영영(嶺營)(경남 감영), 원영(原營)(강원도 감영), 기영(箕營)(평안도 감영), 해영(海營)(황해도 감영), 함영(咸營)(함경도 감영) 등의 팔도감영(八道監營)에서 간행한 책을 기영본(畿營本), 기전감찰영본, 금영본(錦營本) 또는 호서관찰영본, 완영본(完營本) 또는 호남관찰영본, 영영본(嶺營本) 또는 영남관찰영본, 원영본(原營本) 또는 관동관찰영본, 기영본(箕營本) 또는 관서관찰영본, 해영본(海營本) 또는 해서관찰영본, 함영본(咸營本) 또는 관북관찰영본(關北觀察營本)이라 각각 부른다. 지방관본 중에는 활자본의 복각도 많이 눈에 뜨인다. 이것은 널리 인반(印頒)이 필요한 책을 교서관에서 찍어서 지방관아에 보내면 거기서 다시 복각하여 보급 시켰기 때문이다.

㈏ 사간본(私刊本)

넓은 뜻으로서는 관본(官本)이 아닌 간본(刊本), 즉 판매의 목적이 아닌 민간의 간본(刊本)을 일컫는다. 이에는 관리, 야인(野人)을 막론하고 개인이 기 비용을 자기가 부담하여 간행하거나, 가문(家門), 문중(門中) 등이 공동으로 그 비용을 분담·간행한 것을 비롯하여 민간에서 사사로이 간행한 책이 모두 포괄된다. 사판(私版), 사가판(私家版), 사각본(私刻本)이라고도 하는데, 문집이 대부분 이에 속한다. 사가판(私家版)은 각판, 활자판 등 가지각색이지만, 개판 후에는 판목을 가문과 연고가 있는 절 또는 본가에 두거나 개판하는 관아에 남겨 보관하는 게 보통이다.

㈐ 서원본(書院本)

서원에서 그 서원의 위엄을 더하기 위하여 간행하는 것과 교재로 쓰기 위하여 간행하는 책을 말하는데 사원본(祠院本)이라고도 한다.

전자의 경우로는 모시고 있는 선현(先賢)의 전기저작, 후인의 기술을 편찬하고, 후자의 경우로는 경서류(經書類), 유가류(儒家類), 사서류(史書類) 등을 간행했다. 서원본이 중요한 것은 사간본(私刊本)이나 관판본(官版本)으로 개판이 곤란한『송자대전(宋子大全)』(36권) 등과 같은 책을 간행하고 있기 때문이다.

㉔ 사찰본(寺刹本)

사찰에서 간행한 책을 말한다. 사찰본은 공양, 공덕, 명복을 빌기 위하여 불교 경전을 주로 간행하며, 그 외에도 승려의 법어(法語), 문집(文集) 및 기타 저작 등 그 종류와 수가 매우 많다. 이러한 사찰본은 고려시대에 유행했다. 간기(刊記)가 비교적 자세히 적혀 있으며, 이에는 기원문(祈願文)을 비롯한 간경(刊經)이 시주(施主), 각수명(刻手名) 등이 새겨져 있다. 특히 조선 때의 것은 시주자(施主者) 이름이 간기(刊記)가 아니면 광곽(匡郭)의 좌우 변란(邊欄)의 바깥 아랫부분에 새겨져 있는 것이 특징이다. 대개 각본(刻本)이나, 족보나『직지심경』은 활자본이다. 신도들이 돈을 모아 불경을 출판하는 경우가 태반이기 때문에 그 내력과 이름 등이 책 끝부분에 대개 명기되어 있다.

㉕ 방각본(坊刻本)

서사(書肆)에서 영리를 목적으로 간행한 책을 말한다. 방본(坊本), 방각판(坊刻板)이라고도 한다. 방각본은 상업적인 출판인바, 내용에 와오(訛誤)가 적지 않고 형태상으로도 조졸(粗拙)하며 크기가 작다. 우리나라의 방각본에는 한문용 교재, 민간용 감서(監書), 소설류 따위가 주로 많다. 또한 출판하여 낸 서사(書肆)의 명칭을 동명(洞名), 발행자 또는 지명과 인명을 연기(連記)한 형식으로 다양하게 표시되고 있다. 예를 들어 유동신판(由洞新版), 송동신판(宋洞新版,), 무교신판(武橋新版), 미동신판(美洞新版), 박원식서점(朴元植書店), 죽곡정사(竹谷精舍), 미양서방졸행(美陽書坊椊行), 전주하경룡판(全州河慶龍版), 다가서포(多佳書舖), 안성신안서림(安城新安書林) 등등을 들 수 있다.

  방각본은 중국의 경우 이미 송나라 때 성행하였으나, 우리나라의 경우는 17세기로 기원을 잡는 듯하다. 그리고 방각본은 지류(紙類)가 생산되는 곳과 연관이 있다. 초기에는 서울, 경기(안성), 호남(전주, 나주, 태인)에서 행해졌으나, 구한말(舊韓末) 충청(보은), 경상(상주, 진주, 달성)도에서도 나왔다.

  그런데 방각본은 대부분 목판본으로 되어 있고, 더러 토판(土版)이 섞인 것도 있다. 토판이 섞인 이유로는 목판본은 판목의 건조 시 일이 오래 걸리므로 기존 방각본의 보판(補板)에 많이 사용되었고, 시골에서 흔히 볼 수 있는 흙 장판에서 찾은 듯하다. 이러한 방각본은 몰락한 양반이나 아전에 의해 쓰이어졌고, 주로 규방의 아녀자(兒女子)나 서민들이 독자층을 이루고 있었다. 그리고 일반 방각본의 일차적 원류는 서울(한양)을 중심으로 하였으나, 서울에서 간행한 경판본, 전주에서 간행한 완판본 그리고 안성에서 간행한 안성판본은 상호 교류가 있었다. 특히 경판(서울서 판각한 책)과 완판(지방에서 판각한 책)은 일반 방각본과 같이 서목(書目)을 구비하고 있으나, 안성판의 경우는 국문소설이 주류를 이루고 있다.

② 출판(出版)의 선후(先後)에 따라서(간본〈刊本〉에 한한다)

㉠ 원간본(原刊本, 또는 초간본〈初刊本〉)
원고(原稿)를 첫 번째 또는 최초로 간행한 책을 말한다. 초각본(初刻本), 초간본(初刊本), 또는 원각본(原刻本)이라고도 한다. 그중 초간본(初刊本) 또는 원각본(原刻本)은 특히 목판(木版)에 의하여 간행된 경우로 한정된다. 이 초간본(初刊本) 또는 원각본(原刻本)은 고본(稿本)을 일차적으로 간행한 것이기 때문에 고서(古書)로서 매우 귀중시되며 대체로 인쇄가 조악(粗惡)하다.

㉡ 중간본(重刊本)
초간(初刊) 이후 거듭 간행된 책을 일컫는데 중각본(重刻本), 후간본(後刊本) 또는 후각본(後刻本)이라고도 한다. 이 중간본(重刊本)은 초간본(初刊本) 이후 거듭 복각(覆刻)되거나, 또는 새로이 쓴 판하본(版下本)에 의하여 거듭 간행된 목판본과 활자로 거듭 간행된 활자본을 일반적으로 일컫는 명칭이다. 대체로 초간본(初刊本)에 비하여 정교롭지 못하고 또한 와오(訛誤)가 발견되는 것도 있다. 여기에는 복각본(覆刻本)과 개간본(改刊本)이 있다.

㉮ 복각본(覆刻本)
어떤 책을 저본(底本)으로 그대로 모방하여 목판(木版)으로 다시

II. 문헌(文獻)과 서지학(書誌學)의 이해

간행한 간본(刊本)을 말하는데 번각본(飜刻本)이란 말을 사용하기도 한다. 복각은 밑바탕이 된 간본(刊本)을 거듭 간행(刊行)한 점에서 넓은 의미로는 중간(重刊) 또는 후간(後刊)이 되나, 특히 목판으로 모각(模刻)한 경우에만 한정된다. 따라서 이 경우 복각본은 밑바탕이 된 간본(刊本)과 자체(字體)와 판식(版式)이 비슷하나, 자세히 관찰하면 도각(刀刻)과 지질(紙質) 등에서 차이점이 발견되어 이판본(異版本)임을 곧 식별할 수 있다.

㉯ 개간본(改刊本)

어떤 책을 저본(底本)으로 하되 그 내용을 고쳐서 다시 간행(刊行)한 것을 말한다.

③ 필사본(筆寫本), 판각본(板刻本), 활자본(活字本)

㉠ 필사본(필사본)

사람이 직접 손으로 책을 쓰는 것을 말한다. 이렇게 해서 만들어진 책을 필사본이라 한다. 필사는 가장 원시적인 수단이면서도 가장 기본적인 수단으로 또한 가장 역사가 오래된 것이다.

필사로 만들어진 책을 중국에서는 초사본(鈔寫本) 이라고 했다. 그러나 서사본(書寫本) 또는 필사본으로 통용된다. 필사본은 그 원본은 하나지만 서사(書寫)로 인하여 이본(異本)이 생기게 된다. 그런 바 꼭 같은 사본은 있을 수 없다(유일성). 또 필사자는 저본(底本)을 그대로 옮기려 하나(보수성), 변화가 있을 수밖에 없는 특성이 있다

(변이성).

한편, 경전을 베끼는 일이 귀족사회에서 종교적 행사로 유행하였는데, 이때 경전의 경건성을 고조하기 위하여 먹물 대신에 금은의 니(泥)로 감람색을 착색한 감지(紺紙) 위에 필사하는 일이 많았다. 이를 '감지금니필사경(紺紙金泥筆寫經)'이라 했다. 또한 자기의 피로 쓴 것도 있는데 이를 '혈서경(血書經)'이라 했다.

필사본의 가치를 평가하는 기준은 학자 간에 의견이 일치하지는 않으나 대체로 다음과 같은 점을 들 수 있다.

ⓐ 간본(刊本)이 없는 것으로 내용이 가치가 있는 것.

ⓑ 간본이 있어도 전승되지 않거나 희귀한 것.

ⓒ 간본이나 유포본(流布本)과 계통이 다른 것.

ⓓ 서사시대(書寫時代)가 오래된 것. 간본이 있는 것은 출간 출현 이전의 것.

ⓔ 저자의 자필 또는 명가의 수사본(手寫本).

ⓕ 자구(字句)가 간본과 다른 것. 간본에 탈락한 것.

ⓖ 고판본이나 고사본을 모사(摹寫)한 것. 특히 현존본 또는 복제 간본보다 파손이 적었을 때 필사한 것.

ⓗ 명가의 수발(手跋) 또는 장서인기(藏書印記)가 있는 것.

ⓘ 명가의 교정을 경유한 것(그 교정본이 미간행 또는 전사본<轉寫本>일 경우).

ⓙ 명가가 자주 봐서 손때가 묻은 수택본(手澤本).

Ⅱ. 문헌(文獻)과 서지학(書誌學)의 이해

ⓒ 판각본(板刻本)

판각본(板刻本)은 목판본(木板本)과 석판본(石版本) 그리고 토판본(土版本) 등으로 분류할 수 있는데 접본(摺本)이라고도 한다. 판각본(板刻本)은 당나라 희종 때 시작된 것으로 보이며, 우리나라의 경우 고려 초에 성행하였다. 우리나라에 있어서 현존 최고의 판각본(板刻本)은 신라 경덕왕(景德王) 10년(751년)으로 추정되는 '무구정광대다라니경(無垢淨光大陀羅尼經)'이다. 이는 현존 세계 최고의 인경(印經)으로 추정된다.

우리나라의 경우 판각본(板刻本)은 주자본(鑄字本)보다는 대개 정확하였다. 이것이 우리나라 판각본(板刻本)의 특징인데, 『천태사교의(天台四敎儀)』(고려 선종(宣宗) 6년, 1089년 해인사에서 중각(重刻), 고대도서관 소장)의 각(刻)은 가장 고(古)하며 정확하다. 그 뒤 조선 정종(正宗) 때 개간(開刊)한 『규장전운(奎章全韻)』이 가장 정확하다.

㉮ 목판본(木板本)

결이 곱고 꽉 짜인 나무-대개는 벚나무-를 골라 두께 2센티 정도의 나무판 위에 종이를 뒤집어서 글자가 거꾸로 보이게 붙여 놓고는 글자 없는 곳만 파내어 글자와 테두리만이 도드라져 나오게 하여 종이로 찍어낸 책을 목판본이라 한다. 각본(刻本), 판본(板本), 각판본(刻板本)이라고도 한다.

목판본은 최초의 간본(刊本)으로서 활자본보다 선행한 인쇄 수단은 목판에 의하여 이루어졌다. 재료로는 재(梓 : 가래나무), 자단(紫

檀 : 콩과 낙엽 교목으로 재목은 붉은빛을 띠고 가구재로 쓰이는 나무), 황양목(黃楊木 : 회양목), 박(朴 : 박달나무) 등이 있다. 목판본은 필사본과는 달리 일단 판이 모두 짜인 다음에야 책을 만들어내므로 완결성을 지니며, 규격을 통일해서 새기기 때문에 정제성을 지닌다. 또한 같은 판으로 여러 책을 찍어내기 때문에 동일본이 여러 개일 수 있다. 그러나 계속해서 여러 번 찍어냄에 따라 마모되는 단점도 있다.

목판본의 경우 인쇄의 선후(先後)에 따라서 초쇄본(初刷本), 후쇄본(後刷本), 보각본(補刻本)으로 나눌 수 있다.

ⓐ 초쇄본(初刷本)

초간(初刊) 또는 초각(初刻), 중간(重刊) 또는 후쇄(後刷)를 위한 조판(組版)의 여하를 막론하고 이들 판에서 첫 번째로 인쇄하여 낸 책을 말하는데 초인본(初印本)이라고도 한다. 초인본(初印本)은 후인본(後印本)에 비하여 문자와 판식의 완결(刓缺)이 없고, 목륜(木輪)이 나타나 있지 않아 책이 깨끗하고 선명하다.

ⓑ 후쇄본(後刷本)

같은 판에서 뒤에 인쇄하여 낸 책으로 후인본(後印本)이라고도 한다. 고서(古書)에 있어서 후인(後印) 또는 후쇄본(後刷本)은 목판(木板)에서 인출(印出)하는 경우로만 한정되며, 같은 목판(木版)을 오래 잘 보존하면서 필요에 따라 후인(後印) 또는 후쇄(後刷) 하는바, 문자(文字)와 판식(版式)에 완결(刓缺)이 있고 목륜(木輪)이 나타나며, 심한 것은 판의 전체 또는 일부분이 판독할 수 없을 만큼 불결하다. 이

Ⅱ. 문헌(文獻)과 서지학(書誌學)의 이해

경우에는 다시 판(版)을 만드는 경우가 있는데 이것을 보각본(補刻本)이라고 한다.

ⓒ 보각본(補刻本)

보각본(補刻本)은 목판(木版)이 오래되어 문자에 완결이 있고 목륜(木輪)이 심하여 판독할 수 없거나, 또는 분실(紛失)된 부분이 있어서 이를 보수하여 간행한 책을 말하는데 이를 보수본(補修本), 수보본(修補本), 보판본(補版本)이라고도 한다. 보각(補刻)에는 한 장의 판본(版本)을 완전히 기운 것도 있고, 한 판목의 완결(刓缺)된 곳 또는 정정이 필요한 곳만을 부분적으로 기운 것도 있다. 이 경우 부분적으로 기운 곳을 특히 매목(埋木)이라 한다. 여러 시대에 걸쳐 자주 기운 곳을 체수본(遞修本)이라고 한다.

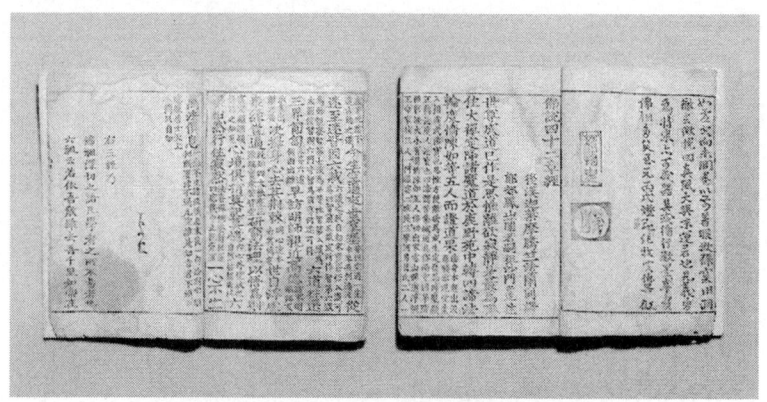

목판본 : 불조삼경〈佛祖三經〉-보물 제694호

문헌 연구 방법

㉯ 석판본(石版本)

돌에다 글자를 새겨 적어낸 책을 석판본이라고 하는데, 평판인쇄술(平版印刷術)의 시조라 할 수 있다.

석판본 : 훈민정음

㉰ 토판본(土版本)

흙으로 판을 빚어 각자(刻字)를 해 찍은 책을 토판본(土版本)이라고 한다.

㉱ 활자본(活字本)

활자본(活字本)은 한 자(字)씩 조각 또는 주조하여 식자, 조판의 과정을 거쳐 찍어낸 책을 말한다. 고활자본(古活字本)의 간행(刊行) 절차는 판 틀에 식자하고 밀랍, 대나무, 파지 등으로 빈틈을 메워 조

Ⅱ. 문헌(文獻)과 서지학(書誌學)의 이해

판한 다음, 자면(字面)에 먹칠하고, 말총 같은 부드러운 물질로 부착한 종이를 문지르면 된다.

중국에서는 11세기경에 필승(畢昇)이 교니(토)활자[膠泥(土)活字]를 만들었으나 실용화되지는 못하였고, 14세기경에 목활자(木活字)를 만들어 사용했다는 기록도 보인다. 목활자는 동일(同一)한 인쇄물의 수요가 많은 중국에서 많이 사용했다. 그러나 우리나라에서는 인쇄할 때의 불편에도 불구하고, 부수가 적으면 목판보다 더 많은 책을 인쇄할 수 있다는 장점 때문에 금속활자를 많이 사용했다. 따라서 금속활자가 발달하게 되었다. 금속활자는 1234년의 고금상정예문(古今詳定禮文)으로 미루어 이보다 조금 앞서 이미 사용되고 있었던 것 같다. 그러나 본격적인 주조사업이 이루어진 것은 조선시대에 이르러서이다. 15세기 독일인 구텐베르그는 연(鉛)을 주성분으로 하여 연활자(鉛活字)를 발명하였는데, 현대의 활자는 이를 발전시킨 것이다.

활자본은 오식이 많고 활자가 고르지 못하며, 일단 인출하고 나면 조판을 헐어버리게 되므로 수시 인행(印行)이 어렵다. 그러나 같은 활자를 이용한 인본(印本)은 자양이 모두 같게 된다. 서적 보급 시 공헌을 한 것은 이러한 금속활자였다. 세계 최초의 금속활자본은 고려(高麗) 우왕(禑王) 3년(1377년) 청주(淸州) 흥덕사(興德寺)에서 주자(鑄字)로 인출 한 '백운화상초록불조직지심체요절(白雲和尙抄錄佛祖直指心體要節)'이다.

활자는 재료에 따라 금속활자(金屬活字), 목활자(木活字), 연활자(鉛活字), 포활자(匏活字)로 분류할 수 있다.

75

㉮ 금속활자(金屬活字)

금속활자는 조선시대에 이르러 성행하였는데, 동활자(銅活字), 철활자(鐵活字) 등 20여 회에 걸쳐 왕의 연호에 따라 활자 이름을 붙여 계속 주조하였으며, 자형의 경우 대·중·소의 각 모양에 맞도록 배정하였다. 이러한 금속활자를 주조(鑄造)하려면 금속류를 합성시키는 주금술(鑄金術)에 관한 전문 지식이 요청된다. 왜냐하면 합성된 금속과 또는 합금의 배율이 적당치 않으면 주금이 냉각될 때 수축이 심하게 되어 주형(鑄型)과 같은 자형(字型)이 되지 않는다. 따라서 주금 원료의 속성과 합금 배율에 관한 충분한 지식을 가지지 않으면 주자(鑄字)로서 완전한 자형(字型)을 보존하지 못하게 된다.

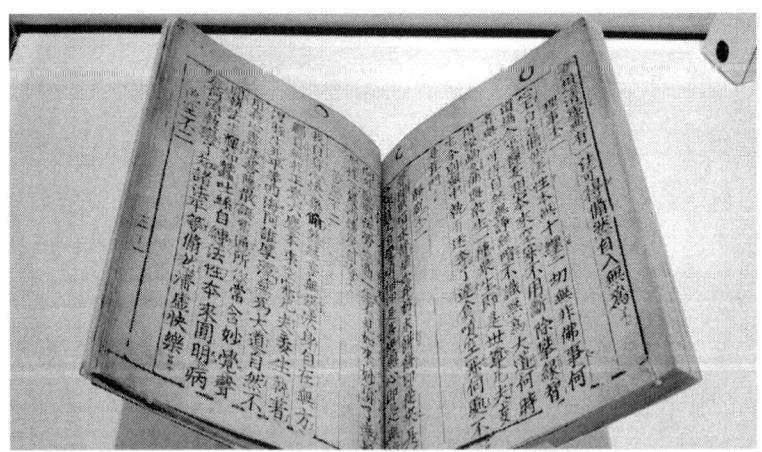

금속활자본 : 백운화상초록불조직지심체요절〈白雲和尙抄錄佛祖直指心體要節〉

Ⅱ. 문헌(文獻)과 서지학(書誌學)의 이해

十七史纂古今通要 卷十八 (胡庭芳 元筆) 〈계미자, 태종년, 1403〉

문헌 연구 방법

後之數月有來謂愈者曰子獻相國詩書乎曰
然曰有為讒於相國之座者曰韓愈曰相國徵
余文余不敢匿相國豈知我求子其慎之或無
之字方愈應之曰愈為御史得罪德宗朝同遷
于南者凡三人及張署李方叔也謂公獨愈為先
收用相國之賜大矣百官之進見相國者或立
語以退而愈辱賜坐語相國之禮過矣作已或四
海九州之人自百官已下欲以其業徹相國左
右者多矣皆悼而莫之敢綢愈辱先索相國之
知至矣賜之大禮之過知之至是三者於敵以

II. 문헌(文獻)과 서지학(書誌學)의 이해

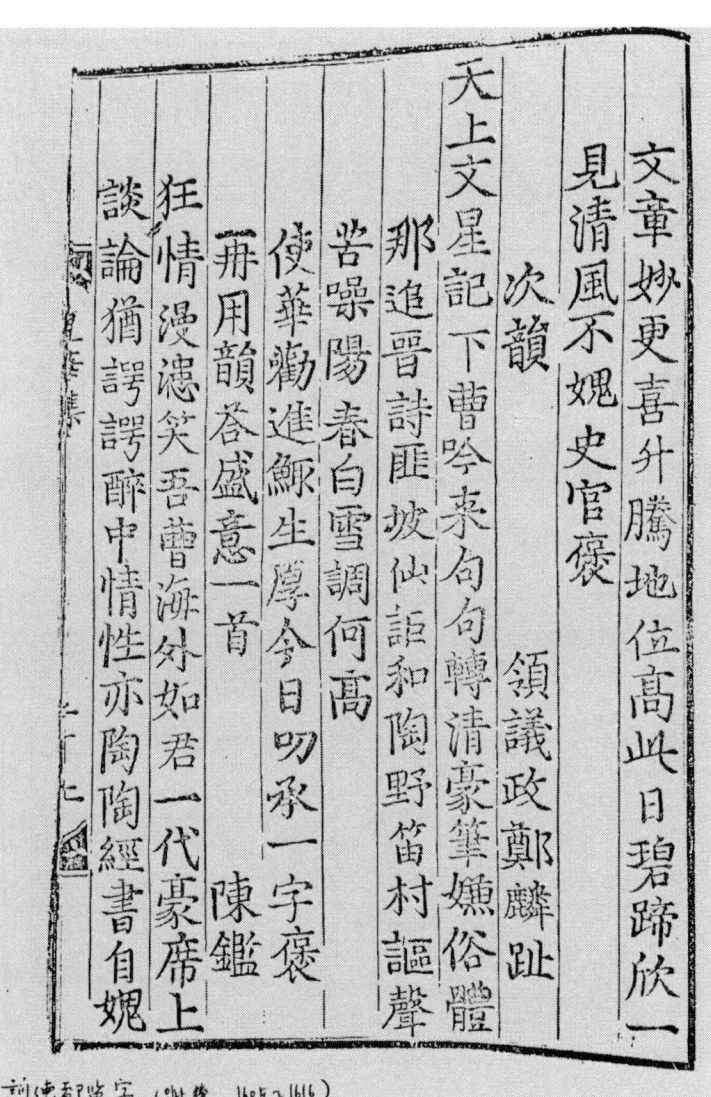

訓鍊都監字 (光海, 1605~1616)

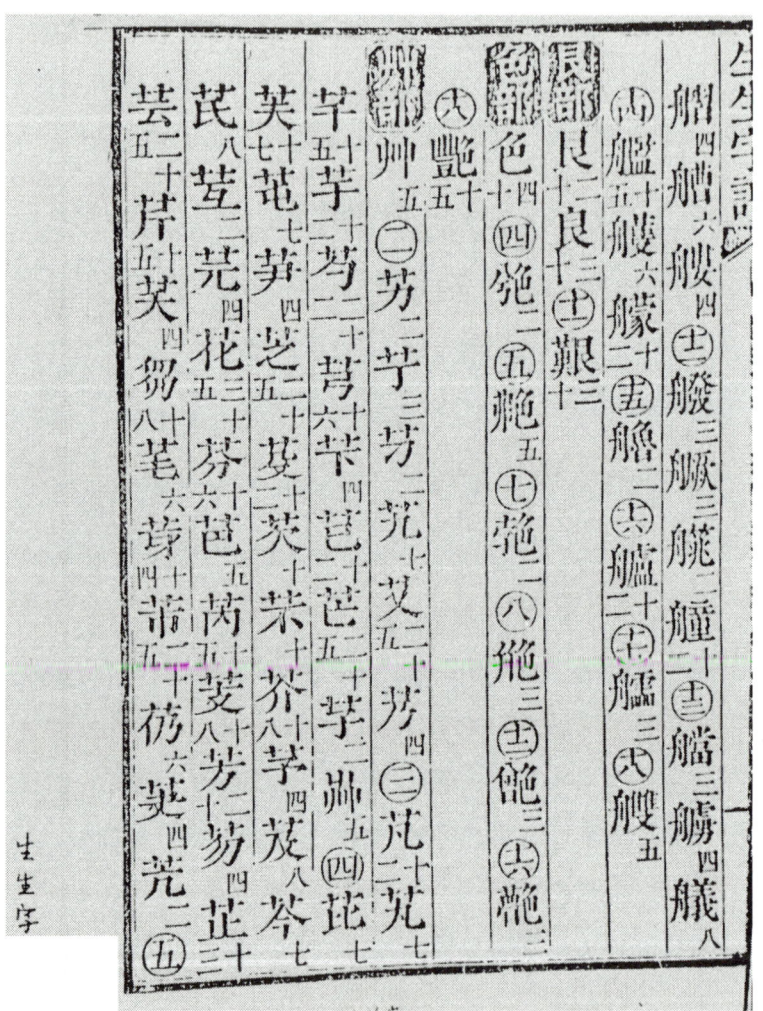

錦石集卷之二

詩

冬至後夜坐書室與伯氏拈杜工部韻共賦聊遣歲暮之懷

常時喜道一陽生 此日飜驚遠客情 殘雪官樓吹角勁 寒峰書屋照燈明 大人爲邑臨滄海 穉子能言隔漢城 對酒何煩京國戀 淸宵樑夢月中橫

其二

郡閣蕭然可讀書 幽尋何必到由居 心源靜覺虛明月 夜氣淸知活潑魚 翠濕鑪烟生篆細 紅殘樓燭結

문헌 연구 방법

㈎ 목활자(木活字)

목활자는 조선시대의 경우 지방의 서원이나 사가(私家)에서 많이 사용했으며, 주로 유생들이 이용하는 서책의 인쇄에 사용되었으나, 금속활자본보다 널리 실용되지는 못하였다.

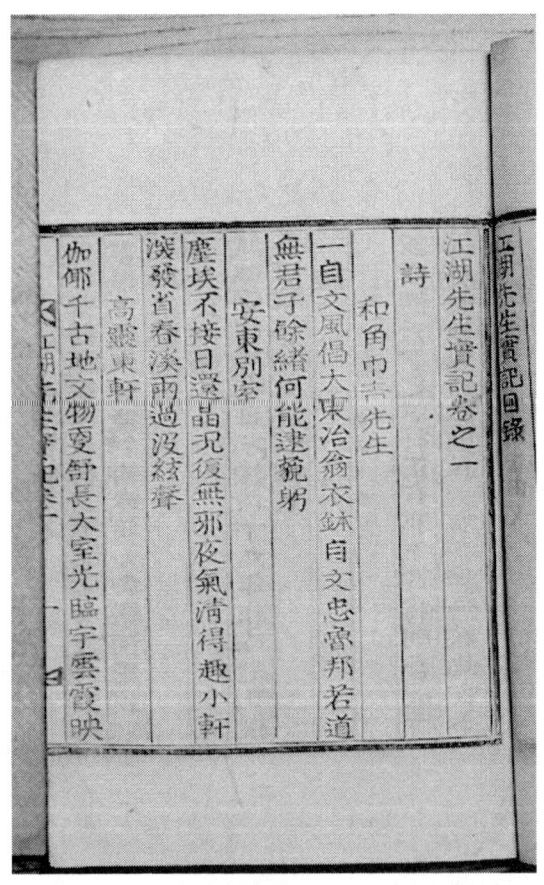

목활자본 : 강호선생실기〈江湖先生實記〉

II. 문헌(文獻)과 서지학(書誌學)의 이해

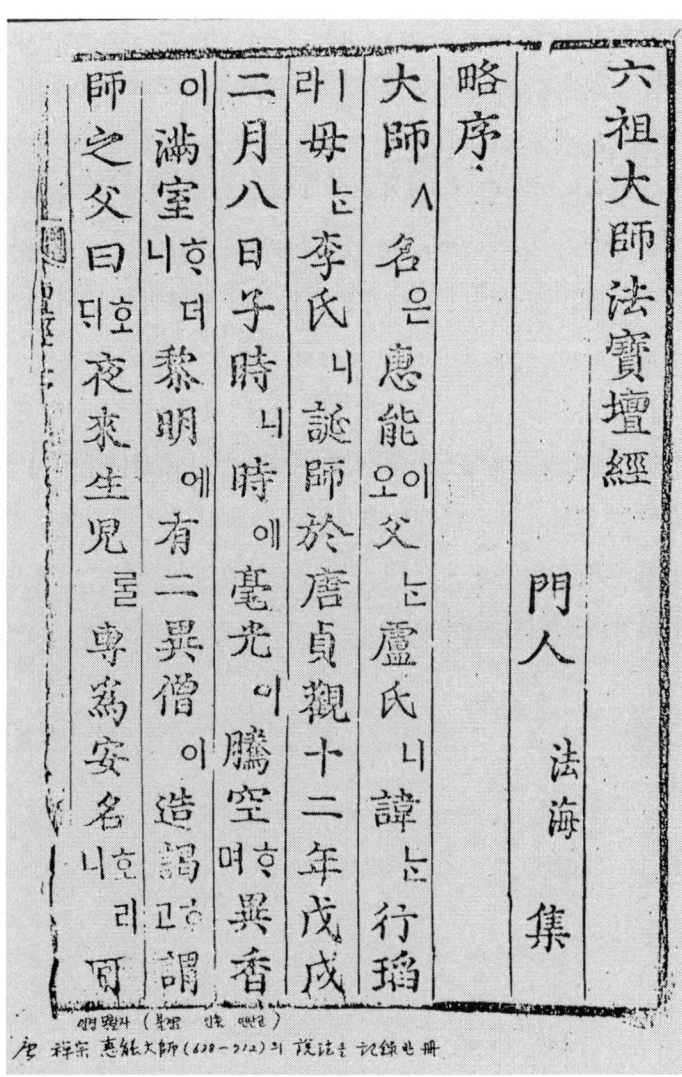

㉓ 연활자(鉛活字)

연활자(鉛活字)는 예수교 성경 활자로부터 비롯된다. 1880년 프랑스 천주교의 주교 리델의 지도에 따라 일본 횡빈항(橫濱港)에서 처음으로 주조하였는데, 본 활자는 최지혁(崔智爀)이 쓴 궁체에 비슷한 국문 글자를 자본(字本)으로 한 것이다. 또한 1883년 새로운 문물제도에 따르는 신문이나 서책들을 출판하기 위하여 정부에서는 박문국(博文局)을 새로 설치하고 인쇄에 필요한 기계와 연활자(鉛活字)들을 일본으로부터 수입하여 그해 10월 1일에 연활자(鉛活字)로써 <한성순보(漢城旬報)>를 간행하였는데, 이는 우리나라에서 처음으로 된 신문형식의 순보(旬報)이다. 그리고 1886년에 이르러 한불조약(韓佛條約)이 체결되게 되면서부터 서울에서 많은 천주교 성경을 간행하기 시작하였다.

Ⅱ. 문헌(文獻)과 서지학(書誌學)의 이해

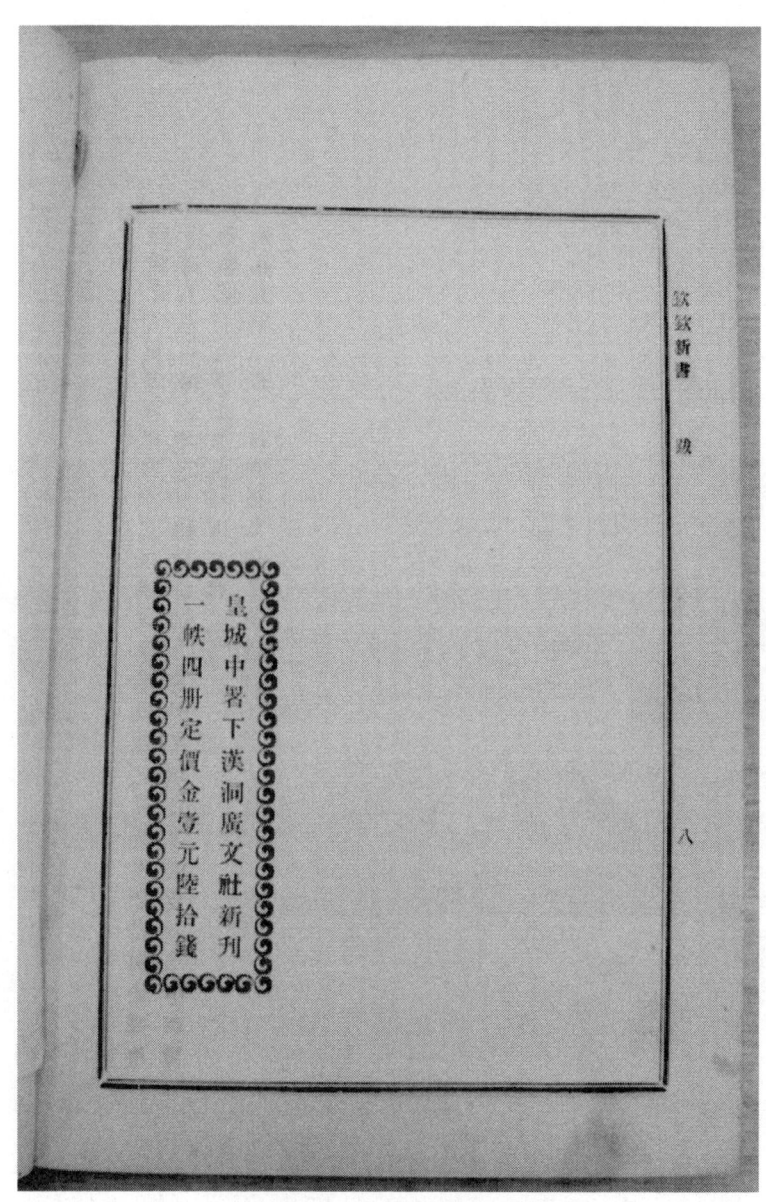

신연활자본 : 흠흠신서〈欽欽新書〉

문헌 연구 방법

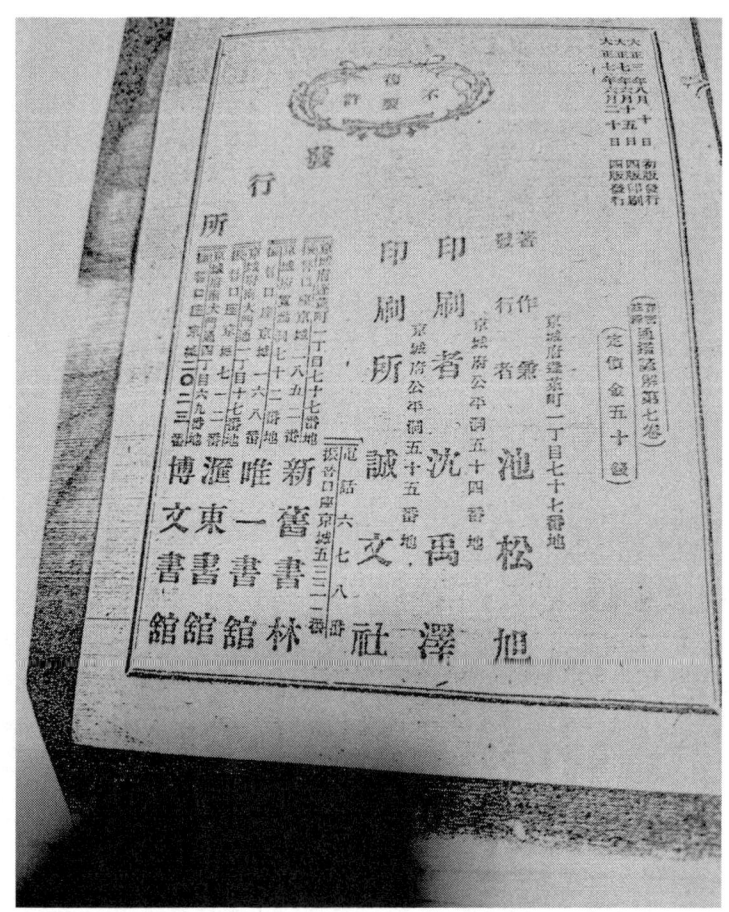

㈘ 포활자(匏活字)

포활자(匏活字)에 관한 기록은 종래의 우리 문헌에서는 거의 보이지 않는다. 포활자(匏活字)는 주로 목활자(木活字)를 쓰면서 부족했던 활자(活字)나 크기가 맞는 것이 없을 때, 바가지 조각에 활자(活字)를 새겨서 써넣은 듯하다. 근래 일인(日人) 도서 수집가 중 일부에서『논어집주(論語集註)』의 소활자본(小活字本)을 포활자 인본(匏活字 印本)이라고 부르고 있으나, 이는 우리나라의 서책을 거간하는 상인들이 우리 고서를 수집하는 일인(日人)들의 호기심을 끌게 하려는 술책(術策)으로 목활자(木活字) 인본 중에서도 가장 추잡하게 보이는 『논어집주(論語集註)』 소활자본(小活字本)을 포활자(匏活字) 인본이라고 일부러 가장한 것을 일인(日人)들이 그대로 오인(誤認)하여 전하게 되었는데 지나지 않는다. 포활자는 활자로서의 가치가 거의 없다고 보아도 무방할 듯하다.

이 밖에 도활자(陶活字)도 있는데 국립중앙박물관에 토주자(土鑄字)가 200여 개나 보존되어 있어 한때 실용하지 않았나 생각된다. 그런데 『삼략직해(三略直解)』를 도활자 인본(陶活字 印本)이라고 보는 이도 있는 반면에, 목활자(木活字) 인본이라고 보는 이도 있다. 이에 대해 좀 더 면밀한 검토가 필요하나 목활자 인본에 가깝지 않나 생각된다.[14]

④ 목판(木版)의 판각방법(版刻方法), 활자 주조방법(活字 鑄造方法), 금속활자 인쇄방법(金屬活字 印刷方法)

㉠ 목판(木版)의 판각방법(版刻方法)
㉮ 나무판
대추나무, 배나무가 가장 좋으며 가래나무는 그다음으로 친다. 그

---

14 <참고문헌>:『판본일람(板本一覽)』;『한국고활자견본철(韓國古活字見本綴)』;『한국고활자표(韓國古活字表)』;『한적한국판목판목・활자본(韓籍韓國版木板木・活字本)』.

러나 목활자에서는 박달나무, 돌배나무, 산벚나무, 자작나무 등이 사용되었다.

㈏ 판각과정(板刻過程)
ⓐ 나무 중에서 필요한 부분을 가려내어 베어낸 다음, 연판처리(鍊板處理)부터 한다. 적당한 크기와 부피로 나무판을 켜서 바다의 짠물에 일정 기간 담가 판각하기 쉽게 결을 삭인다. 만일 짠물에 담글 수 없는 경우에는 웅덩이의 민물을 이용하여 밀폐된 곳에다 넣어 쪄서, 진을 빼고 살충(殺蟲)을 한 다음 잘 건조 시켜 뒤틀리거나 빼개지지 않도록 한다.
ⓑ 목수가 나무판의 양쪽 표면을 대패질로 판판하게 한다.
ⓒ 양쪽 가에 마구리를 붙인다.
ⓓ 판각하고자 하는 크기의 광곽(匡郭), 판식(版式), 계선(界線)을 갖춘 투식판(套式板)을 만들어 그 위에 먹칠하여 얇은 저지를 놓고 밀어내서 필요한 수만큼 용지를 준비한다.
ⓔ 글씨에 능한 명필가(名筆家) 또는 달필가(達筆家)에게 그 용지에 저작의 내용을 정서하게 한다.
ⓕ 각 책장을 판목 위에 뒤집어 붙이고 비쳐 보이는 반대 글자체의 자획과 판식을 각수(刻手)가 그대로 새긴다. 만약 글씨의 획이 잘 보이지 않을 경우, 종이에 축축하게 물을 묻혀 글씨가 잘 보이도록 하여 새긴다.

㈐ 목판의 인쇄 방법

ⓐ 준비물

인쇄용 먹물, 종이, 인쇄 용구(먹솔, 먹비, 말총, 또는 긴 모발을 뭉쳐 만든 인체<印髢>를 비롯하여 밀랍, 먹판, 먹물 그릇 등)

ⓑ 찍고자 하는 목판의 글자가 위로 향하도록 판판하게 놓고 그 자면에 먹솔 또는 먹비로 먹물을 균일하게 칠한 다음 종이를 놓고 그 위를 말총 또는 모발 뭉치로 만든 인체에 밀랍 또는 기름을 칠하여 위아래로 고루 가볍게 비벼서 박아낸다.

ⓒ 인쇄가 끝나면 판목을 깨끗이 닦아 말린 다음, 통풍이 잘되는 선반 또는 누각에 잘 보관한다.[15]

㉡ 활자 주조방법(活字 鑄造方法)

㉮ 글자본을 정한다.

㉯ 찍을 책에서 필요한 수의 크고 작은 글자를 조사하여 글씨 잘 쓰는 사람에게 써 내게 한다.

㉰ 글자본을 나무판에 붙이고 각수에게 새기게 한다. 이 경우 나무는 대개 황양목(黃楊木)을 사용한다.

㉱ 글자가 다 새겨지면 하나씩 실톱으로 잘라내어 네 면을 다듬고 크기가 일정하도록 정밀하게 손질한다.

㉲ 주물장(鑄物匠)은 쇠 거푸집에 갯벌의 고운 해감 흙을 판판하게 깐 뒤 나무에 새긴 어미 자를 낱낱이 박고 잘 다져 글자가 옴폭 들

---

15 <참고문헌> : 千惠鳳, 『韓國書誌學』, 民音社, 1993, 130~134쪽.

문헌 연구 방법

어가게 자국을 낸다.

㉕ 자국이 다 이루어지면 쇳물이 흘러 들어갈 수 있는 홈 길을 내기 위해 가지 쇠로 박는다.

㉖ 다른 거푸집을 덮고 다져 그쪽에도 자국을 낸 다음 어미 자와 가지 쇠를 뺀다.

㉗ 하나의 구멍으로 녹인 쇳물을 쏟아부어 그것이 홈 길을 따라 옴폭 찍힌 자국으로 흘러 들어가게 한다.

㉘ 식어서 굳으면 거푸집을 분리하고, 가지 쇠를 들어내어 매달린 활자를 두들겨 하나씩 떨어지게 하거나 떼어낸다.

㉙ 떼어낸 활자를 줄로 하나하나 깎고 다듬어서 깨끗하게 손질하여 완성한다.[16]

㉡ **금속활자 인쇄방법(金屬活字 印刷方法)**

㉠ 먼저 동으로 만든 인판 틀을 준비한다. 그 틀은 적어도 두세 개를 마련하여야 한다. 하나로 인쇄하는 동안 다른 것에 활자를 심어 판을 짜야 하기 때문이다.

㉡ 인판 틀은 네 변에 둘레를 돌리고 중간에 판심을 마련하되, 그 사이에 어미와 흑구 등과 같이 접지와 장책의 기준이 되는 장식을 넣는다. 또 각 줄마다 칸막이하는데 필요한 계선(界線)을 많이 준비한다.

㉢ 인판 틀이 준비되면 찍고자 하는 원고 또는 책의 본문을 차례로 부른다. 그 부르는 사람을 창준(唱準)이라고 한다.

---

16 <참고문헌>: 千惠鳳, 『韓國 書誌學』, 民音社, 1993, 201~205쪽.

㉣ 원고 또는 책의 본문을 부르면 활자를 찾아내어 그 원고 또는 책의 그 글자 위에 놓는다. 이 일은 활자를 간직하고 있는 수장(守藏)이 맡았다. 오늘날의 문선(文選)에 해당하는 일이다.

㉤ 골라놓은 활자가 한 장 분이 되면 판에 올린다. 이 판 올림을 상판(上版)이라 하였다. 오늘날의 식자(植字)에 해당한다.

㉥ 활자 배열이 끝나면 대나무 조각 또는 파지 등으로 활자를 괴거나 틈에 끼워 판판하게 그리고 직각으로 잘 들어맞아 움직이지 않게 한다. 또 활자 다지개 등으로 활자를 다져 고르게 하거나, 편판으로 활자 면을 눌러 수평이 되도록 바로잡는 작업을 한다. 이일은 균자장(均字匠)이 맡아 하였다.

㉦ 먹솔로 활자 면에 먹물을 고루 칠한다. 쇠 활자의 경우에는 쇠붙이에 잘 묻는 기름 먹물이라야 인쇄가 잘된다.

㉧ 그 위에 종이를 놓고 말총 또는 털 뭉치 등의 인체에 밀랍 또는 기름과 같이 잘 미끄러지는 물질을 묻혀 종이 위를 위아래로 고루 문지르거나 비벼서 밀어낸다.

㉨ 애벌을 밀어내면 주색(朱色)으로 오자와 탈자를 비롯하여 거꾸러진 것, 비뚤어진 것, 희미한 것, 너무 진한 것 등을 바로잡고 교정자와 균자장(均字匠)이 서명한다. 이때 인쇄작업의 감독을 맡은 사람을 감인관(監印官)이라 하였으며 교서관원(校書館員)이 담당하였다.

㉩ 교정이 철저하게 이루어지면 그 책의 머리에 '교정'의 도장을 찍어 그대로 필요한 부수를 찍어내게 된다.

㉪ 인쇄가 다 끝나면 책 매는 곳으로 보내어 장책(粧冊) 과정을 밟

는다.[17]

⑤ 목판본(木版本)과 활자본(活字本)의 식별법(識別法)

㉠ 목판본(木版本)과 활자본(活字本)의 식별[18]

판종 구분	활자본	목판본
글자 위치 (字位)	글자가 옆으로 비스듬하게 기울어진 것이 자주 나타나고 거꾸로 된 것이 있을 수 있다.	글자가 옆으로 비스듬하게 기울어진 것과 거꾸로 된 것이 없이 비교적 바르다.
글자 줄 (字列)	글자 줄이 곧바르지 않고 좌우로 들어갔다 나왔다 하여 비뚤어졌다.	글자 줄이 비교적 정연하다.
글자 모양 (字樣)	금속활자에서 동일한 주형으로 만든 것은 똑같은 글자 모양이 빈번히 나타난다. 그러나 주자 방법이 다른 초기 및 민간의 금속활자본과 목활자본인 경우는 예외이다.	동일한 글자라 하더라도 똑같은 글자 모양의 것이 없다. 다만 활자본을 정교하게 번각한 경우에 한해 비슷한 글자 모양이 나타나고 있을 뿐이다.
글자 획 (字劃)	글자본에 의거 어미자를 하나하나 정성껏 만들어 필요한 수만큼 찍어 부어내기 때문에 글자 획이 고르고 일정하다. 그러나 주자 방법이 다른 초기 및 민간의 금속활자본과 목활자본의 경우는 그렇지 못하다.	활자 하나하나를 새겨내기 때문에 글자 획의 굵기가 일정치 않고 굵었다 가늘었다 한 것이 대부분이다.

[17] <참고문헌> : 千惠鳳, 『韓國書誌學』, 民音社, 1993, 201~205쪽.
[18] <참고문헌> : 千惠鳳 : 『韓國書誌學』, 民音社, 1993, 190~193쪽.

Ⅱ. 문헌(文獻)과 서지학(書誌學)의 이해

글자 사이 (字間)	윗 글자와 아랫 글자의 사이가 떨어져 있다. 다만 초기의 기술이 미숙했던 활자본에 한하여 윗 글자의 아래 획과 아랫 글자의 위 획이 서로 엇물린 것이 나타난다.	윗 글자의 아래 획과 아랫 글자의 위 획이 서로 엇물린 것이 자주 나타난다.
마멸 (磨滅)	금속활자는 오래 사용하면 글자 획이 마멸되어 가늘어지고 일그러지지만, 글자 획은 붙어있다. 그러나, 목활자는 오래되면 마멸이 심하고 글자 획이 부분적으로 떨어져 나가고 나뭇결이 생긴다.	오래되면 새긴 글자 획에 마멸과 나뭇결이 생기고 심한 것은 글자 획이 부분적으로 떨어져 나가거나 판독하기 어려운 것이 생긴다.
칼자국 (刀刻) 또는 너덜이	금속활자는 칼자국이 없고, 주조한 다음 줄로 손질하기 때문에 대체로 글자 끝이 둥글둥글한 맛이 난다. 민간 활자는 손질이 거칠어 너덜이 같은 것이 남아 있을 수도 있다. 그리고 다만 목활자본에 한하여 글자 획에 도각의 흔적과 실수가 나타나고 있을 뿐이다.	글자 획에 도각의 흔적이 예리하게 나타나고 있을 뿐, 쇠붙이 활자가 아니기 때문에 너덜이 같은 것은 없다.
먹색 (墨色)	금속활자본은 먹색이 일반적으로 진하지 않은 편이며 한 지면에 진하고 엷음의 차이가 극단적으로 나타나고 있다. 목활자본은 일반적으로 진한 편이며 한 지면에 진하고 엷음의 차이가 극단적인 것은 금속활자본과 조건이 같다.	목판본의 먹색은 일반적으로 진한 편이며 한 지면의 먹색은 진하거나 엷음의 차이 없이 순연하다.
반점 또는 번짐	금속활자본은 유연 먹을 썼기 때문에 글자의 먹색을 현미경으로 확대하여 보면 반점이 나타나고 있다. 그러나 목활자본은 그렇지 않고 대체로 먹색이 번져 있다.	목판본은 먹색이 진하면서도 현미경으로 확대하여 보면 먹물이 주위에 번져 있다.

93

문헌 연구 방법

어미 (魚尾)	어미와 판심의 좌우 계선이 떨어져 있다. 그러나 고착시킨 인 판 틀을 사용한 활자본은 예외이다.	목판에 새긴 것이기 때문에 어미와 판심의 좌우 계선이 붙어있다.
광곽 (匡郭)	판을 짰기 때문에 광곽의 사주 어딘가에 틈이 있다. 그러나 고착된 인 판을 사용한 것은 예외이다.	목판에 새긴 것이기 때문에 광곽의 사주가 붙어있다.

ⓒ 금속활자본(金屬活字本)과 목활자본(木活字本)의 식별[19]

판종 구분	금속활자본	목활자본
글자 모양 (字樣)	일정한 글자본에 의해 주형을 만들어 주조하였기 때문에 글자 모양이 같고 정연하다. 그러나 글자본이 다르거나 주자 방법이 다른 초기 및 민간 활자인 경우는 동일한 글자라 하더라도 글자 모양이 다르므로 예외다. 그리고 보주인 경우도 다소의 차이가 있으므로 또한 예외다.	활자 하나하나가 글자본을 써서 뒤집어 붙이고 새겨내기 때문에 동일한 글자라 하더라도 같은 글자 모양이 없고 조금씩 또는 각각 다르다. 민간 활자는 글자 모양이 더욱 고르지 않고 조잡하다.
글자 획 (字劃)	글자본에 의거, 어미자를 정성껏 만들어 필요한 수만큼 찍어 부어내기 때문에 글자 획의 굵기가 고르고 일정하다. 그러나 어미자에 의한 주조방법을 쓰지 않은 주조방법을 쓰지 않은 초기 및 민간 활자인 경우는 그다지 고르지 않다.	나무 활자는 글자본을 일일이 써서 뒤집어 붙이고 새기기 때문에 굵기와 가늘기의 차이가 심하여 고르지 않다.
마멸 (磨滅)	금속활자는 오래 사용하면 글자 획이 마멸되어 가늘어지고 일그러지지만, 글자 획은 떨어지지 않고 붙어 있다.	오래 사용하면 글자 획이 닳아서 부분적으로 결획되고, 나무결이 생겨 인쇄가 조잡하다.

[19] <참고문헌> : 千惠鳳,『韓國書誌學』, 民音社, 1993, 190~193쪽.

칼자국 (刻痕)	금속활자는 칼자국이 없다. 그러나 금속활자본에 섞인 나무 보자는 예외다.	글자 획에 칼자국이 예리하게 나타나고 있으며, 경우에 따라서는 세로획과 가로획이 겹치는 곳에 칼이 스쳐간 자국이 나타나기도 한다.
너덜이 (鑄痕)	금속활자는 주조한 다음, 줄로 손질하기 때문에 대체로 글자 끝이 둥글둥글한 맛이 난다. 그러나 민간 활자는 손질이 잘 안된 경우 너덜이 같은 흔적이 남아 있어 거친 것도 있다.	쇠붙이 활자가 아니기 때문에 너덜이 같은 것이 없다.
먹색 (墨色)	금속활자본은 유연먹을 사용하여 먹색이 일반적으로 진하지 않다.	목활자본은 송연목을 사용한 경우 먹색이 일반적으로 진하다.
반점 또는 번짐	금속활자본은 유연먹을 썼기 때문에 글자의 먹색을 현미경으로 확대하여 보면 반점이 나타나고 있다.	목활자본은 먹색이 진하면서도 현미경으로 확대하여 보면 먹물이 주위에 번져 있다.

※ 석판

석판(평판 인쇄 종류의 하나)은 1890년에 도입되어 1900년경부터 사용하기 시작했다. 근래 고서 간행 시 석판을 많이 사용한다. 석판의 경우 목판본(특히 도각, 목리<나뭇결>)과 활자본(특히 먹색)의 특징을 찾을 수 없다. 석판은 깨끗하고 선명하고 먹색이 고르다. 이는 글씨를 석면에 새기기 때문이다.

문헌 연구 방법

(9) 간년 표기 연호(刊年 表記 年號)

우리나라는 한족(漢族)이 세운 명나라에 대한 숭명사상(崇明思想) 또는 모화사상 등 사대주의 때문에 중국연호를 사용하였다(특히 조선조). 그러다가 명(明)나라가 멸망하자 청(淸)나라 연호를 사용하기도 하였지만, 사대부들의 태반은 명나라 마지막 연호인 숭정(崇禎)<인조(仁祖) 1628~1644>을 사용하였다. 조선시대의 경우 독자 연호는 고종(高宗) 이후를 제외하고는 사용하지 않았다.

고서가 언제 어디에서 간행(刊行)되었느냐를 알아내자면 서문(序文)(앞)이나 발문(跋文)(끝)에 나타난 년기(年記)와 기사(記事)를 보아야 한다. 이것들이 여럿 있을 때는 맨 나중의 것으로 그 책의 간년(刊年)과 간지(刊地)를 보는 것이 보통이다. 따로 권말(卷末)에 간기(刊記)를 붙인 것도 있다.

간기(刊記)는 보통 중국(中國)의 연호(年號)를 쓴 것이 많으므로 주의하여야 한다. 예컨대 「萬曆三十八年庚戌閏三月 日 慶尙道仁同地留鶴山長壽」(光海 2年<1610>), 「崇慶二年 中春望日」(高麗 康宗 2年 <1213> 2月 15日) 등과 같다.

청대(淸代)에도 숭명관념(崇明觀念)으로 말미암아 명(明)나라의 마지막 연호(年號)인 「崇禎<1628, 仁祖 6年을 1년으로 起算>」을 고집한 것을 볼 수 있다. 즉 「崇禎壬申上旬」(仁祖 10年<1632>)과 같다.

「上之二十四年甲申二月上浣金熙周」와 같은 것은 우리 임금의 연호를 쓴 경우로 상지(「上之」)만으로는 어느 임금인지 알 수 없으니 간지(干支)인 「갑신(甲申)」과 「김희주(金熙周)」 등을 단서로 하여 알

Ⅱ. 문헌(文獻)과 서지학(書誌學)의 이해

아내는 길이 있다. 그 결과 위의 연호(年號)는 「순조<純祖> 24年 <1824>」이었다.

수자(數字)로 된 연호(年號)와 함께 간지(干支)로 연대(「年代」)를 밝히는 것이 통례이다. 간지(干支)도 이른바 「고육갑(古六甲)」을 쓰는 수가 있다. 가령 「세중광단알맹추일(歲重光單閼孟秋日)」이라고 하면 「중광단알(重光單閼)」은 고육갑(古六甲)으로 표시된 것이다. 이것은 별표(別表)에 의해서 밝혀지는 바와 같이, 「辛(=重光) 卯(=單閼)」이다. 또 「황계계춘지월(黃鷄季春之月)」이라고 한 것은 「己(=黃) 酉(=鷄)」이며, 「창룡유월하간(蒼龍六月下澣)」은 「甲(=蒼) 辰(=龍)」이다.

좀 까다로운 년기(年記)로 「건륭57년현익곤돈협종지월상한일(乾隆五十七年玄黓困敦夾鍾之月上澣日)」)은 「壬(玄黓) 子(困敦) 二月(夾鍾之月)」이다.

- 고려 이전(高麗 以前) : 貞觀(唐 太宗 627~649 眞平－善德), 天寶(唐 玄宗 742~756 景德)
- 고려(高麗) : 至元(元 世祖 1264~1294 元宗－忠烈, 順帝 1335~1340 忠肅－忠惠), 至正(元 1341~1368 忠惠－忠穆－忠定－恭愍)
- 조선 전기(朝鮮 前期) : 洪武(恭愍－太祖 1368~1398), 永樂(太宗－世宗 1403~1424), 天順(世祖 1457~1464), 成化(世祖－成宗 1465~1487), 正德(中宗 1506~1521), 嘉靖(中宗－明宗 1522~1566), 隆慶(宣祖 1567~1572), 萬曆(宣祖－光海 1573~1619)
- 조선 후기(朝鮮 後期) : 天啓(光海－仁祖 1621~1627), 崇禎(仁祖

1628~1644), 崇德(淸 1636~1643 仁祖), 順治(仁祖-孝宗-顯宗 1644~1661), 康熙(顯宗-肅宗-景宗 1662~1722), 雍正(景宗-英祖 1723~1735), 乾隆(英祖-正祖 1736~1795), 嘉慶(正祖-純祖 1796~1820), 道光(純祖-憲宗-哲宗 1821~1850), 咸豊(1851~1861 哲宗), 同治(哲宗-高宗 1862~1874)

- 근대 이후(近代 以後): 光緒(高宗-純宗 1875~1908), 建陽(大韓帝國 高宗 1896), 光武 (高宗 1897~1906), 隆熙(純宗 1907~1910)
- 갑자(甲子): 1444=세종 26 숙지. 60년 가감 계산
- 간기 환산: 단군기원은 서기 +2333, 공자기원은 서기 +551, 불기는 한·중은 서기 +1027, 일본은 서기 +566으로 계산하면 된다.[20]

---

[20] <참고문헌>: 이현종 편, 『동양연표』, 탐구당, 2008.

※ 갑자년 일람표(甲子年 一覽表)

서기	朝鮮	中國
1924	(大正 13年)	民國 13年
1864	高宗 元年	同治 3年
1804	純祖 4年	嘉慶 9年
1744	崇禎再甲子 英祖 20年	乾隆 9年
1684	崇禎紀元後甲子 肅宗 10年	康熙 23年
1624	仁祖 2年	天啓 4年
1564	明宗 19年	嘉靖 43年
1504	燕山君 10年	弘治 17年
1444	世宗 26年	正統 9年
1384	廢王禑 10年	洪武 17年
1324	忠肅王 11年	泰定 元年
1264	元宗 5年	景定 5年
1204	神宗 7年	嘉泰 4年
1144	仁宗 22年	紹興 14年
1084	宣宗 元年	元豊 7年
1024	顯宗 15年	天聖 2年

※ 년기 환산표(年紀 換算表)

檀君 紀元	= 西紀 + 2333
朝鮮(李朝) 開國紀元	= 西紀 − 1391
大倧敎 開天紀元	= 西紀 + 2457
天道敎 布德紀元	= 西紀 − 1857
孔子 紀元	= 西紀 + 551
蒙古(元) 紀元	= 西紀 − 1205
佛敎 紀元(韓國・中國)	= 西紀 + 1027
佛敎 紀元(日本)	= 西紀 + 566
日本 紀元	= 西紀 + 660

문헌 연구 방법

※ 세음 세양표(歲陰 歲陽表)

천간/종별	木, 靑, 東		火, 赤, 南		土, 黃, 中		金, 白, 西		水, 黑, 北	
	甲	乙	丙	丁	戊	己	庚	辛	壬	癸
爾雅 (이아)	閼逢 (알봉)	梅蒙 (전몽)	柔兆 (유조)	彊圉 (강위)	著雍 (저옹)	屠維 (도유)	上章 (상장)	重光 (중광)	玄黓 (현익)	昭陽 (소양)
史記	焉逢	端蒙	游兆	彊梧	徒維	祝犁	商陽	昭陽	橫艾	尙章

	子	丑	寅	卯	辰	巳	午	未	申	酉	戌	亥
爾雅	困敦 곤돈	赤奮若 적분약	攝提格 섭제격	單閼 단알	執徐 집서	大荒落 대황락	敦牂 돈장	協洽 협흡	涒灘 군탄	作噩 작악	閹茂 엄무	大淵獻 대연헌
史記	同	同	同	同	同	同	同	同	同	同	淹茂	同
歲次	玄枵	星紀	析木	大火(大火)	壽星	鶉尾	大律(鶉火)	鶉首	實沈	大梁	降婁	諏訾

※ 간지표(干支表)

1 甲子	2 乙丑	3 丙寅	4 丁卯	5 戊辰	6 己巳	7 庚午	8 辛未	9 壬申	10 癸酉
11 甲戌	12 乙亥	13 丙子	14 丁丑	15 戊寅	16 己卯	17 庚辰	18 辛巳	19 壬午	20 癸未
21 甲申	22 乙酉	23 丙戌	24 丁亥	25 戊子	26 己丑	27 庚寅	28 辛卯	29 壬辰	30 癸巳
31 甲午	32 乙未	33 丙申	34 丁酉	35 戊戌	36 己亥	37 庚子	38 辛丑	39 壬寅	40 癸卯
41 甲辰	42 乙巳	43 丙午	44 丁未	45 戊申	46 己酉	47 庚戌	48 辛亥	49 壬子	50 癸丑
51 甲寅	52 乙卯	53 丙辰	54 丁巳	55 戊午	56 己未	57 庚申	58 辛酉	59 壬戌	60 癸亥

※ 연호 대조표 (年號 對照表)

建文 1399 定宗 1	永樂 1403 太宗 3	洪熙 1425 世宗 7	宣德 1426 世宗 8	正統 1436 世宗 18	景泰 1450 世宗 32	
天順 1457 世祖 3	成化 1465 世祖 11	弘治 1488 成宗 19	正德 1506 中宗 1	嘉靖 1522 中宗 17	隆慶 1567 明宗 22	萬曆 1573 宣祖 6
天命(後金) 1616 光海君 8	泰昌 1620 光海君 12	天啓 1621 光海君 13	崇禎 1628 仁祖 6	崇德 1636 仁祖 14	順治 1644 仁祖 22	弘光 1645 仁祖 23
隆武 1645 仁祖 23	紹武 1646 仁祖 24	永曆 1647 仁祖 25	康熙 1662 顯宗 3	雍正 1723 景宗 3	乾隆 1736 英祖 12	嘉慶 1796 正祖 20
道光 1821 純祖 21	咸豊 1851 哲宗 2	同治 1862 哲宗 13	光緒 1875 高宗 12			

Ⅱ. 문헌(文獻)과 서지학(書誌學)의 이해

※ 건원 대조표(建元 對照表)

朝鮮	中國	西紀	干支	朝鮮	中國	西紀	干支
太祖元年	明 太祖 洪武25年	1392	壬申	仁祖23年	明 福王 弘光元年	1645	乙酉
定宗元年	〃 惠帝 建文元年	1399	己卯	〃 23年	〃 唐王 隆武元年	1645	〃
太宗元年	〃 〃 3年	1401	辛巳	〃 24年	〃 〃 紹武元年	1646	丙戌
〃 3年	〃 成祖永樂元年	1403	癸未	〃 25年	〃 永明王 永曆元年	1647	丁亥
世宗元年	〃 〃 17年	1419	己亥	孝宗元年	清世祖順治7年	1650	庚寅
世宗7年	〃 仁宗 洪熙元年	1425	乙巳	顯宗元年	清世祖順治17年	1660	丙子
〃 8年	〃 宣宗 宣德元年	1426	丙午	〃 3年	〃 聖祖 康熙元年	1662	壬寅
〃 18年	〃 英宗 正統元年	1436	丙辰	肅宗元年	〃 康熙14年	1675	乙卯
〃 32年	〃 代宗 景泰元年	1450	庚午	〃 14年	崇禎紀元後再戊辰年	1688	戊辰
文宗元年	〃 〃 2年	1451	辛未	景宗元年	清聖祖康熙60年	1721	辛丑
端宗元年	〃 〃 4年	1453	癸酉	景宗3年	清世宗雍正元年	1723	癸卯
世祖元年	〃 〃 6年	1455	乙亥	英祖元年	〃 〃 3年	1725	乙巳
〃 3年	〃 英宗 天順元年	1457	丁丑	〃 12年	〃 高宗 乾隆元年	1736	丙辰
〃 11年	〃 憲宗 成化元年	1465	乙酉	〃 24年	崇禎紀元後三戊辰年	1748	戊辰
睿宗元年	〃 〃 5年	1469	乙丑	正祖元年	清高宗乾隆42年	1777	丁酉
成宗元年	〃 〃 6年	1470	庚寅	正祖20年	〃 仁宗 嘉慶元年	1796	丙辰
〃 19年	〃 孝宗 弘治元年	1488	戊申	純祖元年	〃 〃 6年	1801	辛酉
燕山元年	〃 〃 8年	1495	乙卯	〃 8年	崇禎紀元後四戊辰年	1808	戊辰
中宗元年	〃 武宗 正德元年	1506	丙寅	〃 21年	清宣宗 道光元年	1821	辛巳
〃 17年	〃 世宗 嘉靖元年	1522	壬午	憲宗元年	〃 〃 15年	1835	乙未
仁宗元年	〃 世宗 嘉靖24年	1545	乙巳	哲宗元年	〃 宣宗 道光30年	1850	庚戌
明宗元年	〃 〃 25年	1546	丙午	〃 2年	〃 文宗 咸豊元年	1851	辛亥
〃 22年	〃 穆宗 隆慶元年	1567	丁卯	〃 13年	〃 穆宗 同治元年	1862	壬戌
宣祖元年	〃 〃 2年	1568	戊辰	高宗元年	〃 〃 3年	1864	甲子
〃 6年	〃 神宗 萬曆元年	1573	癸酉	〃 5年	崇禎紀元後五戊辰年	1868	戊辰
宣祖25年	〃 神宗 萬曆20年	1592	壬辰	〃 12年 (開國503年)	清德宗 光緒元年	1875	乙亥
光海元年	〃 〃 37年	1609	己酉		〃 〃 20年	1894	甲午
〃 8年	後金太祖 天命元年	1616	丙辰	建陽元年	〃 〃 22年	1896	丙申
〃 12年	明 光宗 泰昌元年	1620	庚申	光武元年	〃 〃 23年	1897	丁酉
〃 13年	〃 熹宗 天啓元年	1621	辛酉	純宗康熙元年	〃 〃 33年	1907	丁未
仁祖元年	〃 〃 3年	1623	癸亥	〃 3年 日本統治	〃 宣統帝 宣統元年	1909	己酉
〃 5年	後金太宗 天聰元年	1627	丁卯		民國元年	1912	壬子
〃 6年	明 毅宗 崇禎元年	1628	戊辰				
〃 14年	靑 太宗 崇德元年	1636	丙子				
〃 22年	〃 世祖 順治元年	1644	甲申				

※ 연대 대조표(年代對照表)

西曆紀元	檀君紀元	李朝開國年次	大韓年號	中國年號	日本年號	干支	西曆紀元	檀君紀元	李朝開國年次	大韓年號	中國年號	日本年號	干支
1879	4212	488		光緒5	明治12	己卯	1924	4257		民國6	中華13	大正13	甲子
1880	4213	489		6	13	庚辰	1925	4258		7	14	14	乙丑
1881	4214	490		7	14	辛巳	1926	4259		8	15	昭和元	丙寅
1882	4215	491		8	15	壬午	1927	4260		9	16	2	丁卯
1883	4216	492		9	16	癸未	1928	4261		10	17	3	戊辰
1884	4217	493		10	17	甲申	1929	4262		11	18	4	己巳
1885	4218	494		11	18	乙酉	1930	4263		12	19	5	庚午
1886	4219	495		12	19	丙戌	1931	4264		13	20	6	辛未
1887	4220	496		13	20	丁亥	1932	4265		14	21	7	壬申
1888	4221	497		14	21	戊子	1933	4266		15	22	8	癸酉
1889	4222	498		15	22	己丑	1934	4267		16	23	9	甲戌
1890	4223	499		16	23	庚寅	1935	4268		17	24	10	乙亥
1891	4224	500		17	24	辛卯	1936	4269		18	25	11	丙子
1892	4225	501		18	25	壬辰	1937	4270		19	26	12	丁丑
1893	4226	502		19	26	癸巳	1938	4271		20	27	13	戊寅
1894	4227	503		20	27	甲午	1939	4272		21	28	14	己卯
1895	4228	504		21	28	乙未	1940	4273		22	29	15	庚辰
1896	4229	505	建陽元	22	29	丙申	1941	4274		23	30	16	辛巳
1897	4230	506	光武元	23	30	丁酉	1942	4275		24	31	17	壬午
1898	4231	507	2	24	31	戊戌	1943	4276		25	32	18	癸未
1899	4232	508	3	25	32	己亥	1944	4277		26	33	19	甲申
1900	4233	509	4	26	33	庚子	1945	4278		27	34	20	乙酉
1901	4234	510	5	27	34	辛丑	1946	4279		28	35	21	丙戌
1902	4235	511	6	28	35	壬寅	1947	4280		29	36	22	丁亥
1903	4236	512	7	29	36	癸卯	1948	4281		30	37	23	戊子
1904	4237	513	8	30	37	甲辰	1949	4282		31	38	24	己丑
1905	4238	514	9	31	38	乙巳	1950	4283		32	39	25	庚寅
1906	4239	515	10	32	39	丙午	1951	4284		33	40	26	辛卯
1907	4240	516	隆熙元	33	40	丁未	1952	4285		34	41	27	壬辰
1908	4241	517	2	34	41	戊申	1953	4286		35	42	28	癸巳
1909	4242	518	3	宣統元	42	乙酉	1954	4287		36	43	29	甲午
1910	4243	519	4	2	43	庚戌	1955	4288		37	44	30	乙未
1911	4244			3	44	辛亥	1956	4289		38	45	31	丙申
1912	4245			中華元	大正元	壬子	1957	4290		39	46	32	丁酉
1913	4246			2	2	癸丑	1958	4291		40	47	33	戊戌
1914	4247			3	3	甲寅	1959	4292		41	48	34	己亥
1915	4248			4	4	乙卯	1960	4293		42	49	35	庚子

Ⅱ. 문헌(文獻)과 서지학(書誌學)의 이해

1916	4249		5	5	丙辰	1961	4294		43	50	36	辛丑
1917	4250		6	6	丁巳	1962	4295		44	51	37	壬寅
1918	4251		7	7	戊午	1963	4296		45	52	38	癸卯
1919	4252	民國元	8	8	己未	1964	4297		46	53	39	甲辰
1920	4253	2	9	9	庚申	1965	4298		47	54	40	乙巳
1921	4254	3	10	10	辛酉	1966	4299		48	55	41	丙午
1922	4255	4	11	11	壬戌	1967	4300		49	56	42	丁未
1923	4256	5	12	12	癸亥	1968	4301		50	57	43	戊申
						1969	4302		51	58	44	乙酉

※ 한국(韓國) 및 중국 연호 색인(中國 年號 索引)

(가나다 순)

年號	使用國名	韓國	西紀	年號	使用國名	韓國	西紀
嘉慶	淸	朝鮮正祖 20	1796	端拱	宋	高麗成宗 7	988
嘉祐	宋	高麗文宗 10	1056	端平	南宋	高麗高宗 21	1234
嘉定	南宋	高麗熙宗 1	1208	大觀	宋	高麗睿宗 2	1107
嘉靖	明	朝鮮中宗 17	1522	大德	元	高麗忠烈王 23	1297
嘉泰	南宋	高麗神宗 4	1201	大明	宋	三國時代	457
嘉熙	南宋	高麗高宗 24	1237	大中祥符	宋	高麗穆宗 11	1003
康定	宋	高麗靖宗 6	1040	大昌	新羅	眞興王 29	568
康熙	淸	朝鮮顯宗 3	1662	德祐	南宋	高麗忠烈王 1	1275
開慶	南宋	高麗高宗 46	1259	道光	淸	朝鮮純祖 21	1821
開國	新羅	三國時代	551	同治	淸	朝鮮哲宗 13	1862
開國	朝鮮	高宗 31	1894	萬曆	明	朝鮮宣祖 6	1573
開寶	宋	高麗光宗 19	968	明道	宋	高麗德宗 1	1032
開禧	南宋	高麗熙宗 1	1205	寶慶	南宋	高麗高宗 12	1225
乾德	宋	高麗光宗 14	963	寶祐	南宋	高麗高宗 40	1253
乾道	南宋	高麗毅宗 19	1165	寶元	宋	高麗靖宗 4	1038
乾隆	淸	朝鮮英祖 12	1736	祥興	南宋	高麗忠烈王 4	1278
建隆	宋	高麗光宗 11	960	宣德	明	朝鮮世宗 8	1426
建文	明	朝鮮定宗 1	1399	宣統	淸	朝鮮純宗 3	1909
建福	新羅	眞平王 6	584	宣和	宋	高麗睿宗 14	1119
建陽	大韓	高宗 33	1896	紹武	明	朝鮮仁祖 24	1646
建炎	南宋	高麗仁宗 5	1127	紹聖	宋	高麗宣宗 11	1094
建元	新羅	法興王 24	536	紹定	南宋	高麗高宗 15	1228
建中靖國	宋	高麗肅宗 6	1101	紹興	南宋	高麗仁宗 9	1131
建興	宋	高麗顯宗 13	1022	紹熙	南宋	高麗明宗 20	1190
見深	明	朝鮮世祖 11	1465	淳祐	南宋	高麗高宗 28	1241
景德	宋	高麗穆宗 7	1004	順治	淸	朝鮮仁祖 22	1644

103

문헌 연구 방법

年號	使用國名	韓 國	西紀	年號	使用國名	韓 國	西紀
慶曆	宋	高麗靖宗 7	1041	淳化	宋	高麗成宗 9	990
景炎	南宋	高麗忠烈王 2	1276	淳熙	南宋	高麗明宗 4	1174
景祐	宋	高麗德宗 3	1034	崇寧	宋	高麗肅宗 7	1102
慶元	南宋	高麗明宗 25	1195	崇德	清	朝鮮仁祖 14	1636
景定	南宋	高麗元宗 1	1260	崇禎	明	朝鮮仁祖 6	1628
景泰	明	朝鮮世宗 32	1450	昇明	宋	三國時代	447
景平	宋	三國時代	423	延祐	元	高麗忠肅王 1	1314
景和	宋	三國時代	465	永樂	明	朝鮮太宗 3	1403
光德	高麗	光 宗 1	950	永曆	明	朝鮮仁祖 25	1647
光武	大韓	高 宗 34	1897	永初	宋	三國時代	420
光緖	清	朝鮮高宗 12	1875	雍正	清	朝鮮景宗 3	1723

年號	使用國名	韓 國	西紀	年號	使用國名	韓 國	西紀
雍熙	宋	高麗成宗 3	984	天啓	明	朝鮮光海君 13	1621
元嘉	宋	三國時代	425	天曆	元	高麗忠肅王 15	1328
元符	宋	高麗肅宗 3	1098	天命	清	朝鮮光海君 8	1616
元祐	宋	高麗宣宗 3	1086	天聖	宋	高麗顯宗 14	1023
元貞	元	高麗忠烈王 21	1295	天授	高麗	太 祖 1	918
元統	元	高麗忠肅王(復位) 2	1333	天聰	清	朝鮮仁祖 5	1627
元豊	宋	高麗文宗 32	1078	天禧	宋	高麗顯宗 8	1017
元徽	宋	三國時代	473	治平	宋	高麗文宗 18	1064
隆慶	明	朝鮮明宗 22	1567	致和	元	高麗忠肅王 15	1328
隆武	明	朝鮮仁祖 23	1645	泰始	宋	三國時代	465
隆興	南宋	高麗毅宗 17	1163	泰豫	宋	三國時代	472
隆熙	大韓	純 宗 1	1907	泰定	元	高麗忠肅王 11	1324
仁平	新羅	善德女王 1	634	泰昌	明	朝鮮光海君 12	1620
靖康	宋	高麗仁宗 4	1126	太平興國	宋	高麗景宗 1	976
正德	明	朝鮮中宗 1	1506	太和	新羅	眞德女王 1	647
正統	明	朝鮮世宗 18	1436	咸淳	南宋	高麗元宗 6	1265
政和	宋	高麗睿宗 6	1111	咸平	宋	高麗穆宗 1	998
峻豊	高麗	光 宗 11	960	咸豊	清	朝鮮哲宗 2	1851
中統	元	高麗元宗 1	1260	弘光	明	朝鮮仁祖 22	1645
重和	宋	高麗睿宗 13	1118	洪武	明	高麗恭愍王 17	1368
至大	元	高麗忠烈王 34	1308	弘治	明	朝鮮成宗 19	1488
至道	宋	高麗成宗 14	995	鴻齋	新羅	眞興王 33	572
至順	元	高麗忠肅王 17	1330	洪熙	明	朝鮮世宗 7	1425
至元	元	高麗元宗 5	1264	皇慶	元	高麗忠宣王 4	1312
至正	元	高麗忠惠王(復位) 2	1341	皇祐	宋	高麗文宗 3	1049
至治	元	高麗忠肅王 8	1321	孝建	宋	三國時代	454
至和	宋	高麗文宗 8	1054	熙寧	宋	高麗文宗 22	1068

Ⅱ. 문헌(文獻)과 서지학(書誌學)의 이해

※ 한국고활자표

韓國古活字

活字名	王號紀年	干支	西紀年	字本 또는 書體	材料	字樣	區別
癸未字	太宗 3年	癸未	1403	古註詩傳,左氏傳(宋板)	銅	未 盡 善	23×14.2cm
庚子字	世宗 2年	庚子	1420	〃 〃 元板)	銅	極 精 緻	22.7×15cm
甲寅字	世宗16年	甲寅	1434	孝順事實,爲善陰隲,論語等,不足字는 晉陽大君筮	銅	字體正明	26.2×16.5cm
丙辰字	世宗18年	丙辰	1436	晋陽大君瑈(世祖)書	鉛		26.2×17.2cm
壬申字	文宗 2年	庚午	1452	安平大君(瑢)書	銅	肥 大	22×15.6cm
乙亥字	世祖元年	乙亥	1455	姜希顔 書	銅	楷 書	21.8×14.3cm
乙酉字	世祖10年	乙酉	1465	鄭蘭宗 書	銅	字體不正	21.7×18.1cm
甲辰字	成宗15年	甲辰	1484	朴耕 補書 歐陽公集	銅	小 大 適 中	22.8×14.8cm
癸丑字	成宗24年	癸丑	1493	明朝新板 綱目字	銅	楷書肥大 甲辰字보다 若干 大	27×16.7cm
丙子字	中宗11年	丙子	1516	明板 資治通鑑	銅		24×17cm
乙卯字	中宗14年	乙卯	1519	宋元朝本 資治通鑑	銅		
癸酉字	宣祖 6年	癸酉	1573	世宗16年鑄造 甲寅字	銅		25.1×17.2cm
庚辰字	宣祖13年	庚辰	1580		銅		
訓鍊都監字	宣祖末年頃		1605~1616	庚午,甲寅,乙亥字	木	字體不正	26×18cm
戊午字	光海10年	戊午	1618		銅		
戊申字	顯宗 9年	戊申	1668	一名芸閣字,校書館活字	銅		40.8×24cm
韓構字	肅宗26年	庚辰	1700	韓構字本	銅	字體整然	21.1×13cm
壬辰字	英祖48年	壬辰	1772	改鑄甲寅字	銅		24.8×17.2cm
丁酉字	正祖元年	丁酉	1777	改鑄甲寅字,曹允亨 書	銅	字體整然	24.8×17cm
壬寅字	正祖 6年	壬寅	1782	一名 壬寅字	銅	字體整然	21×14.1cm
庚戌改鑄甲寅字	正祖14年	庚戌	1790		銅		
栞實字	正祖14~15年實來		1790-1791	?	木	?	
生生字	正祖16年	壬子	1792	康熙字典體	木	字體整然	21.8×14cm
整理字	正祖19年	乙卯	1795	生生字體	銅	字體整然	23.9×16.7cm
改鑄整理字	哲宗 9年	戊午	1858	生生字體	銅	字體整然	23.2×15.4cm
改鑄韓構字	哲宗 9年	戊午	1858		銅	字體整然	21.2×14cm
聚珍字	純祖年代	?		武英殿聚珍字本		字體整然	22×14.9cm
全史字	純祖年代	?		牧齋集字本,一名靈峴宮字	銅錫	字體整然	21.3×14.8cm
新式鉛活字	高宗年代(開國492-)		1883-		鉛	字體整然	23.5×16.9cm
陶活字	?	?	?	?	陶	字體不正	21.5×15cm

105

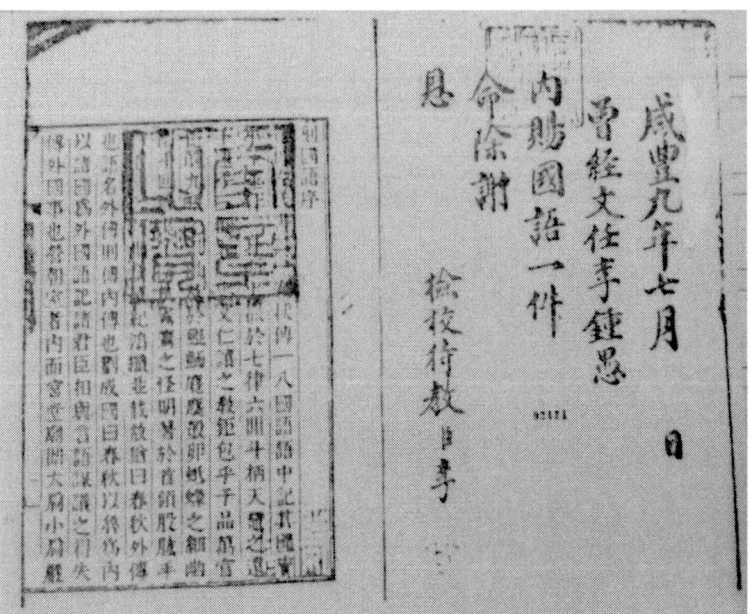

Ⅱ. 문헌(文獻)과 서지학(書誌學)의 이해

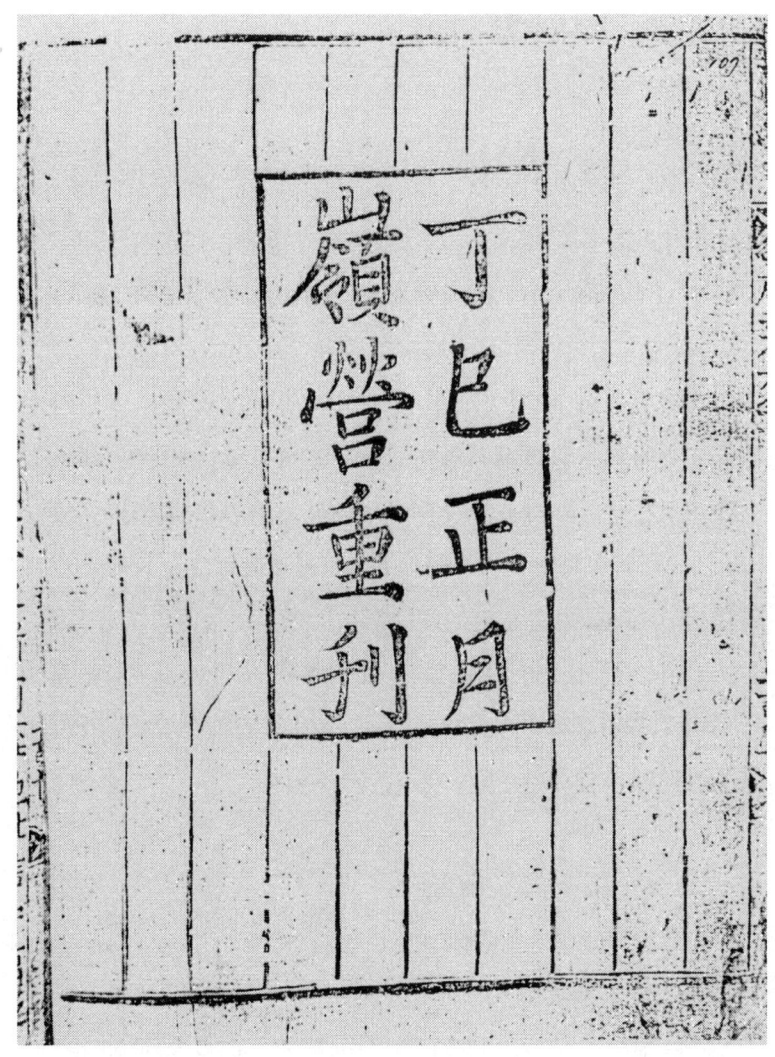

문헌 연구 방법

(10) 문헌 조사(文獻 調査)

① 권책(卷册)

전통적으로 내려오는 권질(卷帙) 표시의 방법을 이해하는 것이 중요하다. 낙질(落帙)이나 영본(零本)의 경우 이를 앎으로써 쉽게 전질(全帙)의 규모를 알 수 있다. 가령 표지에 '토(土)' 표시가 있는 영본을 발견하였을 때, 이것이 과연 몇 책짜리 전질의 몇 번째 책인지 알아내기 위해서는 권책 표시의 방법을 참고하지 않아서는 안 된다. 그 결과 이것은 총 8책 가운데 셋째에 해당하는 책임을 밝혀낼 수 있다. '토(土)'는 '금석토혁사목포죽(金石土革絲木匏竹)'(총 8책) 가운데 세 번째(土)임을 알 수 있다. 여기 '金石土……'는 동양의 전통 악기 8종이 발하는 8음을 나타내고 있다. 권수(卷數)에 따라 표시하는 방법이 여러 가지이므로 이것을 알아두는 것이 요긴하다. 그 몇 가지 사례를 아래에 소개한다.

- 1책 : 완(完), 전(全), 단(單)
- 2책 : 상하(上下), 건곤(乾坤), 본말(本末)
- 3책 : 상중하(上中下), 천지인(天地人), 지인용(智仁勇)
- 4책 : 원형이정(元亨利貞), 흠명문사(欽明文思), 불교성사(不巧盛事), 춘하추동(春夏秋冬), 동서남북(東西南北)
- 5책 : 인의예지신(仁義禮智信), 궁상각치우(宮商角徵羽)
- 6책 : 예악사어서수(禮樂射御書數), 천지동서남북(天地東西南北)

Ⅱ. 문헌(文獻)과 서지학(書誌學)의 이해

- 7책 :
- 8책 : 금석토혁사목포죽(金石土革絲木匏竹)(주례태사팔음<周禮大師八音>), 금석사죽포토혁목(金石絲竹匏土革木)(소학감주<小學紺珠>), 율력류(律曆類), 팔음(八音)
- 9책 :
- 10책 : 갑을병정무기경신임계(甲乙丙丁戊己庚申壬癸)(10간<干>)
- 11책 :
- 12책 : 자축인묘진사오미신유술해(子丑寅卯辰巳午未辛酉戌亥)(12지<支>), 앵취탁화홍류연미점파연추(鶯嘴啄花紅溜燕尾點波綠皺)

……

- 20책 : 탈무발문천하무쌍정사용경주사인간제일기서(奪武撥文天下無雙正士鎔經鑄史人間第一奇書)

……

- 28책 : 각항저방심미기(동) 실벽두우여허위(북) 규루위묘필자삼(서) 정귀유성장익진(남)(角亢氐房心尾箕<東> 室壁斗牛女虛危<北> 奎婁胃昴畢觜參<西> 井鬼柳星張翼軫<南>)―28수(宿)
- 2책 이상 : 일이삼사오……(一二三四五……), 일이삼사오……(壹貳參肆伍……)
- 책 : 천지현황우주홍황일월영측진숙열장……(天地玄黃宇宙洪荒日月盈昃辰宿列張……)-천자문(千字文)

109

문헌 연구 방법

② 년(年)·월(月)·일(日), 절후(節候)의 표기(表記)

　옛날 선비들은 날짜를 표기할 때 오늘의 우리와는 달랐다. 중국의 연호(年號)를 쓰는 것은 거의 관습화되어 있었는데, 조선에서는 명나라가 망하고 우리나라가 청(淸)나라에 복속된 뒤에도 숭명의식(崇明意識)을 버리지 못했다. 그런바 명나라의 마지막 연호 '숭정(崇禎)(1628~1644)'을 계속 썼다. 정작 중국 땅에서도 통용되지 않는 '숭정(崇禎)' 연호를 고집함으로써 '숭정이무진(崇禎二戊辰)'(1688, 강희<康熙> 27年, 숙종<肅宗> 14年)처럼 유령(幽靈) 같은 년기(年記)를 사용했다. 연도(年度) 표기를 간지(干支)로 하는 것이 일반화되어 있어서, 연도 추정에 어려움을 겪을 때가 많다. 아무런 준비 없이 간지(干支)로 된 연도(年度)를 추정해야 하는 경우, 조선(朝鮮) 세종(世宗) 26년(年)이 갑자(甲子)요, 시기(西紀) 1444년(年)이라는 사실을 기억해 두면, 연도 추산에 기준이 되므로 매우 편리하다. 여기에 60년을 더하면 서기 1504년이 되고, 돌아온 갑자(甲子)가 된다. 반대로 60년을 제하면 거슬러 올라간 갑자(甲子)가 된다. 갑자(甲子) 하나의 연도를 아는 것만으로, 아래위로 모든 연도를 밝혀 낼 수 있어 여간 도움이 되지 않는다. 간지(干支)를 그대로 쓰는 경우는 그런대로 괜찮지만, 이것을 여러 가지로 상징화(象徵化)하여 표기할 때가 있음을 유념해야 한다.

　정탁(鄭琢)의 『龍蛇日記(용사일기)』라는 책명(册名)에서 '용사(龍蛇)'는 왜란을 겪은 두 해-임진(壬辰)과 계사(癸巳)를 가리킨 것이다. '진(辰)'은 용(龍)이요, '사(蛇)'는 뱀이다. 또 '흑룡일기(黑龍日

記)'의 경우, '흑룡(黑龍)'은 '임진(壬辰)'에 해당한다. '임(壬)'은 빛깔로 '흑(黑)'을 나타내기 때문이다. 그런가 하면 간지(干支)를 이아(爾雅), 사기(史記), 세차(歲次) 등에 의거하여 고체(古體)로 일컬어 쓸 때도 비일비재하다. 예하여 '건륭오십칠년현익곤돈(乾隆五十七年玄黓困敦)'(임자<壬子>)과 같은 것이다. 또 연도를 표시하는데, 다만 '상지십사년……(上之十四年……)'과 같이 왕명(王名)을 밝히지 않고 연수(年數)만 쓸 때도 있다. 이때 '상(上)'은 필자(筆者) 당대(當代)의 왕(王)이므로 필자와 관련지어 왕을 추정하면 자연히 연도를 밝혀낼 수 있다.[21]

월(月)에 대한 표시도 매우 다양하다. 숫자(一二三……)로 나타내는 것 말고, 흔히 쓰는 것이 '춘하추동(春夏秋冬)'에 각각 '孟-', '仲-', '季-'를 앞에 붙여 월(月) 표시하는 방법이다. 예를 들면, '맹춘(孟春)'이 음력 정월(正月)이고, '중춘(仲春)'은 음력 2월을 가리키는 식이다.

(봄[春]-청양(靑陽), 양춘(陽春), 화절(華節), 미경(媚景). 여름[夏]-주명(朱明), 염절(炎節), 수경(修景). 가을[秋]-백장(白藏), 징경(澄景), 소절(素節), 소상(素商). 겨울[冬]-한경(寒景), 엄경(嚴景). 세조(歲朝)-정월~4월. 세중(歲中)-5월~8월. 세석(歲夕)-9월~12월. 중월(中月)-그달 내. 내월(來月), 출월(出月), 하월(下月), 사월(徙月)-다음 달), 이것은 지금도 더러 쓰고 있으므로 그리 어렵지 않다.

---

[21] <참고문헌> : 이현종 편, 『동양연표』, 탐구당, 2008.

문헌 연구 방법

그러나 옛날 쓰인 月의 별칭에는 괴팍한 것이 있다. 여월(如月)(2월), 매월(梅月)(5월), 황종지월(黃鍾之月)(11월), 제월(除月)(12월), 장월(壯月)(8월), 류월(流月)(6월), 국월(菊月)(9월) 등등.[22]

일(日)에 대한 표시는 물론 숫자로 하는 것이 일반적이나, 이것도 멋을 부려(?) 절후(節候)의 명칭을 빌어서 하는 경우가 꽤 있다. 단양절(端陽節)(음 5월5일), 인일(人日)(음 정월 초7일), 유두절(流頭節)(음 6월 15일), 초길(初吉)(음 초1일) 등이다. 이 밖에도 한 달을 셋으로 나누어 상한(上澣), 중한(中澣), 하한(下澣)으로 10일 단위로 묶어 부르기도 한다. 지금 쓰고 있는 상순(上旬)(1~10일), 중순(中旬)(11~20일), 하순(下旬)(21~30일)과 같이 쓰이고 있다.

념(念) : 20일, 회(晦) : 30일, 소월(小月) : 29일, 망, 생패(望・生霸) : 15일, 기망(既望) : 16일, 외후일(外後日) : 후 3일(後三日), 작일(昨日) : 전 1일(前一日), 대전일(大前日) : 전 3일(前三日), 명일(明日), 익일, 힐조(翌日・詰朝) : 후 1일(後一日) 등등.

③ 이체자(異體字)(변체자(變體字))

글자의 형체는 다르지만, 발음과 의미는 같고 서로 대체할 수 있는 글자로 혹체, 속체라고도 한다.

필사본, 간본(刊本)을 막론하고 한자의 이체(異體)를 많이 사용하

---

22 <참고문헌> : 성원경, 「월별이칭 연원고」, 『한실 이상보박사 회갑기념논총』, 동 간행위원회, 1987.

고 있다. 그러므로 이에 대한 이해가 없이는 한문 해독에 어려움이 있게 된다. 편의상 흔히 말하는 약자(略字)를 포함하여 고자(古字), 속자(俗字), 원자(原字) 등 생소한 서체(書體)의 한자를 모두 묶어서 '이체자(異體字)'라고 불렀다. 그러나 그 자체(字體)의 생성과 변형에는 제각기 다른 원리가 작용한 것이므로, 일률적으로 논할 수 없음은 물론이다. 우리나라의 이체자는 단지 간략화(簡略化)만은 아니다. 상하좌우의 위치를 바꾸거나, 가획(加劃) 혹은 특정한 부분의 대체도 가능하며, 전혀 새로운 글자로의 변화도 있다. 또 부분으로 전체를 대신하는 경우도 많다.

이체자(異體字)는 문헌(文獻)에서만이 아니라, 금석문(金石文) 해독에서도 문제가 된다. 그러므로 한문 원전(漢文 原典)을 다루는 연구자는 마땅히 이체자에 대한 상당한 수준의 이해가 요구된다.[23]

④ 인물(人物)의 별호(別號)

옛 문헌에서 인물을 언급할 때 본명(本名) 또는 휘(諱)는 될수록 드러내지 않고 흔히 호(號)와 자(字)로써 이름을 대신하여 썼다. 문집명(文集名)도 대개 호(號)를 따서 붙이고 있다. 그러므로 연구자는 본명

---

[23] <참고문헌>: 黃浿江,「古書備要」,『敎養學報』2집, 檀國大, 1970. ; 焦 竑,『俗書刊吳』(11권 2책, 欽定四庫全書 珍本初集經部10, 小學類2. ; 權重求,『漢文大綱』, 通文館, 1971. ; 劉復, 李家瑞,『宋元以來俗字譜』(影印本), 亞細亞文化社, 1981. ; 金鍾塤,『韓國固有漢字硏究』, 集文堂, 1983. ; 吳契寧,『實用文字學』, 臺灣商務印書館, ?. ; 程祥徵,『繁簡由之』, 三聯書局香港分店, ?. ;『東洋三國의 略體字 比較硏究』, 國立國語硏究院, 1992. ; 국립국어연구원,『우리나라 漢字의 略體 調査』, 1991.

문헌 연구 방법

을 아는 것만으로는 족하지 않다. 본명을 앎과 동시에 호(號)를 익혀 두는 것이 중요하다. 자(字)도 더러 쓰이므로 그때마다 손쉽게 확인할 수 있어야 한다. 그리고, 별호(別號)도 일인일호(一人一號)의 경우는 드물고, 대개는 복수의 호를 사용하였다. 김정희(金正喜)의 명호(名號)는 인각(印刻)을 해서 쓴 것만도 217개나 된다. 호(號)를 모르거나 착각함으로써 같은 사람을 다른 사람으로, 또 다른 사람을 같은 사람으로 오해하고, 문맥(文脈)이나 문의(文意)를 잘못 짚을 때가 있으므로, 각별히 주의해야 한다. 같은 호를 가진 사람이 여럿 있을 수 있으므로 인물을 논할 때 호에만 집착하는 것은 금물이다.[24]

⑤ 지명(地名)의 별호(別號)

우리나라 지명은 고유한 향명(鄕名, 우리 말)이 있는가 하면 우리 이름을 한자로 차용 표기한 것이 있고, 아예 중국식으로 지어 버렸거나 그렇게 바꾸어버린 것도 꽤 있다. 『동국여지승람(東國輿地勝覽)』을 비롯한 지지류(地誌類)에서는 대개 지명의 변천사를 간략히 언급하고 있으므로, 지명(地名)의 고칭(古稱)을 살피는 데 많은 도움을 준다. 고문헌(古文獻)에서는 지명(地名)의 고칭(古稱)이나 별호(別號)가 예사롭게 쓰이므로 이에 관한 관심을 가지지 않아서는 안 된다. 각종 향토지(鄕土誌)는 이를 위한 좋은 자료가 된다. 흔히 쓰는 몇 가

---

[24] <참고문헌>: 李斗熙, 朴龍圭, 朴成勳, 洪順錫, 『韓國人名字號辭典』, 啓明文化社 (현 제이앤씨), 1988. ; 韓國人名大事典編纂室, 『韓國人名大事典』, 新丘文化社, 1967.

II. 문헌(文獻)과 서지학(書誌學)의 이해

지 예를 들어 본다.

강릉江陵(임영臨瀛), 울진蔚珍(선사仙槎), 경주慶州(동경東京), 공주公州(웅주熊州), 강화江華(심주沁州), 고창高敞(모양牟陽), 강진康津(도강道康), 제주濟州(영주瀛州), 삼척三陟(진주眞珠), 순천順天(승주昇州), 상주尙州(상산商山), 진주晉州(강주康州), 전주全州(완산完山), 정선旌善(주진朱陳), 선산善山(일선一善), 대구大邱(달성達城), 남해南海(화전花田), 평양平壤(기성箕城), 나주羅州(금성錦城), 남원南原(용성龍城), 여주驪州(황려黃驪), 영암靈巖(낭주朗州), 용강龍岡(황룡黃龍), 영광靈光(오성筽城), 영해寧海(예주禮州) 등등.[25]

⑥ 능호(陵號)

문헌에서 '목릉 성세(穆陵 盛世)'라고 쓴 것을 보는데, '목릉(穆陵)'은 선조(宣祖)의 능호(陵號)로 이는 곧 선조(宣祖)를 일컫는다. 능호(陵號)로써 왕(王)을 지칭하는 경우가 있으므로 주의를 요한다.

세종(世宗)을 '영묘(英廟)', 세조(世祖)를 '광묘(光廟)'로 표시하는 것도 능호(陵號) - 영릉(英陵), 광릉(光陵)에서 왔다.[26]

25 <참고문헌> : 國書刊行會, 『中國, 朝鮮 地名別稱索引』, 1976.; 權相老, 『韓國地名沿革考』, 東國文化社, 1961.; 한글학회, 『한국지명총람』, 1(서울편), 1965.
26 <참고문헌> : 李鉉淙, 『東洋年表』('高麗, 朝鮮時代 王陵, 園, 墓 一覽表'), 탐구당, 1971.

115

문헌 연구 방법

⑦ 초서(草書) 및 행서(行書)

고문헌에는 가끔 초서(草書)나 행서(行書)로 쓴 것이 있다. 따라서 이에 대한 소양을 갖는 것이 바람직하다. 이 방면의 법첩(法帖)을 가까이 두면 일상 익히는 것이 큰 도움이 된다.[27]

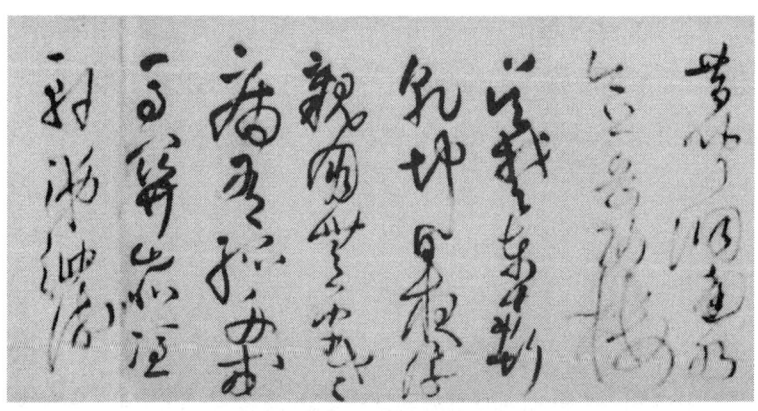

왕탁〈王鐸〉의 당시〈唐詩〉 초서〈草書〉

---

[27] <참고문헌> : 『王羲之 正·草 千字文』, 文化圖書公司, 1967. ; 『淳化閣帖』, 上海書店, 1984. ; 『岳飛詩詞行草字帖』, 1987. ; 『千字文字典』, 景仁文化社, 1990. ; 『書道 六體大字典』, 藤原楚水, 理想社(서울), 1968.

왕희지〈王羲之〉의 「난정서〈蘭亭序〉」 행서〈行書〉

문헌 연구 방법

番號:

典籍名					
編著者名		卷·冊數		版種	
刊記				紙質	
版式	半廓의 크기			邊欄	
	界線有無			行·字數	
	字種및 字體				
	版心	黑口有無	魚尾	版心內容	
內容 (目次)					
所藏者	住所		年齡	作成年月日	
	姓名	性別	備考	作成者	

118

Ⅱ. 문헌(文獻)과 서지학(書誌學)의 이해

(11) 판목 조사(板木 調査)와 판목 쇄출(板木 刷出)과 제책 (製册)

① 판목 조사(板木 調査)

　문헌 연구의 한 분야로서 판목 조사를 포함할 수 있다. 상당 분량의 판목이 각지에 소장되어 있는바 그 보관 상태는 반드시 바람직하게 되어 있다고 할 수 없다. 물론 문화재 지정을 받은 일부 특정한 판목들과 후손이나 관계자들이 각별한 관심을 가지고 관리하는 판목의 경우를 제외하고는 대개 불량한 환경 아래 방치되어 있다고 해도 틀리지 않는 것이 우리의 현실이다. 문화재로 지정되지 않은 판목이라도 그 문헌자료로서의 가치는 결코 폄가(貶價)할 수 없다. 개중에는 상당한 가치를 인정받을 만한 판목들이 꽤 있다. 그런데 정작 희귀(稀貴)하거나 이미 일실(佚失)한 문헌이 판목으로 남아 있는 것도 있다. 그러므로 판목의 조사와 이에 대한 작업(목록<目錄> 및 판수 조사<板數 調査>, 쇄출<刷出> 등)은 문헌 연구로서도 중요한 의미를 지닌다. 유서 깊은 사찰(寺刹), '명가(名家)'의 후손가(後孫家), 사원(祠院), 향교(鄕校) 등에는 다소간의 판목을 소장하고 있는 경우가 많지만, 그곳에서 유출되어 시정(市井)의 개인이나 상인이 소장하고 있는 경우도 간혹 있다. 판목 소장 사찰로 알려진 데는 8만 대장경판(大藏經板)을 소장한 해인사(海印寺)를 필두로, 승주(昇州) 송광사(松廣寺), 구례(求禮) 화엄사(華嚴寺), 서울의 봉은사(奉恩寺), 양주(楊州) 불암사(佛巖寺), 하동(河東) 쌍계사(雙溪寺), 고창(高敞) 선운

119

사(禪雲寺), 풍기(豊基) 부석사(浮石寺), 양산(梁山) 통도사(通度寺) 등으로 이들은 비교적 많은 판목을 소장하고 있다. 정조(正祖) 때 만든 부모은중경판(父母恩重經板)(목<木>, 석<石>, 동<銅>)을 소장하고 있는 수원(水原) 용주사(龍珠寺), 『월인석보(月印釋譜)』권(卷)21 판(板)을 소장하고 있는 계룡산(鷄龍山) 갑사(甲寺), 『동국여지승람(東國輿地勝覽)』의 판목을 소장하고 있는 전주(全州) 위봉사(威鳳寺) 등은 문헌 가치가 높은 판목을 간직하고 있는 사찰이다. 판목을 소장하고 있는 '명가(名家)'의 후손가를 일부 든다면 담양(潭陽)의 유희춘(柳希春) 종가(宗家)(『미암집<眉岩集>』), 예천(醴泉)의 권문해(權文海) 종가(宗家)(『대동운부군옥<大東韻府群玉>』), 상주(尙州) 정경세(鄭經世) 종가(宗家)(『문집<文集>』), 정기룡(鄭起龍) 종가(宗家)(『매헌실기<梅軒實記>』), 평해(平海) 황여일(黃汝一) 종가(宗家)(『해월집<海月集>』, 『동명집<東溟集>』), 문경(聞慶) 홍귀달(洪貴達) 종가(宗家)(『허백당집<虛白堂集>』, 『여사제강<麗史提綱>』) …… 등이 있다.

사원(祠院)으로는 안동(安東)의 도산서원(陶山書院)(『퇴계집<退溪集>』), 장성(長城)의 필암서원(筆巖書院)(『백련초해<百聯抄解>』), 영광(靈光)의 내산서원(內山書院)(『간양록<看羊錄>』), 밀양(密陽)의 예림서원(禮林書院)(『점필재집<佔畢齋集>』), 이밖에 오산(烏山)의 궐리사(闕里祠)(『화성궐리지<華城闕里誌>』, 『성적도<聖蹟圖>』), 서울의 지덕사(至德祠)(「후적벽부팔곡병<後赤壁賦八曲屛>」-양녕대군 필<讓寧大君 筆>) 등이 있다. 방각본(坊刻本)의 구간소(舊刊所)에도 더러 방각판목(坊刻板木)이 있을법한데, 현재 별로 알려지지 않았다. 예전에 의정부(議政府)에서 <흥보전>의 방각판목이 나온 일이 있으나, 소장자는 밝혀지지 않았다. 아마도 방각판목은 딱지본이 출판되는 것과 때를 같이하여 서관(書館)에 넘어가 거기서 쇄출되어 한동안 상품화되어 오다가 수요가 줄어들면서 자연 도태되었던 것으로 보인다. 완판본의 경우 가장 일찍 출판된 것(한문본(漢文本)『구운몽(九雲夢)』)이 1803년이요, 가장 늦게 출판된 것이 1937년으로 잡혀 있다(한문현토본『구운몽』<필사본>은 건양대 명예교수인 김동기 선생이 소장하고 있다.). 따라서 완판방각(完板坊刻)이 행해진 기간은 1803~1937, 130여 년간으로 볼 수 있다.

일부 연구자에 의하여 판목 조사가 이루어져 왔으나, 그 범위가 극히 제한되어 있다. 문헌 기록을 통한 목판본의 전모를 파악하는 것과 동시에 현지답사를 통하여 현존하는 판목을 조사하여 그 전모를 파악하는 일, 그리고 파악된 판목의 과학적 관리와 이용에 대한 문제에도 깊은 연구가 필요하다. 이것만을 위한 별도의 학문(이를테면 판목학<板木學>)이 생겨도 좋을 것 같다. 판목은 서적의 모체로, 정신적인 내용을 담고 있는 것임은 틀림없으나, 그 자체는 지극히 손상을 입기 쉬운 물질(목재)이므로 이의 관리와 이용에는 특별한 과학적 고려가 언제나 뒤따라야만 할 줄 안다. 문학 연구자로서는 판목 조사에 있어서 판목에 쌓인 해묵은 먼지와 그 밖의 불순물을 제거하고, 각종 충해(蟲害)(좀벌레 등)[28]와 서해(鼠害)를 방지하고, 습기(濕氣)가 차지 않도록 통풍(通風)하는 환경 속에서 보관하도록 살펴주는

---

[28] 심하면 조류(鳥類)가 판목 사이에 둥지를 틀고 판목을 오염시키고 있는 경우도 있다

것만으로도 대단하다 하겠다. 판목 보관의 모범적인 사례는 해인사(海印寺)의 장판각(藏板閣)이 될 것이다. 장판각(藏板閣)(판전<版殿>)의 바닥은 숯 섬을 묻고 다시 소금을 깔고, 그 위에 흙을 덮고 다졌다고 한다. 건물 구조도 통풍(通風)을 충분히 배려하고 있다. 이곳에 출입하는 이는 금연(禁煙), 탈모(脫帽)할 것과 총기(銃器)나 지팡이 등의 휴대를 금하고 있다. 판목 조사에는 그 어떤 화기(火氣)도 절대로 조심해야 한다. 판목 쇄출은 장마 때를 금기로 삼는다. 가을에 접어드는 9월에서 10월 사이 시원하고 청명한 날을 골라서 하는 것이 바람직하다. 판목의 장수(張數)를 일일이 조사하여, 종류(種類)를 가르고 종류별(문헌별<文獻別>)로 차례를 맞추어 그 장수(張數)(판심<版心>)를 기록하되, 결판(缺板)(장<張>이 비는 경우)이 있을 때는 이것을 명시하여야 한다. 인력의 여유가 있다면 조사한 판목 전부를 쇄출(刷出)하는 것이 바람직하니, 워낙 판본이 많을 때는 종별, 장수 조사를 하고 나서, 서(序), 발(跋)(간기<刊記>), 목차(目次)만 쇄출하고, 그 안에서 자신의 연구와 관계되는 사항은 따로 골라내어 쇄출하는 것이 바람직하다. 그럴 경우, 그 작품의 작자 사항을 볼 수 있는 기사(記事)[전(傳), 행장(行狀), 묘갈명(墓碣名), 연보(年譜) 등]도 잊지 않고 쇄출해 가는 것이 훗날의 연구를 위해 필요한 일이다. 판목의 조사와 쇄출이 끝나면 일정한 자리[29]에 종별로 차례대로 깨끗이 쌓아두고, 판목 맨 앞장과 맨 뒷장에 책명을 표시하고 시작과 끝을 표

---

[29] 대개 판목을 보관하고 있던 자리로, 아마도 먼지와 그 밖의 오물로 어지러워져 있을 것이므로 깨끗이 청소하고, 바닥이 나무로 된 마루의 경우를 제외하고 밑에 나무나 두툼한 종이를 깔고 그 위에 판목을 포개어 쌓는 것이 좋다.

Ⅱ. 문헌(文獻)과 서지학(書誌學)의 이해

기한 종이를 각각 끼워서, 누구나 쉽게 알아볼 수 있게 하되 앞, 뒤 어느 편에든 조사해서 밝혀낸 판목 총수(板木 總數)를 써 남기는 한편, 결판(缺板)이 있을 때는 '권(卷)○ · 제(第)○ · ○장(張) 결(缺)'이라 표시해 두는 것이 관리자를 위해서나 뒤에 오는 이용자를 위해서나 다 좋다. 그리고 판목 사이사이 좀벌레를 방지하기 위해 나프타린 같은 방충제를 적당히 놓아두면 판목도 어느 정도 보호가 된다. 판목 조사와 관련된 조사항목이나 양식은 각자 연구하여 좋은 방안을 세우는 것이 바람직하다. 이에는 선학들의 조사 결과나 보고 내용을 참고하는 것이 좋다. 다만, 지나치게 개인적 취향으로 기울어진 항목만의 설정은 피하는 것이 좋다. 사람마다 자기 필요에 따라 조사했다고 하더라도 그 조사한 내용이 언젠가는 종합적인 판목(板木) 목록(目錄)으로 집성(集成)되어야 할 것이므로 조사자들은 서로간에 유대를 가지고, 될수록 공통적인 항목을 설정하여 판목 조사에 임하되, 서로 분담하여 중복된 조사를 피하는 것이 바람직하다.

판목-목판

② 판목 쇄출(板木 刷出)

　판목 조사 결과 그 문헌적 가치가 인정되는 경우, 그것을 자료로 활용하기 위해서는 판목 그대로는 의미가 없다. 그것을 문헌으로 환원하는 일이 필수적이다. 판목을 문헌으로 환원하는 정통적인 방법은 쇄출 하는 일이다. 당초(當初) 판목은 쇄출을 목적으로 제작된 것이므로 정당한 방법으로 쇄출 하기만 한다면 하등 문제 될 것은 없다. 사실 판목이 연구자의 관심 대상이 되는 것은 판목으로 있는 상태 때문이 아니라, 그것을 쇄출 해서 필요한 문헌을 재현해 볼 수 있게 하는 그 점 때문이다. 그러므로 연구자는 단순히 판목의 장수나 목차, 간기 등을 조사하는 것만으로 만족할 수 없고, 또 만족해서도 아니 되며, 나아가 필요한 문헌자료를 판목에서 찾아내어 이를 이용 가능한 문헌으로 환원하는 데까지 밀고 가지 않아서는 판목에 대한 학문적 관심을 충족시킬 수 없다고 하겠다. 굳이 말한다면 판목 쇄출이야말로 판목 조사의 궁극적 작업이어야 하는 것이다.

　여기에서는 판목 쇄출에 관한 기술적인 문제만을 논하기로 한다. 판목 조사 결과 어떤 특정한 문헌의 판목을 발견하게 되고, 그것들만 골라 놓았다고 하자. 장수(張數)가 적은 경우는 차례대로 포개어 놓고 한 장, 한 장 쇄출 해 가면서 내용을 살필 수 있다. 그러나 이것은 이상론(理想論)일 뿐 실제로 판목 쇄출의 현장에서 차례대로 쇄출 한다는 것은 거의 불가능하다. 대개 판목은 앞뒤 판에 각자(刻字)가 되어 있는데 앞장과 뒷장의 면수(面數)가 연번호(連番號)로 된 것이 보통이나, 개중에는 앞뒤 번호가 엉뚱하게 뛰는 것도 없지 않다. 그리

Ⅱ. 문헌(文獻)과 서지학(書誌學)의 이해

고 문헌 하나에 해당하는 판목 수는 결코 적은 분량이 아니므로 여러 사람이 분담하여 쇄출 하게 되는 경우, 차례대로 쇄출 한다는 것은 생각조차 할 수 없다. 차례를 맞추노라고 무거운 판목을 움직이기 보다 일단 손에 잡히는 대로 쇄출 해놓고, 쇄출 한 지면(紙面)을 보아가며 차례를 맞춰놓고 내용을 살피는 것이 능률적이고 또 편리하다.

　판목 쇄출을 위해 준비할 것은 한지(韓紙), 솔 1개, 묵즙(墨汁), '마력' 등이다. 한지(韓紙)는 책장(冊帳)으로 적당한, 얇고 질긴 것이 좋다. 얇은 종이의 경우 구멍이 숭숭 난 것이 가끔 있으므로 가려내어 사용을 피한다. 화선지는 쇄출 과정에서 찢어지기 쉬워서 쓸 수 없다. 반드시 질긴 한지를 고르는 것이 중요하다. 솔은 깨끗한 구둣솔 같은 것이면 충분하다. 묵즙(墨汁)은 벼루에서 직접 먹을 갈아서 쓰는 것이 이상적이다. 이때 먹은 질 좋은 것이어야 한다. 질 나쁜 '막먹' 따위는 당장은 괜찮은 것으로 보이지만, 세월이 지나면 쇄출물에서 악취가 풍긴다. 옛날에는 질 좋은 '송연묵(松烟墨)'(소나무 끄름을 아교로 갠 먹)을 썼다. 현장에서 먹을 갈아서 쓸 수도 있고, 미리 묵즙(墨汁)을 만들어 가지고 갈 수도 있다. 먹물에 달걀 흰자위를 풀어서 진하게 갈아 쓰면 자묵(字墨)에 윤기가 돈다. 먹을 고를 때에는 냄새를 맡아보고 역한 것은 피하고, 향기가 풍기는 것을 고르는 것도 중요하다. 순전히 먹만 갈아서 만든 묵즙(墨汁)으로 쇄출 하는 것도 괜찮다. '마력'이라고 하는 것은 먹 묻은 판목 위에 얹은 종이의 등을 문질러 주는 도구다. '마력'의 어원은 불분명하나 현재도 사찰 쇄경승(寺刹 刷經僧) 사이에서 쓰고 있는 용어(用語)다. '마력'을 만들기 위해서는 여인의 긴 머리카락을 두 손으로 한 움큼 될 만큼 크게 모아, 물 비누질을 하여 거품이 나도록 문질러서 물에 넣고, 불로 열을 가하여 물을 끓여서 기름을 빼고, 깨끗한 물로 헹궈낸 것을 햇빛에 바싹 말린다. 말린 머리카락에 밀랍(蜜蠟)을 먹여 불 위에서 살살 녹여 속속들이 먹혀들어 가게 한다. 밀랍이 골고루 먹혔다고 판단될 때, 불을 끄고 밀랍 먹은 머리카락을 손으로 주물러 네모꼴(흑판 지우개 모양)을 만들어 간다. 밀랍이 굳어감에 따라 머리카락은 손에 잡기 알맞은 네모진 모양으로 굳어진다. 이렇게 만들어진 네모진 머리카락 뭉치가 판목 쇄출에는 다시없이 요긴한 도구가 된다. 이것을 '마력'이라고 부르고 있다. 요즘은 '마력' 대신 여자 스타킹 여러 개를 동그랗게 돌돌 말아 쇄출 때 쓴다.

 판목 쇄출을 하기 위해서는 먼저 판목의 크기에 알맞게 한지(전지)를 낱장으로 잘라 두어야 한다. 이 낱장에 판목을 찍게 되는데, 이렇게 판목으로 찍어낸 낱장들은 판면(版面)을 겉으로 하여 질반으로 접어서 책으로 묶게 된다. 그 낱장은 결국 책장 한 장이 된다. 종이는 판목의 판광(板匡)에 비해 너무 커도, 또 너무 작아도 불편하다. 서책(書冊)의 체재 상 판면(版面)의 상하에 적당한 여백을 두어야 하고, 좌우의 여백도 빡빡하면 책으로 묶을 때 불편하다(너무 받아서 묶지 못하면 모처럼의 쇄출물(刷出物)을 제책(製冊)할 수가 없다). 그렇다고 여유를 너무 두면 제책(製冊) 과정에서 잘려 나가는 종이의 손실이 만만치 않다. 인쇄에 앞서 브러시나 마른걸레로 판면(板面)을 깨끗이 닦아 불순물을 제거한다. 때에 따라서는 물걸레를 꽉 짜서 판면을 닦아내야 할 때도 있다. 먼지를 닦아낸 판목은 신문지나 마분지 같은 종이를 밑에 깔고 놓는다. 넓은 접시 같은 용기에 먹물을 알맞

Ⅱ. 문헌(文獻)과 서지학(書誌學)의 이해

게(1㎝ 정도) 붓고, 솔의 털 부분을 먹물에 담가 먹물을 묻힌다. 이때 먹물을 얼마만큼 솔에 묻히는가에 따라 판목 쇄출의 효과가 크게 결정된다. 너무 많이 흥건히 묻히면 쇄출 시 번지거나 찍힌 글씨가 범벅이 되기 쉽고, 너무 적게 묻히면 글씨가 희미하여 알아보기 어렵게 될 수도 있다. 그러므로 솔에 먹물을 묻히는 데는 상당한 요령이 필요하다. 판목이 바싹 마른 상태면 먹물을 꽤 흥건히 묻혀야 하고, 가까운 시일 안에 여러 번 찍은 흔적이 있는 판목의 경우에는 먹물을 그 정도에 맞추어서 알맞게 묻혀야 한다. 같은 판목을 여러 장 쇄출 할 때는 진행에 따라 먹물의 정도를 적절히 조절하지 않으면 안 된다. 이것은 실제로 쇄출 하는 가운데서 스스로 터득하게 되는 것이라, 너무 이론에 매일 필요는 없다. 차라리 여러 가지 실수를 해 가면서 터득해 가는 것이 중요하다.

판목에서 앞뒤 면에 글이나 그림을 새긴 구형(矩形)의 널판을 본체(本體)라고 한다면, 그 본체의 양쪽 끝에 박혀있는 두 개의 토막나무는 본체가 직접 땅에 닿는 것을 막는 구실을 하고 있다. 이 토막나무를 '마구리'라고 부른다. 대개 좌우 두 손으로 마구리를 잡고 판목을 옮기게 되는데, 마구리는 손잡이 구실과 함께 판목을 포개어 쌓을 때, 판면과 판면이 직접 맞닿는 것을 막아 판면의 손상을 방지하는 구실도 한다. 판면에 먹물을 샅샅이 묻히고 나서 한지(韓紙) 한 장을 판면에 덮는다. 서책(書冊)의 판각(板刻)의 경우, 판면(版面)은 대개 판심(版心)을 중심으로 좌우(左右) 두 면(面)으로 이루어져 있다. 그러므로 종이를 판면에 얹을 때 종이의 중심을 판심에 일치시키는 것이 중요하다. 이를 위해 당초(當初) 종이를 절단하고 나서, 반을 꺾어

중앙선의 자취를 남겨 두는 것이 편리하다. 그리하면 판목 쇄출 시 판면의 판심과 종이의 중앙선과 일치시키는 것이므로 종이는 적절한 위치에 놓이게 된다.

  먹물을 묻힌 판목에 적절한 위치를 잡아 종이를 얹으면, 종이는 판면의 먹물과 닿게 될 것이다. 이때 오른손으로 마력을 잡아 종이 위를 슬슬 문질러 가는 것으로 그 뒷면에 판면이 찍히게 된다. 마력은 부드럽고 미끄러운 까닭에 과히 힘들이지 않아도 판면의 문면(文面)이나 도면을 깨끗하게 쇄출 할 수 있다. 앞에서 언급한 바와 같이 이때 쓰이는 종이의 경우, 두터운 것보다는 얇고 질긴 것이 쇄출의 효과를 높임을 유의해야 한다. 그리고 얇은 종이의 경우 주름이 잡히지 않도록 각별한 주의가 필요하다. 초심자들은 판목 쇄출 시 3~4명이 팀을 짜고 판목 한판에 달라붙는 것을 보는데, 익숙해지면 혼자서 한 판의 쇄출을 할 수 있고, 또 그렇게 하는 것이 당연하다. 마력으로 가볍게 스치고 지나가는 것만으로도 깨끗하게 선명하게 쇄출 되는 것이 이상적이다. 이런 쇄출의 상태는 당장 종이의 뒷면에서나마 확인된다. 더러 희미한 부분은 마력으로 거듭 눌러 분명하게 나오게 한다. 당초 판면에 먹물이 덜 묻었거나, 이미 말라 버렸거나 하였을 때는 아무리 마력으로 문질러도 쇄출의 효과는 신통치 않다. 쇄출이 끝났다고 생각되면 마력으로 하는 작업을 그치고, 종이를 판면으로부터 살짝 떼어 판목 밖의 적당한 자리에 뒤집어 놓고, 쇄출의 결과를 살펴볼 수 있다. 여러 장을 찍을 경우, 매번 일일이 쇄출의 결과를 살펴볼 수는 없고, 적당한 자리에 뒤집어 놓은 대로 곧바로 다음 장의 쇄출에 착수하게 되는 것이다. 한 판에서 여러 장을 찍을 경우, 찍기

Ⅱ. 문헌(文獻)과 서지학(書誌學)의 이해

전 한지와 찍은 뒤의 한지의 놓는 자리를 작업의 능률과 편의를 고려하여 적절히 배치하는 것이 중요하다.

　참고로 판목을 쇄출 할 때는 한지, 마력 등을 사용하고, 탁본할 때는 화선지, 담보 등을 사용한다.[30]

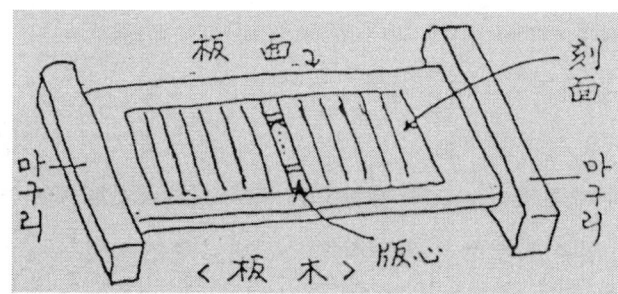

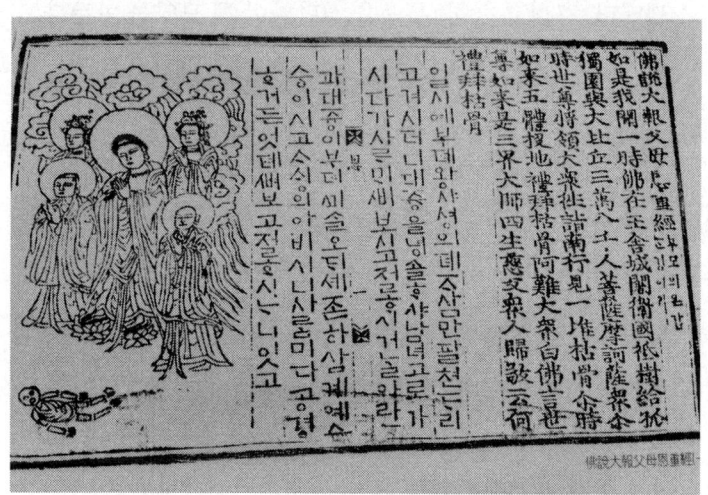

불설대보부모은중경 – 통도사 소장 판목 쇄출

30　<참고문헌> : 鄭亨遇・尹炳泰,『韓國册版目錄總覽』, 韓國精神文化硏究院, 1979.

129

③ 제책(製册)

  판목에서 쇄출 한 자료는 이용의 편의를 위해서 제책을 하는 것이 바람직하다. 이를 위해 옛사람의 제책 법(선장<線裝>)을 익혀두면 여러모로 편리하다. 제책은 다음과 같은 순으로 진행한다.

  ㉠ 쇄출지(刷出紙)를 권별(卷別)로 장순(張順)으로 가르고 판심(版心)을 기준으로 매장 접어서 포갠다.

  ㉡ 책의 부피를 고려하여 몇 권, 한 책으로 묶을 것인가 결정하고, 그 책 수대로 갈라놓고, 책별(册別)로 접은 상태에서 판심 부분을 가지런히 맞추고, 상하의 판광(板匡)도 장마다 출입이 없도록 맞춘 뒤, 우편(右便)의 광곽(匡廓) 바깥쪽에 구멍을 둘씩 상하에 뚫고 종이 끈으로 꿰맨다. 그리고 상하, 우측을 절단하여 책 모양을 만든다.

  ㉢ 표지를 따로 만들어 앞뒤에 붙인다(풀 같은 것으로 간단히 붙인다).

  ㉣ 선장본(線裝本)으로 편철(編綴)하기 위해 철사(綴絲)를 꿸 구멍을 우측 약간 안쪽으로 상하(上下) 5개 처에 송곳으로 뚫는다(오침안법<五針眼法>).

  ㉤ 노끈이나 삼끈에 빨간 물을 들인 철사(綴絲)로 침안(針眼)과 침안(針眼) 사이를 전후(前後), 상하(上下), 좌우(左右)로 꿰맨다.

  ㉥ 표지(表紙) 상부(上部) 좌변(左邊) 쪽에 제첨(題簽)을 두고, 서명과 책차(册次)를 밝혀 쓴다.

  이상은 제책(製册)하는 법의 대강을 쓴 것으로, 위의 절차마다 밝히지 않은 여러 가지 기술적인 문제들이 있음을 유념하고, 더 깊은

연구가 필요하지만 여기서는 생략한다.[31]

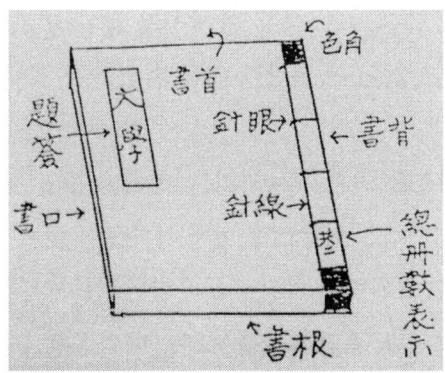

(12) 금석문(金石文)

금석문(金石文)은 어떤 인물의 이력이나 공적, 시설의 내력, 경문(經文), 시가(詩歌), 명문(銘文) 등을 금속이나 돌에 기록한 것이다. 명칭에서 알 수 있는 바와 같이, 금속류(金屬類)나 석류(石類)에다 새긴 글씨 또는 그림을 통칭하여 말하며, 이를 일반적으로 금석(金石)이라고 한다. 금문(金文), 석문(石文)의 약칭으로, 사료적 가치가 큰 것이 많다. 중국에서는 하(夏), 은(殷), 주(周) 때부터 있었고, 우리나라에는 낙랑시대부터의 금석문이 남아 있다. 한국에 분포된 금석문

---

31 <참고문헌> : 尹炳泰,『韓國書誌學槪論(稿)』, 利久出版社, 1983. ; 盧震京,『圖書學大辭典』, 臺灣常務印書館, 1971. ; 安春根,『國書誌學』, 경인문화사, 1975.

의 종류도 중국의 경우와 유사하지만, 양은 상대적으로 적은 편이다. 우선 석문(石文)으로는 비갈, 묘지, 묘표, 시책, 석표, 석탑, 석등, 석경, 석당, 당간, 당간 석주, 석각, 마애 등을 들 수 있고, 금문(金文)으로는 종, 탑지, 조상, 금구, 경감 등을 들 수 있으나, 석문(石文)의 종류와 수가 더 많다.

우리가 금석문을 연구하는 의의는 세 가지이다. 첫째, 역사학 등 지난 시대를 연구하는 학문에 있어서 기록문이 없거나 있어도 누락된 부분을 방증, 보완하는 자료로 사용할 수 있다. 특히 사료가 부족한 고대사의 경우, 각종 금석문을 통해 당대의 문물, 제도, 관제, 지명 등을 추정해 볼 수 있다. 둘째, 문학에서도 문헌 연구의 보조자료로 사용할 수 있다. 시비(詩碑), 사찰의 설립 경위에 관한 설화, 전각, 정자 등의 설립 경위 등이다. 셋째, 비문을 구성하는 문체, 서체의 사용과 발달을 알 수 있다.

금석문의 종류를 간단히 살펴보겠다. 금석문의 종류는 암각문(岩刻文 : 주로 자연석에 새긴 것으로 현존의 것은 화<畵>라는 명칭을 사용하고 있다. 예－반구대, 천전리, 고령 암각화<암각화의 도설과 내용, 편년 설정을 다룸>), 비문(碑文 : 주로 사물의 내력을 적은 것이다. 고대 비문들은 강역, 관제, 국가 간의 관계사 연구에 좋은 자료가 된다. 예－중원고구려비, 광개토왕비, 단양 신라적성비 등을 대표적으로 들 수 있음), 탑명, 부도명(塔銘, 浮屠銘 : 사찰에 관계되는 것으로, 시설물의 건립, 고승의 일대기 등이 주로 내용이어서 건립연대 측정, 관련 설화 연구에 도움이 된다), 조상명(造像銘 : 주로 불상 등에 새겨진 것으로 시주자, 조상 시기 등을 기록하고 있음), 종명(鐘銘 :

성덕대왕 신종, 낙산사 종명이 대표적. 특히 에밀레종이라 불리는 성덕대왕 신종의 종명에는 종의 본질과 왕의 덕업 등과 종이 주조된 계기, 과정이 상세히 새겨져 있음), 향완, 향로, 향합명(香垸, 香爐, 香盒銘), 기명(器銘 : 실제로 쓰는 그릇에서도 나타나지만, 장식용이나 부장용 그릇에 많이 나타난다. 장식류로서는 칠지도 명문을 들 수 있음), 성벽각자(城壁刻字 : 주로 고구려 성벽에 나타남), 금구명(禁句銘), 경명(鏡銘 : 주로 동경<銅鏡>에 새겨져 있음) 등등을 들 수 있다. 여기서는 비문[(碑文) - 사적비, 신도비, 묘갈 등], 종명(鍾銘)과 탁본(拓本)을 중심으로 언급하겠다.

① 비문(碑文)

한국 금석문의 주종을 이루는 것은 비문(碑文)이다. 비(碑)는 대개 사물의 내력을 적은 것으로 건립 목적에 따라 기적비, 순수비, 국경비, 신도비, 묘비, 탑비, 사찰비, 석당비, 능비 등으로 나눌 수 있다. 특히 기적비는 사적비라고도 하며, 어떤 사물이나 물건의 역사를 기술한 것으로, 그 유래에 따라 기공비, 의열비, 공덕비, 정려비, 유허비, 성곽비, 서원비, 묘정비, 교량비 등의 다양한 명칭이 있다.

참고로 묘표(墓表)는 분묘 앞에 세우는 표석으로, 앞면에 관직과 성명, 또는 본관, 시호 등을 새기고, 뒷면에 묘주의 약력을 새긴 것이다. 그리고 묘지(墓誌)는 판석 또는 동판에 선조의 출신, 가계, 묘주의 약력 및 자손의 계승 등을 새겨 묘 앞 광내(壙內)에 묻는 것이다.

㉠ 사적비(事蹟碑, 또는 기적비<紀蹟碑>, 기념비<紀念碑>)

어떤 사건이나 사업에 관련된 사실이나 자취를 기록한 비(碑)를 말한다. 흔히 기적비(紀蹟碑)와도 혼용되는 것으로서 그 범위는 실로 광범위하다. 사찰, 서원, 사당, 문묘, 문루(門樓), 전각(殿閣)의 건립 및 중수, 성곽, 교량, 대단(臺壇), 제지(堤池) 등의 축조·개축 등에 관련된 사실이나 취지를 기록한 것이다. 또한 어떤 사건의 시말(始末)이나 행사의 내력, 인물에 관련된 행적을 기록한 것도 넓은 의미의 사적비에 속한다. 오늘날 전래하는 사적비는 특히 사찰과 관련되는 것이 많은데, 개창비(開創碑), 창건비, 중창비, 중수비, 중흥비 등 사적(寺跡)에 관련된 사찰비가 이에 속한다. 인물에 관련된 기적비로는 정려비와 의열비가 있다.

㉡ 신도비(神道碑)

죽은 사람의 생평(生平) 사적을 기록하여 묘 앞에 세운 비(碑)를 말한다. 신도비의 제도는 중국 진송 때 비롯되어 천자(天子) 및 제후들이 모두 신도비를 세웠다. 신도비를 묘의 동남쪽에 세우게 된 것은 지리가(地理家)의 말에 따르면 동남쪽을 신도라 하기 때문이다.

우리나라의 신도비는 조선시대의 왕릉의 신도비로서 태조 이성계의 건원릉신도비와 세종의 영릉신도비 등이 있다. 또 사대부의 신도비는 웬만한 위업과 공훈을 세웠거나, 도덕과 학문에 투철한 자들의 묘 앞에 7, 8척 되는 큰 비(碑)가 서 있어 이수귀부(璃首龜趺)의 위용을 자랑하고 있다. 조선시대 이후 관직으로 정2품 이상의 뚜렷한 공업과 학문이 뛰어나 후세의 사표가 될 때는 군왕보다도 위대할 수

Ⅱ. 문헌(文獻)과 서지학(書誌學)의 이해

있는 일이라 하여 신도비를 세워 기리도록 하였다. 따라서 우리나라 사대부의 신도비는 그 수가 헤아릴 수 없이 많다.

신도비문은 비명, 주인공의 가계·행적 외에 글을 지은이와 글씨를 쓴 이, 그리고 건립 연월일 등을 기록한다. 서술 순서도 찬자(撰者)에 따라 다르다.

㉮ 두전(頭篆)

비신(碑身) 머리에 가로로 쓴 전자를 말한다. 주로 품계나 시호 등과 ○○○의 신도비라는 것을 밝히는 것이다.

㉯ 찬, 서, 전자(撰,書,篆者)성명

찬, 서, 전자의 관직명, 성명을 밝히며, 왕명에 의한 것일 때는 앞에 모두 교(敎)자를 붙여 교찬, 교서, 교전이라 한다.

㉰ 서문(序文):

주로 신도비를 세우는 내력을 밝힌다. 왕명이라든지 고인을 기려야 할 이유, 고인이 살았던 시대적 상황, 신도비를 세우는 시기의 상황 등이 주로 내용이다.

㉱ 생, 몰일, 장지(生, 沒日, 葬地)

㉲ 고인의 내력

고인의 관계 진출, 학문적인 업적, 덕행, 시호 증정 등을 연대기적으로 서술한다. 내용은 다양하나 일이나 사건 중심의 사실을 기록하는 것이 대부분이다. 고인의 학설, 논변, 후대인의 평가, 찬자의 의론(議論)이 주요 내용이 되기도 하는데 이 경우는 조금 변칙이라 할 수 있다.

㉫ 가계(家系)

상세하게 할 경우는 시조(始祖)부터 쓰기도 하나 보통 3, 4대 정도 친가 계와 어머니의 출신을 밝힌다.

㉬ 후손(後孫)

자손의 번성함을 밝혀 고인의 평소 덕행을 기리는 방증 자료로 쓰는 경우가 대부분이다.

㉭ 명(銘)

신도비 내용의 중심이다. 보통 4언(言) 연속체로 고인의 업적, 인품, 덕행을 찬양하는 시이다.

㉮ 비 설립 일자

㉯ 부서(附書)

위의 신도비명(병서)이 구성된 후 특히 중요한 사항이 누락(漏落)된 경우, 덧붙이는 것으로 특수한 경우이다. 이때에도 부서의 찬, 서자와 일자가 기록된다.

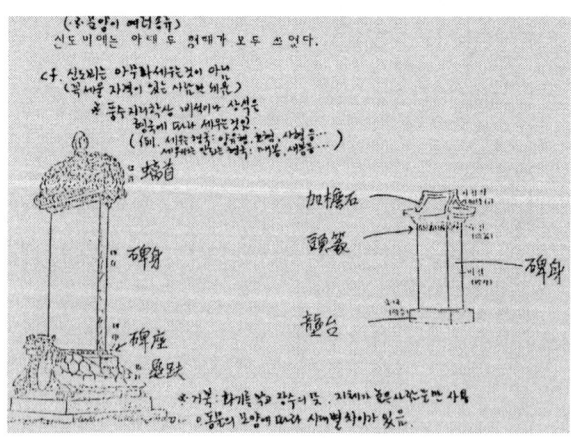

ⓒ 묘갈(墓碣)

'묘갈'과 '묘비'는 본래 묘소 앞에 세우는 비석으로 서로 통용되는 것이다. 그런데 당대(唐代)에 와서 관직의 5품 이상이어야 이수귀부(螭首龜趺)의 비를 세울 수 있고, 5품 이하는 방부원수(方趺圓首)인 갈(碣)을 세우도록 규제하였다. 묘갈은 서사를 위주로 하는 정체(正體)와 의론을 위주로 하는 변체(變體)가 있다. 혹은 선계(先系)를 먼저 서술하고, 다음에 공덕과 손록(孫錄)을 기술하는 경우가 있고, 공덕부터 먼저 표양하고 선계와 손록을 적는 경우가 있다.

명(銘)은 운문으로 4언(言)이 주축을 이루고 있으나, 5언·7언 장단구로 된 것도 적지 않다. 우리나라는 고려의 최충(崔冲)의「홍경사갈(弘慶寺碣)」에서 비롯된다. 그러나 고려시대에는 묘갈을 찾아볼 수 없고, 조선조에 접어들면서 서서히 움트기 시작하다가 중엽 이후에 성행하게 되는데, 특히 송시열이 많은 작품을 남겨서 후대 금석가(金石家)의 표본이 되었다.

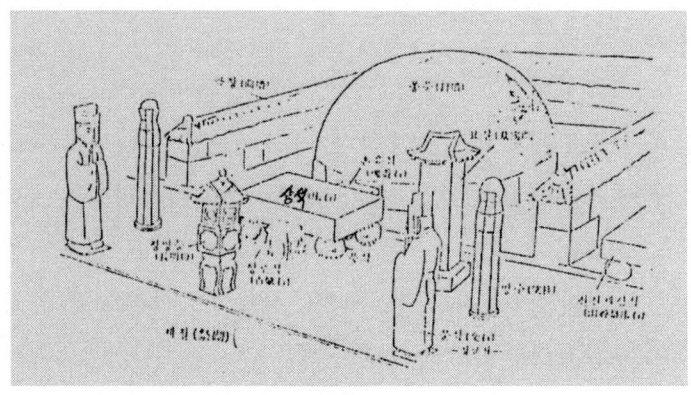

묘역

문헌 연구 방법

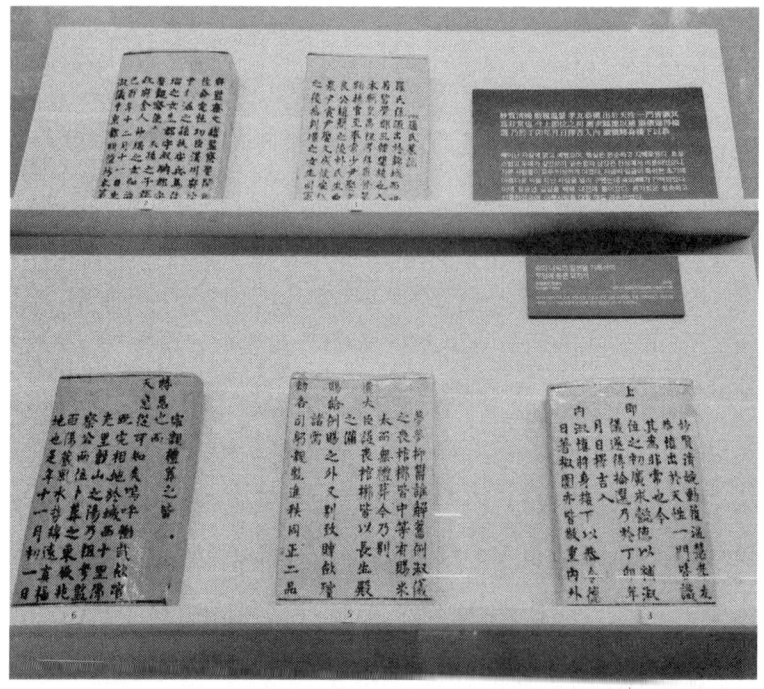

숙의 나씨 묘지석(淑儀 羅氏 墓誌石) - 서울역사박물관 소장

② 종명(鍾銘)

금석문 중에 대표적인 것의 하나가 종명(鍾銘)이다. 이것은 불교의 범종에 새겨진 명문(銘文)을 가리키는 것이다. 종명에는 대부분 조성 연기(緣記)가 있으므로 여기에 나타나는 소속 사원이나 화주·시주 등을 살펴봄으로써 그 당시의 사회상과 사원의 운영 실태, 경제상 등을 포괄적으로 파악할 수 있다.[32]

Ⅱ. 문헌(文獻)과 서지학(書誌學)의 이해

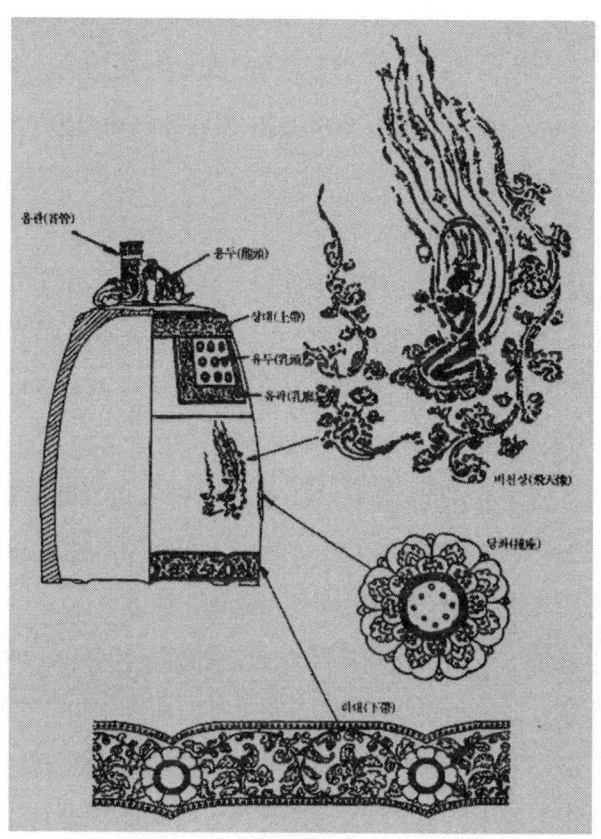

에밀레종

32 <참고문헌> : 『한국사대사전』, 정음사, 1978. ; 임창순, 『한국금석집성』 1, 일지사 1984. ; 朝鮮總督府, 『朝鮮金石總覽』 2冊, 1919. ; 李蘭暎, 『韓國金石文追補』, 中央大 出版部, 1968. ; 葛城末治, 『朝鮮金石巧』, 國書刊行會, 1974. ; 黃壽永, 『韓國金石遺文』, 一志社, 1976. ; 趙東元, 『韓國金石文大系』 7冊, 圓光大出版局, 1979. ; 劉燕庭, 『海東金石苑』(影印本) 2冊, 亞細亞文化社, 1980. ; 許興植, 『韓國金石全文』, 亞細亞文化社, 1980. ; 吳慶錫, 『三韓金石錄(外)』(影印本), 亞細亞文化社, 1980. ; 李東種, 『韓國金石文集』 15冊, 景文社, 1982. ; 崔致遠(崔英成 註解), 『註解 四山碑銘』, 亞細亞文化社, 1987. ; 洪思俊, 「朝鮮初葉의 鐘形과 銘文」, 『考古美術』 138,139. 韓國美術史學會, 1978. ; 李昊榮, 「新羅中代王室과 奉德寺」, 『史學誌』 8집, 檀國大 史學科, 1974.

139

③ 탁본(拓本)

우리가 유서 깊은 고장을 찾아갔을 때 해묵은 비석(碑石)이나 쇠북(鐘)이 우리의 관심을 끈다. 거기에 새겨진 글자, 무늬 하나하나마다 깃들어 있는 옛사람의 자취에 사뭇 경건한 무엇을 느끼기도 한다. 바위나 낭떠러지에 깊이 새긴 힘찬 글씨를 볼 때, 우리는 이와 같은 선인(先人)들의 솜씨를 길이 우리 후손들에게 손상함이 없이 전해 주어야 한다고 생각된다. 아울러 아름답고 훌륭한 글씨나 무늬를 그대로 복사하여 널리 생활의 주변에서 여러 사람이 볼 수 있게 하고 싶다. 사진으로 복사한다지만 금석문(金石文)의 경우 특별한 전문가는 몰라도 그렇게 효과를 거두기가 어렵다. 우리 조상들도 그 윗대가 물려준 이런 류(類)의 작품을 떠서 가지고 싶었던 것은 지금의 우리와 다른 바 없었다. 오히려 현대의 우리보다 옛것을 존숭하는 마음은 더 깊고 진지(眞摯)했다고 본다. 더욱이 글씨를 배우는 이들은 윗대 명필들의 글씨의 생생한 것을 보자면 인쇄술이 발달치 못한 옛날로는 팔도 각처에 흩어져 있는 비석에서 떠오는 수밖에 없었다(물론 육필로 된 필첩<筆帖>들이 더러 있으나, 이것은 그렇게 많지는 못한 터이다). 옛날 서생(書生)들은 자기가 존경하는 이의 글씨를 비석에서 떠다 놓고 그것을 본으로 삼고 글씨를 익혔다. 우리가 잘 알고 있는 신라시대의 명필 김생(金生)의 글씨도 비나 돌에 새긴 글 이외에서는 찾아볼 수 없다.

옛사람들이 비석이나 종(鐘)에서 글씨나 무늬를 떠내는 것을 흔히 '탁본'(拓本)이라고 한다. '탁본'이란 말은 송나라 때부터 쓰기 시작

Ⅱ. 문헌(文獻)과 서지학(書誌學)의 이해

한 이름이고, 그 이전 당나라 때는 '타본'(打本) 또는 '탑본'(榻本)이라고 불렀다. 이 이름들은 한결같이 '찍어내다', '치다', '박아내다' 등의 뜻을 지니고 있다.

옛사람이 비문을 찍어낸, 이른바 '탁본'이란 어떻게 하는 것인가? 오늘날도 옛사람의 탁본 방법이 사학도(史學徒)나 국문학도 등 이 방면에 관심을 가진 이에 의하여 그대로 이용되고 있다.

이 글에서는 주로 필자의 경험과 방법을 중심으로 하여 초심자들이 손쉽게 탁본을 할 수 있도록 간단히 그 방법을 써 보려고 한다. 혹 빠진 것이나 적당치 못한 점은 전문가의 질정(質正)을 기대하는 바이다.

탁본은 앞에서 말한 바와 같이 중국 당나라 때부터 있어 온 독특한 복사법이다. 복잡한 시설이나 장치 없이 간단히 원형 그대로의 것을 복사할 뿐만 아니라 아기자기한 무늬와 작은 흠집까지라도 그대로 찍어내므로 이는 비단 금석문의 탁본에만 국한되지 않고 고고학 분야에서 토기의 탁본에도 많이 이용되고 있다. 지금도 이 방면에서는 옛날의 이 방식이 그대로 답습되고 있는 것은 시사 깊은 사실이다.

탁본에는 두 가지 방법 즉 건탁법(乾拓法)과 습탁법(濕拓法)이 있다.

건탁법(乾拓法)은 물기를 꺼리는 유물에 이 방법을 쓴다. 용지(탄력 있는 미농지류)를 유물(遺物) 위에 놓고 건탁용의 고형(固形)의 먹(墨)이나 검은빛 크레용 또는 유묵(油墨)을 칠한다. 유묵은 담보에 묻혀서 가볍게 치면서 비빈다. '유묵'은 기름이나 소나무의 끄름(연매<煙煤>)을 피마자나 올리브기름 또는 살라다 기름에 반죽하여 쪄

141

낸 것으로, 자세한 것은 생략하겠다. 담보는 명주 천에 솜(면)이나 좁쌀(볶은 것) 같은 것을 넣고 동그랗게 묶은 것이다. 필자의 경험으로는 솜은 오래 두드리다 보면 평평하게 자리가 잡혀서 불편했다. 좁쌀을 담을 때는 너무 빡빡하지 않게 헐겁게 담아서 쓰는 것이 좋다. 담보는 크고 작은 것을 여럿 만들어 두는 것이 편리하다. 건탁법은 습탁법에 비하여 훨씬 간단하나 만들어 놓은 작품은 그다지 선명치가 않다. 물기를 꺼리는 것 외에는 될수록 습탁법을 이용하는 것이 바람직하다.

　습탁법(濕拓法)은 대상물에 용지(당지(唐紙), 백지(白紙), 화선지(畵仙紙))를 대고 물을 스미게 하여 밀착시키고 나서 먹을 입히는 방법이다. 용지는 보통 화선지(畵仙紙)를 많이 이용한다. 세밀한 것을 탁본할 때는 면지(綿紙)가 좋다고 한다.

　탁본을 하기 전에 먼저 대상들의 표면을 브러시(brush)로 깨끗이 닦아내어 먼지나 이물질이 없도록 한다. 표면을 물로 닦아내기도 한다. 물기가 가셨거나 없는 대상물 표면에 용지를 대고, 물 먹음은 수건으로 가볍게 누르거나, (칠하는)브러시 같은 것에(또는 도배할 때 쓰는 솔) 물을 묻혀 용지 위로 쓸어내려 물기를 스미게 하여 용지를 대상물에 밀착시킨다. 용지를 밀착시키는 일이 탁본 작업에선 상당히 중요하다. 물기 있는 수건으로 전체를 가볍게 누르고 오목한 곳에는 솜으로 밀어서 넣거나 수건을 벌이고 그 위로 브러시로(또는 옷솔) 가볍게 두드리는 등 용지와 대상물 사이에 조금이라도 공기주머니가 없도록 단단히 붙인다. 깊이 새긴 것이나 오뚝 나온 것은 종이가 젖어서 찢어지기 쉬우니 특별히 조심해야 한다.

Ⅱ. 문헌(文獻)과 서지학(書誌學)의 이해

입체적인 조각 같은 것은 몇 장의 종이로 부분별로 탁본하고, 나중에 이들을 맞춘다. 대상물에 밀착시킨 용지가 점점 물기가 빠지고 어느 정도 마르기 시작할 때쯤을 보아서 담보에 먹을 묻혀서 가만히 두드리며 그림자를 찍어낸다. 이때 쓰는 먹은 유묵도 좋고, 검은 인육(印肉)이나 먹물(먹즙)로도 다 할 수 있다.

담보를 두드릴 때 용지가 덜 말라서 물기가 많으면 탁묵이 번져 보기 흉해질뿐더러 종이가 담보에 묻어서 들떠 좋지 않다. 너무 종이가 말라 버리면 뻑뻑하여 먹이 잘 묻지 않고, 여러 차례 치다 보면 닳아서 뚫어지기도 한다. 그러므로 용지의 물기가 거치는 정도를 알아서 할 줄 아는 것이 가장 중요하다. 바람이 몹시 부는 날은 모처럼 붙인 용지가 바람에 날려서 떨어지기가 쉬우니 주의해야 한다. 밀착만 잘 시키면 어지간한 바람쯤에는 떨어지지 않는다. 탁본이 끝나면 그대로 내버려 두어 잘 마르게 한다. 완전히 마른 후에 떼어내면 잘 떨어진다. 마를 때까지 기다릴 수 없으면 조심해서 떼어 응달에 말려 신문지 사이에 끼워둔다.

탁본한 것은 표구점(表具店)의 표구사(表具師)에 부탁하여 표구하여 보관해 두는 것이 좋다. 그럴 형편이 안 되면 그대로 보관해 두었다가 적당한 때에 표구를 부탁할 수도 있다.

탁묵(拓墨) 제조(製造) 방법은 약쑥 100근(1包), 소나무 끄름(煙煤) 100g, 식물성 기름(피마자, 올리브, 살라다 油) 1파운드를 준비하고 먼저 기름을 불에 데운다. 대류(對流)가 시작될 때쯤 끄름을 넣어 덩어리가 지지 않게 잘 젓는다. 죽 모양이 되게 한다. 불에 꺼내어 쑥잎을 조금씩 넣어서 완전히 반죽 정도가 되게 이긴다. 이것을 뚜껑 있

143

는 그릇에 넣어 하룻밤만 지내면 기름기가 많을 때는 위에 기름이 고인다. 고인 기름은 그릇을 기울여서 쏟아낸다. 기름기가 적으면 뻑뻑해서 쓸 수 없다. 기울여도 새지 않게 뚜껑을 단단히 한 그릇에 넣고 들고 다니면 탁본하기에 매우 편하다.

이상이 탁본하는 방법의 대강이다. 여러 차례 실습하면 자기대로의 기술도 터득하게 되어 능란해진다. 탁본하는 사람이 늘 조심해야 할 것은 대상물을 아끼고 사랑하는 마음을 가지고 대해야 한다는 것이다.

이 방법이 널리 알려져서 이 방면에 관심을 가지고 힘쓰는 사람들이 많이 나타나 우리 옛 문화를 기억하고 보존하는 데 더 크게 돕게 되기를 기대하여 마지않는다.[33]

탁본-국립김해박물관

---

[33] <참고문헌>: 黃浿江, 「拓本備要」, 『敎養學報』 3輯, 檀國大 敎養課程部, 1971.

Ⅱ. 문헌(文獻)과 서지학(書誌學)의 이해

(13) 표기법(表記法) 및 서체(書體) 또는 글자꼴에 의한 간년 추정 방법(刊年 推定 方法)

간기(刊記)가 분명하지 않은 문헌, 그중에서도 한글로 쓰인 문헌을, 서지 형태학적인 전문적 지식이 없이도 쉽게 그 간행연도를 추정하는 방법을 제시함으로써 한국학 연구와 향토 자료연구에 도움이 되었으면 한다.

문헌의 간년을 추정하는 방법에는 여러 가지가 있다. 참고로 그 몇 가지를 들어 보면 다음과 같다.

첫째, 간기(刊記)가 연호(年號)와 간지(干支)까지 기록된 경우.

이때는 그 간행연도를 쉽게 파악할 수 있다. 물론 이 경우에도 복각본(複刻本)이나 언해본(諺解本)의 경우에는 주의를 요할 때가 있다. 즉 연호나 간지까지도 그대로 복각할 때가 있고, 한문본의 연호나 간지를 그대로 옮겨서 언해(諺解) 하는 일도 많기 때문이다.

둘째, 간기(刊記)가 연호(年號)는 없고, 간지(干支)만 기록된 경우.

이때는 그 간행연도를 파악하기가 그리 쉽지 않다. 만약 그 문헌에 대한 기록이 다른 문헌[예컨대 『조선왕조실록(朝鮮王朝實錄)』, 『승정원일기(承政院日記)』, 『문집(文集)』, 『고사촬요(攷事撮要)』, 『문헌비고(文獻備考)』, 『통문관지(通文館志)』 등]에 기록되어 있다면 사정은 다르다.

셋째, 아무런 정보(情報)도 제공하지 않는 경우.

상당수의 우리나라 문헌은 그 기록이 전혀 없다. 더구나 그 책이 영본(零本)이거나 하여 앞뒤의 권책수(卷册數)가 맞지 않는 때에는 안타깝기 그지없다.

  (둘째)와 (셋째)의 경우에는 주로 서지 형태학적인 고증을 거쳐 그 간년(刊年)을 추정한다. 일반적으로 서지 형태학에서 그 간년을 추정하는 것은 판식(版式)을 비롯한 다음과 같은 사항들이다.

  ⓐ 내사기(內賜記)
  ⓑ 시주질(施主秩)
  ⓒ 장정(裝幀)
  ⓓ 판식[版式(四周<雙, 單 邊>, 魚尾 등)]
  ⓔ 행관[行款(版匡, 匡郭, 字數, 行數 등)]
  ⓕ 각수(刻手)
  ⓖ 지질(紙質)

  그러나 이러한 것은 서지학적 전문 지식이 필요하다.

  그런데 이러한 전문 지식이 없는 사람이 쉽게 접근할 수 있는 방법이 있다. 이 방법은 비록 한글로 쓰인 문헌에 한정되긴 하겠지만, 매우 효과적으로 이용될 수 있을 것으로 생각한다. 그것은 표기법과 글자꼴에 의하여 간년(刊年)을 추정하는 방법이다. 특히 이것은 간년이 뚜렷하지 않은 고소설 등에 쉽게 적용될 수 있을 것으로 생각한다.

  ① 표기법(表記法)에 의한 간년 추정(刊年 推定)

  한글 표기법에 의해 간년을 추정하는 방법은 대략적인 간년을 추정하는 것일 뿐(즉 세기별 등) 몇 년까지 정확하게 추정하는 방법은 되지 못한다. 그러나 그 한글로 쓰인 문자의 표기법은 그 시대에 따

Ⅱ. 문헌(文獻)과 서지학(書誌學)의 이해

라 달리 나타나기 때문에 표기법에 의하여 그 간년을 추정하는 일이 매우 효과적일 수가 있다. 예컨대 고려대학교 만송문고(晚松文庫)에 소장되어 있는 『여운언해』(『女訓諺解』)에는 아무런 기록이 없으나 이 문헌에는 다른 문헌에서 발견되지 않는 특수한 표기법을 사용하고 있어서 그 간행연대를 분명히 알 수 있다. 즉 어두자음의 표기에

모돈 ᄧ리[하(下):19a], 몸을 ᄭ려[하(下):23b]

등에서처럼 'ㅳ, ㅵ' 등이 보이는데 이러한 표기의 경향은 1612년에 간행된 『연병지남』(『練兵指南』), 1615년에 간행된 『동국신속삼강행실도』(『東國新續三綱行實圖』), 그리고 1632년에 나온 『중간두시언해』(『重刊杜詩諺解』)나, 1635년에 간행된 『화포식언해』(『火砲式諺解』)와 『신전자취염소방언해』(『新傳煮取焰焇方諺解』) 등에 보이는 것들이다.

ᄧ고(練兵 3a, 3b, 4a) ᄧ며(練兵 4a) ᄲ며(練兵 4a) ᄲ텨(東國新續 烈 三 92b) ᄧ(重刊杜詩 二 65) 굼글 ᄲ럿ᄂ니라(火砲 9b)

이 한 가지의 표기 현상만으로도 이 『여운언해(女訓諺解)』는 1610년~1640년 사이에 간행되었음을 쉽게 추정할 수 있다.

이와 같이 한글 표기법에 의해 간년을 추정하는 방법은 여러 가지의 표기 현상을 종합적으로 검토함으로써 더욱 정밀화될 수 있다. 한글 표기법을 관찰하는 대상으로는 다음과 같은 것들이 있다.

문헌 연구 방법

　㉠ 어두(語頭) 된소리의 표기
　㉡ 유기음(有氣音) 표기
　㉢ 연철(連綴), 중철(重綴), 분철(分綴) 표기
　㉣ ㅎ 종성체언(終聲體言)의 표기
　㉤ 조사(助詞)의 표기
　㉥ 이중곡용(二重曲用)의 표기
　㉦ 종성(終聲)의 'ㅅ'과 'ㄷ'의 표기
　㉧ 어두경음화(語頭硬音化) 표기
　㉨ 'ㆍ'의 표기
　㉩ 구개음화(口蓋音化) 표기
　㉪ '에' '애'의 표기
　㉫ 움라우트 표기
　㉬ 어말자음군(語末子音群) 표기
　㉭ 특수어간교체(特殊語幹交替)의 표기
위에 제시한 여러 가지 면 중에서 몇 가지만 검토하여 보기로 한다.

㉠ 어두(語頭) 된소리의 표기

　어두(語頭)의 된소리를 표시하기 위하여, 문헌에서는 합용병서와 각자병서를 사용하고 있다. 이제 그 표기가 시대적으로 어떻게 나타나는가를 살펴보도록 한다.

Ⅱ. 문헌(文獻)과 서지학(書誌學)의 이해

15, 16세기

```
ㅅㄱ   ㅅㄷ   ㅅㅂ
       ㅂㄱ      ㅂㅅ  ㅂㅈ  ㅂㅌ
ㅂㅅㄱ  ㅂㅅㄷ
```

17세기 초 – 17세기 중기

```
ㅅㄱ   ㅅㄷ   ㅅㅂ            ㅅㅎ
ㅂㄱ   ㅂㄱ      ㅂㅅ  ㅂㅈ  ㅂㅌ
ㅂㅅㄱ  ㅂㅅㄷ
```

17세기 중기 – 18세기 말

```
ㅅㄱ(ㅆㄱ)  ㅅㄷ  ㅅㅂ  ㅆ  ㅆㅈ(ㅂㅈ)
ㅂㄱ   ㅂㄷ  ㅂㅽ  ㅂㅅ(ㅄ)  ㅂㅈ   ㅂㅍ
```

19세기 초 – 19세기 말

```
ㅅㄱ   ㅅㄷ   ㅅㅂ       ㅆ  ㅅㅊ  ㅅㅓ  ㅅㄷ  ㅅㅍ
       ㅂㄱ      ㅂㅅ  ㅂㅈ
```

이제 각 합용병서(合用竝書) 별로 나타나는 시대상을 살펴보도록

149

한다.

------ : 주로 사용된 것을 표시

·············· : 사용되긴 했어도 주로 사용되지 않은 것을 표시

	17 세기			18 세기			19 세기		
	初	中	末	初	中	末	初	中	末
ㅅㄱ	-----	-----	-----	-----	-----	-----	-----	-----	---→
ㅅㄷ	-----	-----	-----	-----	-----	---↗			
ㅅㅂ	-----	---↗							
ㅅㅈ	-----	-----	-----	-----	-----	-----	-----	-----	---→
ㅂㄷ	-----	-----	-----	-----	-----	-----	······	······	···→
ㅂㅈ	-----	---↗							
ㅅㅅ									
ㅂㅅ									
ㅂㅆ	-----	-----	-----	-----	-----	---↘	······	······	---→
ㅅㅆ			-----	-----	-----	-----	-----	-----	---→
ㅼ	-----	---→							
ㅽ	-----	---→							
ㅆ		---→							
ㅉ		---→							
ㅆ							-----	-----	---→
ㅆ							-----	-----	---→
ㅅㅌ							-----	-----	---→
ㅅㅍ							-----	-----	---→

각자병서(各字竝書)는 다음과 같이 사용되었다. 특히 이것은 어두 음절(語頭音節)에서 사용된 경우에 한한다.

㉮ ㄲ : 『증수무원록언해(增修無冤錄諺解)』(1792)에서 사용되기 시작하여 현대까지 사용되고 있다.

㉯ ㄴㄴ : 15세기에만 사용되었다.

㉰ ㄸ : 『여사서언해(女四書諺解)』(1736)에서 처음 보이기 시작하여 현대까지 사용되고 있다.

㉱ ㅃ : 17세기 초부터 사용되었다.

㉲ ㅆ : 15세기부터 현대까지 사용되고 있다.

㉳ ㆀ : 15세기에만 사용되었다.

㉴ ㅉ : 『첩해신어(捷解新語)』(1676)에서 처음 보이기 시작하여 현대까지 사용되고 있다.

㉵ ㆅ : 15, 16세기에만 사용되었다.

ⓒ 유기음 표기 (有氣音 表記)

1型 겨틔 비체 알픽 녀크로 ᄀᆞ투니 자피다
2型 곗틔 빗체 앏픽 녁크로 ᄀᆞᆺ투니 잡피다
3型 겻희 빗헤 앏히 녁흐로 갓흐니 잡히다

	15 세기	16 세기	17 세기	18 세기	19 세기
1型	----------	----------	··········	··········	········→
2型		··········	----------	----------	--------→
3型	·····	··········	··········	------	--------→

151

ⓒ 연철 중철 분철 표기(連綴 重綴 分綴 標記)

연철 표기 : 바블   머기다

중철 표기 : 밥블   먹기다

분철 표기 : 밥을   먹이다

		15 세기	16 세기	17 세기	18 세기	19 세기
曲用	연철	----------	----------	··········	··········	········→
	중철		··········	··········	··········	········→
	분철			----------	----------	--------→
活用	연철	----------	----------	··········	··········	········→
	중철		··········	··········	··········	········→
	분철		··········	··········	----------	--------→

ⓓ 조사(助詞)의 표기(標記)

㉮ 주격조사(主格助詞)

- 가 : 17세기부터 쓰이지만, 주로 많이 나타나기 시작하는 시기는 18세기 중기 이후다.
- 씌셔(쎄셔) : 17세기 말부터 쓰임(『첩해신어<捷解新語>』)
- 겨오셔(계셔) : 17세기 말부터 쓰임(『첩해신어』→19세기 말까지 쓰임)
- 계옵셔(쎄옵셔) : 19세기 말에 주로 보인다.

Ⅱ. 문헌(文獻)과 서지학(書誌學)의 이해

- 이라셔 : 15세기부터 현대까지 쓰인다(그런데 18세기 초부터 의문대명사(疑問代名詞)에만 쓰였다).
- 다히셔 : 『첩해신어』에만 쓰였다.
- 씌로셔 : 『첩해신어』에만 쓰였다.

㉴ 여격조사(與格 助詞)
- 의그에 / ㅅ그에 : 15세기에만 쓰였다.
- ㅅ거긔 : 15세기에만 쓰였다.
- 의거긔 : 15세기부터 18세기 말까지 쓰였으나 주로 15세기에 쓰였다.
- 의손딕 : 15세기부터 18세기 초까지 쓰였다.
- ᄃ려, -더브러 : 15세기부터 19세기 말까지 쓰였다.

㉵ 호격 조사(呼格 助詞)
아 : 15세기부터 현대까지 쓰이고 있다.
하 : 15세기부터 18세기 말까지 쓰였다. 19세기 말에 한두 예가 보이나 경어법과 무관하게 표기가 되고 있다. 따라서 존칭을 나타내는 데에는 17세기 초까지 사용된 것이다.

㉲ **어말자음 ㅅ 과 ㄷ**
어말자음 ㄷ : 묻고(問) 묻디
어말자음 ㅅ : 뭇고(問) 뭇디
어말자음 ㄷ 과 ㅅ이 표기되는 현상은 다음과 같다.

153

문헌 연구 방법

15세기 후반 : 혼란기 시작
16세기 중반 : 혼란기의 범위 확대
17세기 : 매우 혼란
18세기 : ㅅ으로 통일
19세기 : ㅅ으로 통일

ⓑ ㄹ-ㄹ 표기와 ㄹ-ㄴ 표기
ㄹ-ㄹ 표기 : 썰리, 놀라다, 진실로
ㄹ-ㄴ 표기 : 썰니, 놀라다, 진실노
15세기 17세기 : ㄹ-ㄹ 표기가 우세
18세기 19세기 : ㄹ-ㄴ 표기가 우세(한글 맞춤법이 나오기까지)

⑦ 구개음화(口蓋音化)의 표기(標記)
국어사에서 구개음화가 나타나는 시기는 다음과 같다. 따라서 구개음화의 표기가 되어 있는가 아닌가에 따라 그 시대를 추정할 수 있다.

㉮ t 구개음화
17세기 초(『重刊杜詩諺解』)에 처음 보인다. 동남방언(東南方言)의 영향으로 나타난 것이다. 동남방언의 영향으로 나타나는 것은 17세기 초에 간행된『권념요록(勸念要錄)』이다.
16세기 말에도 보인다. 이것은 송광사판(松廣寺版)의『성초심학인문(誠初心學人文)』,『사법어(四法語)』,『몽산화상법어언해(蒙山和尙法語諺解)』에 나타난다.

154

Ⅱ. 문헌(文獻)과 서지학(書誌學)의 이해

동북방언(東北方言)을 반영한 것으로는 16세기 말에 간행된 『촌가구급방(村家救急方)』(1571~1573)이다. t 구개음화는 일반적으로 18세기에 완성된 것으로 보인다.

㉯ h 구개음화
18세기 말부터 보인다. 휴디>슈지(『중간개수첩해신어(重刊改修捷解新語)』)

㉰ k 구개음화
18세기 말부터 보인다. 길드릴>질드릴(19세기 중엽 이후)

◎ 원순모음화(圓脣母音化)의 표기(表記)
블>불, 믈>물, 나믈>나물, 븕다>붉다 등으로 나타나는 원순모음화는 17세기 말에 이루어진 것이다.

㉾ 비원순모음화(非圓脣母音化)의 표기(表記)
몬지>먼지, 보션>버션, 본도기>번데기, 쏨>쌤, 봇나무>벗나무, 몬져>먼져 등으로 되는 것을 (비)원순모음화라고 하는데, 이러한 표기는 18세기 후엽에 시작하여 19세기 중엽 확실히 나타나게 된다.

② 서체 또는 글자꼴에 의한 간년 추정(刊年 推定)

국어는 시대에 따라 변화를 겪어 왔다. 이 국어의 변화에 따라 국

155

어를 문자로 표기하는 표기법도 변화를 거치지 않을 수 없었다. 국어 표기법의 변화와 함께 국어를 표기하는 문자인 '한글'의 글자 모양도 변모해 왔다. 이렇게 변모한 글자들의 모습은 시대에 따라 달리 나타나기 때문에 이 글자꼴에 의해서 한글로 표기된 고문헌의 간행 연도를 추정할 수 있는 것이다.

『훈민정음(訓民正音)』이란 새 문자(文字)의 원형(原形)은 『훈민정음 해례본(訓民正音 解例本)』이 보여주는 바로 그 문자라고 할 수 있다. 이 글자꼴이 훈민정음 해례가 설명하고 있는 상형(象形)의 원리(原理)를 가장 충실히 반영하고 있는 것으로 보인다. 『훈민정음』글자꼴은 창제 후 10여 년간에 실용화의 과정에서 3단계의 발전을 거치게 된다.

㉠ 『훈민정음』체(訓民正音體)

『훈민정음 해례본(訓民正音 解例本)』이 보여주는 글자꼴을 말한다. 이 글자꼴의 특징은,

㉮ 「ㆍ」자가 완전히 원점(圓點)이고, 또 이 문자가 다른 문자의 구성요소로 들어있는 경우(ㅏ, ㅓ, ㅗ, ㅜ 등)에도 완전히 원형(圓形)을 유지하고 있는 점.

㉯ 자획(字劃)의 처음과 끝이 붓글씨를 본뜨지 않고 분명히 모가 져 있는 점이라고 할 수 있다. 이와 같은 글자의 모양은 『동국정운(東國正韻)』에서도 마찬가지다.

㉡ 『용비어천가』체(龍飛御天歌體)

『훈민정음』체가 실용화의 단계로 들어간 것으로서, 이 글자꼴의

특징은 다음과 같다.
㉮「·」자가 아직 완전한 원점(圓點)이다.
㉯「·」자가 다른 문자의 구성요소로 되어 있는 경우에는 이미 원점(圓點)이 아니고 현대의 글자와 비슷하게 단선(單線)으로 변하였다.

㉰『월인석보』체(月印釋譜體)
완전히 실용화의 단계에 들어선 것으로서「·」자가 원점(圓點)이 아닌 사점(斜點)이고, 자획(字劃)의 처음과 끝이 붓글씨의 모양으로 비스듬해졌다. 이것은 붓으로 글씨를 쓰기 때문에 생긴 것이다. 그래서 이 단계를 실용화의 단계에 완전히 들어선 것으로 해석하는 것이다. 위의 ㉮과 ㉯은 세종대(世宗代)의 것이고, ㉰은 세조대(世祖代) 이후의 것이다.

위의 변화를 표로 보이면 다음 표와 같다.

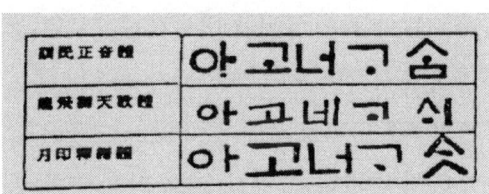

『훈민정음』 창제 직후의 글자 모양의 변화

그러나 이렇게 변화한 글자 모양도 또다시 변화를 겪게 된다. 왜냐하면 한글이 모아쓰는 문자라는 점, 붓으로 글자를 쓴다는 점, 또 종서(縱書)를 중심으로 쓰인다는 점이 그 특징이기 때문이다.

오늘날 창제 당시의 글자 모양을 변화시키지 않고 그대로 사용하고 있는 문자는 엄밀하게 말하여 하나도 없다. 그러나 창제 후 약 10년간에 변화한 문자, 즉 『월인석보』체(『月印釋譜』體)의 글자 모양을 '대체로' 바꾸지 않고 지금까지 사용하는 것들도 있다. 그것은 대개 모음(母音) 글자다. 그 이외에 자음(子音) 글자로는 「ㄴ, ㄹ, ㅁ, ㅂ, ㅍ」자에 불과하다.

다음에 각 문자의 변천 과정을 중요한 몇 개만 선정하여 설명하기로 한다.

㉮ ㄱ

「ㄱ」자는 그 쓰이는 위치에 따라 글자의 모양이나 크기가 조금씩 달라진다. 즉, 「가, 닥, 과, 구, 닭, 낛」들에서 「ㄱ」의 쓰이는 모습이 조금씩 달라지고 있다. 그러나 『훈민정음』 창제 당시에는 그 크기는 달랐을지언정 그 모양은 동일(同一)했다. 오늘날 그 모양이 크게 달라진 것은 「가」의 「ㄱ」이다. 이 글자는 19세기 중기부터 차츰 「ㄱ」의 둘째 획이 꼬부라지기 시작한다. 물론 17세기 초부터 끝부분이 왼쪽으로 꼬부라져 내려오는 글자로 쓰인 것이 있다. 그것은 「ㄱ」에 「ㆍ」자가 연결될 경우에서 발견할 수 있다. 이와 같은 글자 모양은 「ㄱ」에 「ㆍ, ㅏ, ㅑ, ㅐ, ㅔ, ㅒ, ㅖ」등의 모음이 올 경우에만 사용되었었다. 그런데 이것은 붓으로 쓸 때의 편의를 위해 바뀐 것으로 보인다.

㉯ ㅅ

「ㅅ」자는 원래 이(齒)의 모양을 상형한 것이기 때문에 정삼각형의 아랫변이 없는 것과 같은 모습을 지니고 있었다. 그러나 15세기 말부터 차츰 사람 인(人)자와 같이, 오른쪽 획이 왼쪽 획의 조금 아래에서부터 그어지기 시작한다. 이것은 붓으로 왼쪽으로 긋는 사선(斜線)을 쓸 때 윗부분이 뭉특하게 된 데서부터 기인한다. 그러던 것이 17세기 초부터는 왼쪽 획의 거의 중간에서부터 오른쪽 획을 긋기 시작하여 오늘날까지 지속되어 왔다. 그러나 오른쪽 획의 길고 짧음은 각 문헌마다 조금씩 다르고, 한 문헌에서도 각각 다르게 나타나기도 한다. 이것도 붓글씨를 쓸 때의 편의를 도모하기 위하여 변화된 모습으로 생각된다.

㉰ ㅇ

이 「ㅇ」자는 원래 원(圓)이었었다. 그러던 것이 19세기 말부터 원의 위에 꼭지점을 단 모습으로 나타나게 된다. 위에 꼭지점이 있었던 「ㆁ」은 다른 문자이었으나, 이 문자가 없어지고 「ㅇ」과 혼용되기 시작하였다. 그러나 「ㅇ」이 「ㆁ」로 통일되지 않고 「ㅇ」으로 통일되어 갔다. 그러다가 19세기 말부터 모든 신식활자체에서 「ㅇ」의 모양으로 굳어졌다.

㉱ ㅈ

이 글자는 원래 「ㅅ」에 한 획을 가하여 이루어진 문자이다. 그래서 가로줄기의 중간에서부터 왼쪽의 삐침 획과 오른쪽의 내리 줄이 같이 그어졌었다. 그 결과로 3획으로 쓰던 것이었다. 그러나 이것도 가로줄기의 오른쪽 끝에서 왼쪽의 삐침 획이 내려오는 글씨로, 즉 2획

159

문헌 연구 방법

㈑ ㅊ

이 글자는 「ㅈ」에 한 획이 더해진 글자라서 원래는 「ㅈ」의 위에서 꼭지점이 아래로 수직으로 그어졌던 것이었다. 그러나 붓글씨에서 점을 찍을 때, 옆으로 비스듬히 찍는 방법에 의하여 그 점이 비스듬히 찍히게 되고 이것이 다시 위에 짧은 한일 자(一)를 쓴 형태로 변화를 겪는다. 19세기 말부터 그러한 모습이 나타나기 시작한다.

㈒ ㅋ

이것은 「ㄱ」의 글자 모습과 그 유형을 같이한다. 단지 「ㄱ」의 가운데에 한 획을 더하는 것이 똑바로 긋지 않고 비스듬히 위로 올려 긋는 것이, 18세기 중기부터 나타나기 시작하여 19세기 말에 완전히 정착하게 된다.

㈓ ㅌ

가장 많은 변화를 겪은 문자이다. 원래는 「ㄷ」의 가운데에 한 획을 더한 것이어서 그 쓰는 순서도 「ㄷ」을 쓰고 가운데에 한 획을 가로 긋는 방법이었다. 그러나 18세기 중기부터는 위에 한 획을 가로 긋고 그 밑에 「ㄷ」을 쓰는 방법으로 변천해 왔다. 오늘날 활자에는 이 두 가지가 다 보이지만, 필기체에서는 초등학교 학생들을 제외하고는 대부분이 후자의 글자 모양으로 쓰고 있다. 심지어는 「ㄷ」의 위에 아

Ⅱ. 문헌(文獻)과 서지학(書誌學)의 이해

래로 한 획을 내리긋는 모양으로 쓰는 활자까지도 등장하고 있다.

㋙ ㅎ

이 글자는 처음에「ㆆ」에다가 아래쪽으로 한 획을 더한 것인데, 그 긋는 방법이「ㅊ」의 꼭지점과 마찬가지로 변화를 겪는다. 그래서 19세기 말에는 오늘날 많이 사용하고 있는 두 이(二) 자에다가「ㅇ」을 쓰는 방식으로 바뀌었다.「ㅎ」자의 아래에 있는「ㅇ」에 꼭지점을 붙인 것도 19세기 말부터 정착이 된다.

㋚ ㅝ

이 글자는 원래는「ㅜ」자에「ㅓ」자를 합친 것이다. 그런데 이 경우에「ㅓ」의 곁줄기가 기둥의 가운데에 찍혔기 때문에,「ㅓ」의 곁줄기가「ㅜ」의 위에 있던 것이다. 현재 사용되고 있는 동전의 '원' 자 표시도 이렇게 되어 있다. 그러나 이것은 19세기 초부터「ㅓ」의 곁줄기가「ㅜ」의 아래로 내려오게 되어 오늘날까지 사용되고 있다.

위에 제시한 거의 모든 변화는 18세기 말기 이후에 서서히 나타나기 시작한다. 특히 18세기 말의 명필(名筆)이었던 홍태운(洪泰運)의 글씨(예컨대 1796년에 간행된『경신록언해(敬信錄諺解)』, 1804년에 간행된『중간본 주해천자문(重刊本 註解千字文)』에 쓰인 한글)와 1797년(정조 21년)에 정리동활자(整理銅活字)로 간행된『오륜행실도(五倫行實圖)』에 쓰인 한글, 1852년에 목판본으로 간행된『태상감응편도설언해(太上感應篇圖說諺解)』를 비롯하여『남궁계적(南宮

161

桂籍)』(1876년), 『삼성훈경(三聖訓經)』(1880), 『과화존신(過化存神)』(1880), 『궁군영적지(窮君靈蹟誌)』(1881), 『경석자지문(敬惜字紙文)』(1882) 등의 도교(道敎) 관계 문헌에서는 현대에서 사용하고 있는 글자꼴의 시초가 보이기 시작한다. 19세기 말 내지 20세기 초에 간행된 각종의 교과서, 예컨대 『국민소학독본(國民小學讀本)』(1895), 『소학독본(小學讀本)』(1895), 『신정심상소학(新訂尋常小學)』(1896), 『고등소학독본(高等小學讀本)』(1906), 『국어독본(國語讀本)』(1907) 등의 교과서(敎科書) 중에는 한글 설명을 위하여 한글 자모를 그려 넣은 책도 있는데, 이 예시에서도 글자 모양은 각양각색으로 나타난다. 이때부터 한글 글자꼴의 다양화 시기로 접어 들어간 것이다.

　이제 그 변화과정을 아래에 보이도록 한다. 단 이 표에 보이는 것은 지나간 시기의 한글 문헌을 중심으로 하였으니, 필기체를 제외하고 활자본이나 목판본을 중심으로 조사한 것임을 밝혀 둔다. 그리고 현재 사용되지 않고 있는 것들은 지면 관계상 논의의 대상에서 제외하였음을 밝혀 둔다.

　물론 이 이외에도 합용병서의 자음 글자의 배열 모습 등에서도 그러한 특징을 발견할 수 있다. 예컨대 '쇠' 자에서 'ㅅ'과 'ㄷ'의 글자 크기가 달라진다. 이것은 17세기에 와서의 일이다. 마찬가지로 그 밑에 쓰인 'ㅗ'의 세로줄기가 'ㅅ'과 'ㄷ'의 가운데에 오는 경우가 있고, 'ㄷ'의 바로 아래에 오는 경우도 있다. 후자는 대개 17세기 이후의 일이다. 또한 'ㅗ'의 가로줄기가 'ㅅ'과 'ㄷ'의 전체에 걸쳐 긋는 경우가 있고, 'ㄷ' 글자에만 걸치게 하는 경우가 있는데, 이것도 17세기 이후의 일이다.

Ⅱ. 문헌(文獻)과 서지학(書誌學)의 이해

한글 글자꼴의 변천 모습

    한글로 표기된 고문헌의 간행 연도를 주로 한글 표기법과 글자꼴을 통하여 추정하는 방안을 논하였으나 아직도 정밀하게 관찰하여야 할 부분이 많음을 인정할 수밖에 없다. 그러나 이러한 방안에 의해서 추정된 간행연도는 정밀하지는 못하나마, 어느 정도 그 시기를 추정할 수 있을 거라고 확신한다. 한편 이러한 방법이 한자로 기록된 문헌에서도 원용되기를 바라는 마음 간절하다.[34]

---

[34] <참고문헌> : 홍윤표, 「서체 및 표기법에 의한 간년 추정 방법」, 『제4회 단국대 한국학연구소 학술회의 발표 요지초』, 단국대 한국학연구소, 1992.

163

(14) 고문서(古文書)

1910년 우리나라가 일본에 병합되기 이전까지의 시기에 존재한 것으로, 갑(甲. 발급자)과 을(乙. 수취자) 사이에 어떤 목적을 가지고 수수(授受)되는 글을 말한다.

문서에 해당하는 용어로 사문서(私文書)에서 문권(文券), 문계(文契), 문기(文記) 등을 써 왔고, 공문서(公文書)에서는 공문(公文), 관문서(官文書) 등을 써 왔는데, 이를 묶을 수 있는 용어로 문서(文書)를 택했다.

우리나라에서 최초라고 할 수 있는 고문서는 신라 통일을 전후한 시기에 나온 「임신서기석(壬申誓記石)」으로 볼 수 있지만, 맹세의 대상이 사람이 아닌 신(神)이라는 점 때문에 그 타당성 여부가 논란이 되고 있다. 현재 남아 있는 고문서 중 고려시대의 고문서는 손으로 꼽을 수 있을 정도이며, 임진왜란 이전의 것도 많지 않다. 여기서는 고문서 몇 가지만 간단히 언급하겠다.

① 밀교(密敎)

국왕(國王)이 비밀히 내리는 명령서(命令書), 또는 종친·중신에게 비밀히 뒷일을 부탁하기 위하여 내리는 명령서로서 교서(敎書)의 일종으로 취급될 수 있다.

② 교지(敎旨)

국왕이 신하에게 관직・관작・자격・시호・토지・노비 등을 내려주는 문서이다. 시명지보(施命之寶)를 안(安)한다. 관료에게 관작・관직을 내리는 교지는 고신(告身. 사령장)이고, 문무과 급제자에게 내리는 교지는 홍패(紅牌)이고, 생원・진사시의 합격자에게 내리는 교지는 백패(白牌)이고, 죽은 사람의 관작을 올려 주는 것은 추증교지(追贈敎旨)이며, 향리의 면역을 인정하는 사패(賜牌), 토지와 노비를 내려주는 사패(賜牌) 등도 교지이며, 죽은 신하에게 시호를 내려주는 사시교지(賜諡敎旨) 등등 교지의 내용은 다양하다. 조선 초기(朝鮮 初期)에는 왕지(王旨)・관교(官敎)라고도 하였고, 대한제국시대(大韓帝國時代)에는 칙명(勅命)이라고 하였다. 교지는 국왕의 신하에 대한 권위의 상징이며 봉건적 관료정치의 유물이기도 하다.

<교지식>(敎旨式)

● 文武官四品以上告身式
敎旨
　某爲某階某職者
　年寶月 日

● 堂上官妻告身式
敎旨

具官某妻某氏爲某夫人者
年寶月日

● 紅牌式

敎旨

具官某文科武科則某科稱甲第幾人及第出身者
　　　稱武科　　乙丙
年寶月日

● 白牌式

敎旨

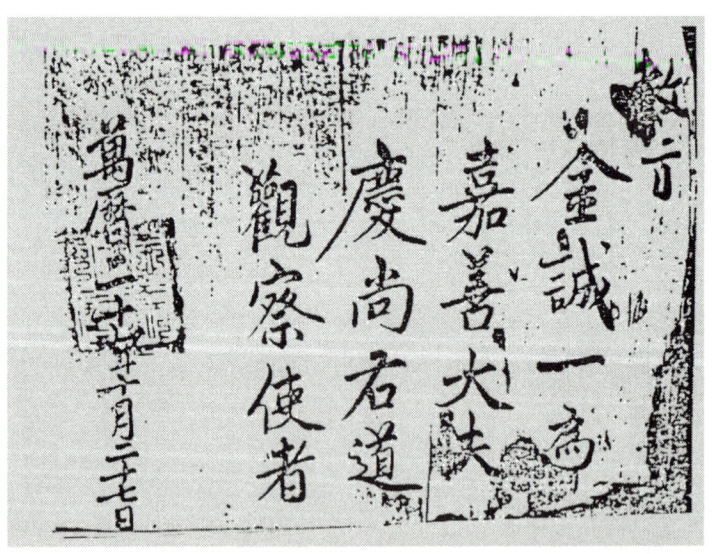

교지

Ⅱ. 문헌(文獻)과 서지학(書誌學)의 이해

③ 봉서(封書)

국왕이 종친이나 근신(近臣)에게 내리는 사서(私書)이다. 왕비가 친정에 내리는 사서도 봉서(封書)라 한다. 특히 봉서로서 중요한 것은 '암행어사(暗行御史)'에게 내리는 것인데 그 봉서의 겉에 「도남대문외개탁(到南大門外開坼)」이라 써서 남대문 밖에서 개봉하도록 하였고, 즉시 대상 지방으로 출발하도록 되어 있었다. 대한제국시대의 봉서는 외형상 약간의 차이는 있겠으나 그 이전의 봉서에 준했을 것으로 생각된다.

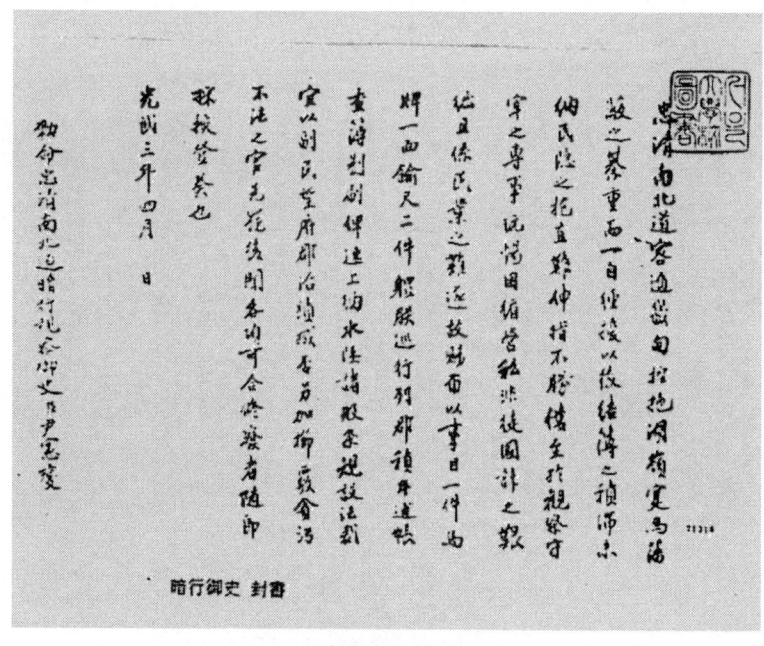

암행어사 봉서

문헌 연구 방법

④ 수본(手本)

공사(公事)에 관하여 上官(관계 상부관서<上部官署>)에 보고하는 보고서이다. 궁방전답(宮房田畓)과 그 수세(收稅) 등에 관한 연구에 자료가 될 수 있다.

<手本, 例>(서울大, No七六〇四六)
延齡君房 手本
宮亦 丁未年分 以慶尙道金海大山屯田畓 相換於糧餉廳
屬全羅道康津縣靑山島屯田畓仍爲人啓免稅而永作宮屯
之定稅昭載於續大典矣同宮大小香火之需凡百酬應之道

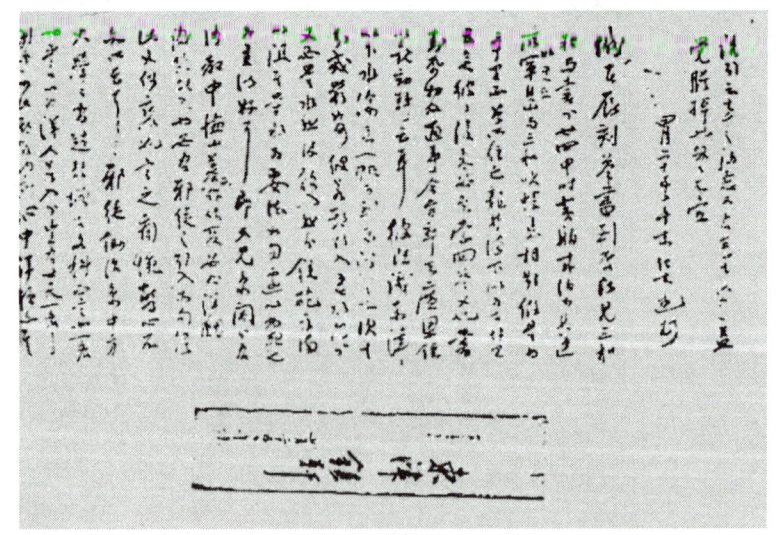

⑤ 노비문기(奴婢文記)

　노비의 매매(賣買), 양여(讓與), 상환(相換) 등에 관한 문서이다. 토지나 가옥의 매매와 같이 매매 후, 100일 이내 관(官 : 장례원<掌隸院>, 지방관)에 청원하여 입안(立案)을 받도록 했는데, 토지 매매의 경우보다 훨씬 엄격하게 입안 제도가 수행(遂行)되었다. 노비문기에는 연호를 사용하였으며, 그 밑에 매수인의 이름을 쓰고, 내용에는 매도 사유, 그 노비의 전래 처, 구수(口數), 가격 등이 기재되며, 매도인(財主), 증인, 필집(筆執)의 성명을 쓰고 수결(手決)을 하게 된다(천인<賤人>은 수촌<手寸>을 한다). 양반집의 노비매매에는 양반이 직접 매매에 관계하지 않고, 양반으로부터 위임받은 노(奴－대노<代奴>)에게 대행시키는 형식을 취하였다.[35]

---

[35] <참고문헌> : 김동욱,『古文書集眞』, 연세대 인문과학연구소, 1972. ;『서울대 소장 고문서집진』, 서울대 도서관, 1972. ;『국립중앙도서관 고문서 해제』, 국립중앙도서관, 1972・1973. ; 최승희,『한국고문서연구』(증보판), 지식산업사, 1989. ;『고문서집성』, 한국정신문화연구원, 1996.

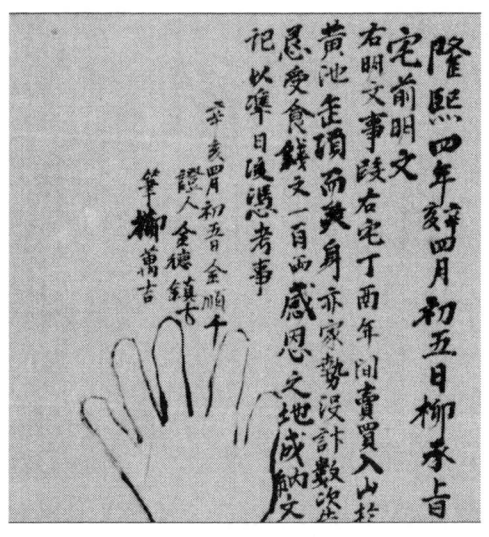

노비문서

(15) 족보(族譜)

족보는 씨족인(氏族人)의 계보를 작성한 것으로, 동일 씨족의 관향(貫鄕, 본관)을 중심으로 시조 이하 세계(世系)의 계통을 수록한다. 그런데 원시조(原始祖)부터 구체적인 시조까지는 대부분 족보에 이름만 있고, 그분들의 묘소가 없는 성씨가 대부분이다.

족보는 원래 왕실에서 비롯되어서 이후, 사가(私家)에서 어느 정도 체계화하여 편찬하게 되었는데 그 종류도 여러 가지이다. 우리나라의 경우 일부 성씨를 제외한 대부분의 성씨는 그 시조가 고려 말기나 조선 초기의 인물들이다. 다시 말하면 삼국시대나 고려시대에는 특수계층을 빼고는 족보가 없었다. 참고로 궁예·삼능산·복사귀 등은 순 우리말식 이름인바, 우리말식 이름이 이때까지도 존재했음을 알 수 있다. 이 가운데 삼능산, 복사귀는 고려 태조 왕건을 추대한 공으로 신숭겸(申崇謙-평산 신씨 시조), 복지겸(卜智謙-면천 복씨 시조) 등의 성과 이름을 얻게 된다. 그리고 고려 태조 왕건도 선조로부터 내려오던 성씨가 없었던 인물이었다고 한다. 왕건의 아버지 왕융의 초명(初名)은 용건, 용건의 아버지는 작제건이었다. 고려 말의 대학자 이제현의 말처럼 원래는 왕씨(王氏)가 아니었으며 '기장(제<穄-도선 국사가 집터 잡아줌 : 기장을 심을 터>)'과 '왕(王-슬기로운 제왕 재목의 아들 낳는다)'의 발음이 비슷했기 때문에 왕씨(王氏)로 했다는 설도 있다. 이로써 짐작건대, 이 당시 성씨를 가진 사람도 흔치 않았는데, 족보까지 있었다고 보기는 어려울 것 같다.

그런데 자손의 수가 늘어남에 따라 선조들의 사적과 사략, 세계 등을 기록으로 남겨야 한다는 의식과 동성일족(同姓一族)에 대한 관념, 친족 관념이나 친근감이 멀어지는 것에 대한 결속력, 조상의 근원을 밝게 하고 종족을 순화시키기 위한다는 관념, 숭조돈목(崇祖敦睦)·숭조상문(崇祖尙門) 의식, 문벌 우월 의식 등의 요인들이 작용하여 성씨마다 족보들을 만들었다.

참고로 예전엔 흔히 '족보 있는 집안 자식'이라 했을 때는 은연중에 지체가 높고 뼈대가 있는 가문의 혈통을 지닌 우수한 자손임을 나타냈다. 이런 식의 언어 습관은 물건이나 개(말) 등에도 똑같이 적용되어 '족보 있는 물건', '족보 있는 개(말)'라고 할 경우, 혈통이나 생산 이력이 분명해 유사한 종류와의 비교 우위에 있다는 뜻을 함축한

171

문헌 연구 방법

다. 심지어 화투판에도 족보가 있을 정도이다. 오늘날에 와서 용어가 가장 많이 사용되는 사례는 학교 시험에서 활용되는 '기출문제 정리(족보)'가 있다.

족보는 지파(支派)를 대상으로 하는 '파보(派譜)'가 대세를 이루었고, 시기가 지나면서 '대동보(大同譜)'가 나오게 되었고, 이밖에 성씨를 망라한 족보 백과사전이라 할 수 있는 '만성보(萬姓譜)', 왕실의 혈통을 정리한 '선원록(보)'·'종친록', 내시들의 가계를 잇는 '양세(養世)계보'도 있다.

족보는 고대 중국 왕실 계통의 제왕연표(帝王年表)를 기술한 것으로부터 비롯된다. 우리나라에서는 고려시대 왕실의 계통을 기록한 것으로부터 시작되어 대체로 고려 중엽 의종 때 김관의(金寬毅)가 지은『왕대종록(王代宗錄)』이 그 효시라 할 수 있다. 그리고 조선 성종 추에 비로소 한 씨족 또는 한 분파 전체를 포함하는 족보를 체계화하게 되었다. 이러한 족보의 발생은 벌족(閥族)의 세력이 대치하고, 동성일족의 관념도 매우 현저하게 된 이후의 일이며, 계급적 의식과 당파관념이 치열해짐에 따라 문벌의 우열을 명백하게 하려고 한 사회적 정세에 주로 기인한다. 또 간행을 촉진 시킨 주요인으로는 ① 동성 불혼(不婚)과 계급 내혼제(골품제의 특권을 보존키 위해 근친혼)의 강화, ② 소목(昭穆, 사당에 조상의 신주를 모시는 차례) 질서, ③ 적서(嫡庶)의 구분, ④ 친소(親疏)의 구분, ⑤ 색목(色目, 당파)의 명확화 등을 들 수 있다.

최초로 간행된 족보는 1423년(세종 5)의『문화 류씨 영락보(永樂譜)』인데 서문만 전할 뿐 현존하지 않는다. 그 후 1476년(성종 7)에 간행된 『안동 권씨 성화보(成化譜)』는 현재 서울대 규장각에서 희귀 고본으로 소장하고 있다. 1562년(명종 17)에 간행된 『문화 류씨 가정보(嘉靖譜)』에는 내외 자손이 상세하게 기록되어 있다.

이처럼 우리나라 족보의 간행은 15세기부터 시작된 것으로 보인다. 그리고 16세기 중엽부터 간행이 활발했으며, 17세기를 전후하여 크게 변화(특히 17세기 후반-그 이전에 간행되었던 족보와는 내용과 형태가 많이 다르기 때문이다. 우리가 일반적으로 생각하는 족보는 18세기에 들어와야 완연한 형태로 자리를 잡게 됨) 되었다.

족보는 흔히 30년(40년, 50년 단위로도 함)마다 수정·증보하여 간행하는데, 이를 보사(譜事)라고 한다. 보사는 먼저 종중(宗中) 또는 종회(宗會)에서 회의를 열어 간행을 의결하면 대부분 별도의 편수위원회가 조직된다. 족보 간행 경비는 종중 또는 종회에서 일부를 부담하기도 하지만, 집안마다 관(冠, 성인) 얼마, 동(童, 미성년) 얼마라는 식으로 일정한 수단료(收單料)를 분담하는 것이 보통이다. 이때 그 선대가 분명하지 않은 사람들은 종중이나 종회의 심의·의결을 거쳐 상당량의 돈을 내고 절손된 집으로 슬쩍 들어오는 경우도 간혹 있는데, 이는 보사 경비 마련 방법의 일환인 듯하다. 그래서 곁다리 성씨들이 많이 생겼고, 나중에 진짜인지 가짜인지 판별할 때 보학(譜學)이 활용되었다.

족보는 조선 중기 17세기를 전후하여 크게 변화하였다. 조선시대에 국한하여 기재된 내용의 변화를 중심으로 살펴보면 다음과 같다. 첫째, 수록(收錄) 자손의 범위가 변화되고 있다. 초기의 족보는 친손과 외손을 차별하지 않고 모두 자세하게 기재하였다. 이러한 사실은

안동 권씨, 문화 류씨, 전의 이씨 등의 족보뿐만 아니라 『청풍 김씨 세보(世譜)』, 『안동 김씨 을축보(乙丑譜)』, 『한양 조씨 파보(派譜)』 등의 범례에서도 확인된다. 조선 후기의 족보에는 이성자(異姓者)는 보통 사위만 기재하고 있다. 그런데 조선 초기의 족보가 외손(이성자)을 모두 기재하였다면, 후기로 오면서 외손의 범위가 축소된다. 이로써 보건대 15·16세기까지는 대체로 외손도 친손과 똑같이 한정하지 않고 모두 기재하다가, 17세기에 들어와서 일부는 외손의 범위를 3대로 한정하였고, 18세기에 들어오면 많은 동족이 외손 3대로 한정하여 기록하게 되었음을 알 수 있다. 그 이유는 '본말(本末)'이나 '주객(主客)' 또는 '내외지별(內外之別)'을 밝히기 위함 때문이다. 즉 동족=부계친의 의식이 강화되어 외손보다는 친손을 더욱 존중한 데서 비롯된 것이다. 또한 외손만 성을 기록하게 된 것도 동성 자손과 이성 자손을 구별하기 위한 것이라 하겠다. 둘째, 남녀 서열이 변화되고 있다. 조선 초기에는 아들, 딸(사위)을 출생순위로 기재하였으나 중·후기로 내려오면서 아들을 먼저 기재하고 딸(사위)을 나중에 기록하는 선남후녀(先男後女)의 방식으로 바뀌었다. 17세기에는 출생순위가 지배적이고, 18세기에는 출생순위와 선남후녀의 두 가지 방식이 공존하고 있으며, 18세기 후반부터는 선남후녀의 방식이 지배적이었다. 이러한 현상은 윤서(倫序)보다는 동족의 질서를 우위에 두게 되었음을 의미한다. 셋째, 양자 입양에 변화를 보여주고 있다. 16세기까지는 형에게 친생자가 없다고 해서 동생의 장남이나 독자를 입양시키는 경우는 보기 드물고 대부분 동생의 차남이나 삼남 등 지차를 입양시켰다. 17세기부터는 동생의 장남 또는 독자라도 입양

Ⅱ. 문헌(文獻)과 서지학(書誌學)의 이해

시키는 경우와 동생의 차남이나 삼남 등 지차(之次)를 입양시키는 두 가지 경우가 공존하였다. 그러다가 18세기부터는 거의 동생의 장자나 독자라도 입양시키는 경향으로 굳어진다. 자기 독자를 형에게 입양시킨 동생은 다시 다른 근친의 자식을 자기의 양자로 입양하기도 하지만, 입양하지 못하면 절가(絕家)·절손(絕孫)되기도 하였다. 이는 종가 사상(宗家思想)의 유무와 밀접한 관련이 있는 것으로 보인다.

한국인 중에 족보를 가지지 않은 사람은 거의 없다. 그리고 족보상 양반 아닌 사람도 거의 없다. 그러나 전근대 신분 제도하에서는 절반이 넘는 수가 성씨조차 갖지 못한 사람이었고, 성씨가 있다고 할지라도 그들이 다 양반일 수는 없었다(조선시대의 경우, 양반은 10%, 평민은 90%였다. 충청도는 양반이 10%, 경상도는 4%였다고 주장하는 이도 있다. 이것이 조선 후기에는 양반 수가 급격히 증가하였다. 특히 1910년 일본의 강제 병합으로 반상<班常>제도는 없어지게 된다). 그런데 문제는 양반이라는 것이 법제적 개념이 아니라 일종의 사회적 통념으로 사용됐다는 데 있다. 그러면서도 4대에 걸쳐 현관(顯官)을 배출하지 못하면 양반의 지위에서 탈락하는 것이 상례였는데, 조선 후기에 들어와서는 양반의 값어치가 자꾸 떨어지기 시작했다. 이를 뒤집어 말한다면 족보를 가진 사람이 늘어났다는 의미다.

족보는 생물학적 혈통만을 담은 것이 아니라, 조선 후기의 사회상과 문화적 특성을 잘 반영하였다고 할 수 있다. 그 대표적인 것이 환부역조(換父易祖)라는 행위였는데, 아버지를 바꾸고 할아버지를 갈아치운다는 뜻으로, 이는 특정 가계를 통째로 어느 인물의 후손으로

문헌 연구 방법

연접해서 감쪽같이 둔갑시키는 행위이다. 정약용도 당시 족보 위조에 대한 시대상을 한탄하면서 밝힌 대목이 바로 환부역조 행위였다.

끝으로 족보 찾는 법에 대하여 간략히 언급하겠다.

족보는 시조로부터 차례로 한 세대에 한 칸씩 아래로 내려쓰며, 동항렬(同行列)은 같은 난에 쓴다. 내용은 족보의 종류에 따라 차이가 있지만, 파보의 경우 대개 명·자·호·시호를 쓰고 생졸의 왕조 간지 월일을 쓴다. 또한 관직·봉호(封號)·과방(科榜)·저술 등 요즘 말하는 개인의 인적 사항을 쓰고, 부인의 본관, 성, 부(父), 조부·증조부의 관명, 생졸 연월일까지도 포함된다. 이외에 분묘(墳墓)의 소재지, 좌향, 형태 등에까지 한 개인의 일생과 그의 배우자 또는 고조까지의 일대를 약술해 놓는다. 그러나 이 또한 각 성씨나 각 파에 따라 약간씩 다르다.

족보를 보기 위해서는 우선 찾고자 하는 대상이 '~파 ~대손'인지를 알아야 하며, 휘(諱)까지 알면 더욱 좋다. 이렇게 '~파 ~대손'을 알았다면 족보의 계보표 앞에 있는 분파계열도나 파세계도(派世系圖, 약칭 파계도)를 보고 해당 파명 아래에 표시된 권수와 페이지를 찾아가면 된다. 최종적으로 찾고자 하는 사람이 그 파시조의 몇째 아들 몇째의 몇째로 파악되어 있을 것이므로 줄곧 그 차례를 따라가 확인함으로써 마무리할 수 있다. 한 페이지 안에서 끝이 나지 않았을 경우는 마지막 이름 아래 몇 페이지로 찾아가라는 표시가 또 되어 있으므로 이를 따르면 문제가 없다. 페이지 표시는 옛날은 '천지현황……'의 순서가 대부분이고, 요즈음에는 아라비아 숫자를 주로 쓴다.

만약 파보에서 자신과 직계 선대 조상을 찾고자 하면 ~대손, 이름 등을 반드시 알아야만 한다. 이를 숙지한 상태에서 앞의 파계도를 보면, 파시조부터 자기 이름까지 나오는데, 자기 이름 밑의 권수와 페이지를 보고 찾아가면 된다. 거기서 자신과 관련된 내용을 보면 된다. 그리고 찾고자 하는 분이 만약 7대조라면 자신과 관련된 내용이 쓰여 있는 페이지의 위로 올라가 찾으면 된다. 거기서 없으면 6대조 란을 보면 대개 '견상(見上) 페이지(또는 見上 권수 페이지, 아래일 때는 견하<見下>)'가 나온다. 이를 찾아가면 된다.[36]

안동 권씨 성화보

[36] <참고문헌>: 辛錫信, 『韓國姓氏要覽』, 嘉林出版社, 1962.; 韓國人의 族譜編纂委員會, 『韓國人의 族譜』, 日新閣, 1981.

문헌 연구 방법

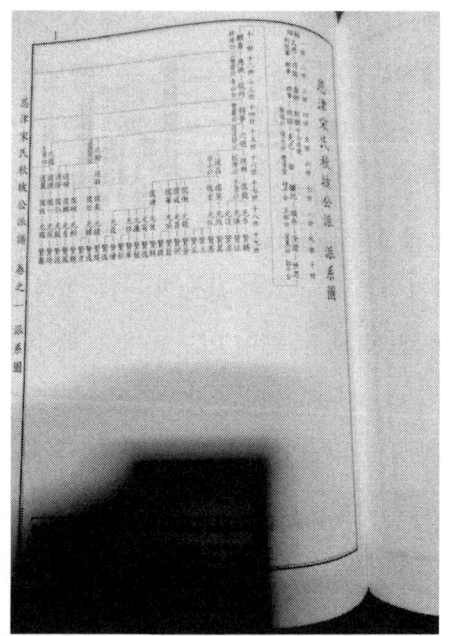

은진 송씨 추파공파 파계도

(16) 목록(目錄)

"목록학은 학문 중 가장 긴요한 학문이다. 반드시 목록학을 통해서만이 바야흐로 그 분야를 연구할 수 있다."(目錄之學 學中第一緊要事 必從此門途 方能得其門而入『七十史商榷』卷1, <史記集解>) 라는 말에서 볼 수 있는 바와 같이, 어떤 분야든 학문을 연구하는 사람은 그 분야에 예로부터 어떤 문헌이 있는가를 소상하게 알아야 한다. 연구하기 위해서는 일차적으로 필요한 일은 자료를 찾는 일이며,

II. 문헌(文獻)과 서지학(書誌學)의 이해

자료를 찾는 일은 그 분야에 어떤 문헌이 있는가를 알아야 수월하고 효과적으로 할 수 있기 때문이다. 여기에서는 특히 국문학을 연구하는 데 있어, 필요하다고 생각되는 문헌들을 중심으로 간략하게 살펴보면 다음과 같다.

① 『신편제종교장총록(新編諸宗敎藏總錄)』

의천(義天)이 지은 저서로 모두 3권 3책으로 되어 있으며, 내제(內題)는 『해동유본현행록(海東有本現行錄)』이고, 일반적으로 『의천목록(義天目錄)』, 『속장경목록(續藏經目錄)』이라 칭한다. 상(上)·중(中)·하(下) 3권에 모두 1,085부(部), 4,858권(卷)의 목록을 전하고 있으며, 여기에는 당(唐)·송인(宋人)의 것이나, 20인의 신라인 찬술 문헌(142부(部), 402권(卷))도 목록으로 들어가 있다. 제1권은 경부(經部), 제2권은 경·율부(經·律部), 제3권은 논·집부(論·集部)로 되어 있다.

불교 관계 서적으로는 제일 오래된 것으로 고려 선종(宣宗) 7년(1090년)에 편성한 것이다. 이 목록을 교장(敎藏)이라고 이름한 것은, 정장(正藏)을 보속(補續) 하기 위한 교소류(敎疏類)를 집성한 것이라는 뜻이다. 속장(續藏)이란 중국 및 우리나라 학승(學僧)들의 저술을 말하며, 인도에서 이루어진 경전은 정장(正藏)이라 한다. 정확한 기록과 엄격한 선택이 이 목록의 특색인데, 이 책을 통하여 고승들의 저술 면모를 엿볼 수 있다. 의천(義天)은 국내는 물론 송, 요, 일본으로부터 경(經), 율(律), 론(論), 삼장(三藏) 이외의 장소(章疏)를

문헌 연구 방법

수집하여 체계적인 목록으로 작성한 것인데, 25년간에 걸친 필생의 작업이었다. 그는 이 책 다음에 속편(續編)을 내려 했으나 이루지 못하고 죽었다. 이 책은 장소목록(章疏目錄)으로는 세계에서 효시이며 후일 『고려대장경』 조판의 표본이 되었다. 이 총록(總錄)의 초본(鈔本)으로써 현존(現存)하는 가장 오래된 것은 일본(日本) 고산사(高山寺)에 있는 1176년(고려 명종<明宗>, 6년)의 사본(寫本)이며, 동시(同時)에 1645년의 초본(初本), 1693년의 판본(板本) 등 여러 종류가 있다.

② 『대장목록(大藏目錄)』

고려 때 2차에 걸쳐 간행한 불경이다. 고려는 문신을 존중하고 무신을 천대하여 오던 차, 여러 차례 외국의 침입을 받게 되니 부처님의 힘으로 나라의 안전을 꾀하려 하였다. 이것이 방대한 『대장경(大藏經)』의 간행사업으로 나타났는데, 제1차 『대장경』 간행, 제2차 『대장경』 간행으로 크게 둘로 나눌 수 있다.

제1차 간행은 초판고본(初板古本) 『대장경(大藏經)』과 『속대장경(續大藏經)』으로 나눈다.

거란(契丹)의 침입을 받아 곤경에 처했을 때, 불력(佛力)으로 물리치기 위하여 간행에 착수하였는데, 현종(顯宗)으로부터 문종(文宗)에 이르기까지 완성된 것으로, 대구의 부인사(符仁寺, 지금은 없음)에 도감(都監)을 두고 『대반야경(大般若經)』 600권, 『화엄경(華嚴經)』, 『금광명경(金光明經)』, 『묘법연화경(妙法蓮華經)』 등 600여 권을 조조(雕造)하였다. 이 초판고본(初板古本)『대장경(大藏經)』은 1232년(고종<高宗> 19년) 몽골의 침입을 받아 병화(兵火)로 없어졌고, 약간 남아 있는 것은 일본의 경도(京都) 남례사(南禮寺)에 1,715권이 전하고 있을 뿐이다.

『속장경(續藏經)』은 초판고본(初板古本)에 계속하여 간행한 것으로, 의천(義天)이 송(宋)에 갔다 오면서 모집하여 온 불경과, 요, 일본에서 모집한 것을 합하여 4,700여 권을 모집, 1073년(문종<文宗> 27년)부터 1090년(선종<宣宗> 7년)까지 수집된 불경의 총목록을 작성하여 『신편제종교장총록(新編諸宗教藏總錄)』이라 했다. 이 목록에 의하여 차례로 조조(雕造)하였는데, 이는 모두 1,010부(部) 4,740여 권으로 몽골의 병화로 초판고본(初板古本)『대장경(大藏經)』과 함께 없어졌으나, 약간 남은 것으로 순천 송광사『대반열반경소(大般涅槃經疏)』중(中) 제9권과 제10권이 있고, 고려대 도서관에『천태사교의(天台四敎儀)』, 일본(日本) 내량(奈良) 동대사(東大寺)에『화엄경수소연의초(華嚴經隨疏演義鈔)』40권, 일본(日本) 명고옥(明古屋) 진복사(眞福寺)에『석마가연론통현초(釋摩訶衍論通玄鈔)』4권이 있다.

제2차 간행은『팔만대장경(八萬大藏經)』의 조조(雕造)를 말하는 것인데, 몽골의 침입을 받아 강화도에 피난 중 그 화를 불력(佛力)으로 막아 내고자 한 것으로, 제1차 간행 조판(雕板)이 없어졌기 때문에『대장경(大藏經)』의 주조가 시급하였다. 1236년(고종 23년) 강화도에 장경도감(藏經都監)을 설치하고 조조(雕造)에 착수, 1251년(고종 38년)에 완성을 보았는데, 총 81,137매(枚)로 지금 해인사에 조판

문헌 연구 방법

(雕板)이 보관되어 있다. 전(全) 639함(函) 1,514부(部) 6,805권(卷)이 영인(影印)되어 있는데, 천자문(千字文)의 순서로 천(天), 지(地)… 함(函)으로 나열되어 있다.『팔만대장경(八萬大藏經)』은 일본(日本)의『대정신수대장경(大正新修大藏經)』의 저본(底本)이 되었으며, 동국대(東國大)에서 1976년 영인본(影印本)을 내었다.

　최자(崔滋)의『보한집(補閑集)』을 보면, 지은이는 수기(守其)인데, 그 전기는 미상이며, 고종 때의 화엄종승(華嚴宗僧)으로 짐작된다. 수기(守其)는 개태사 승통으로 있었으며, 박학하여『대장경(大藏經)』재조(再雕) 때에는 교감을 맡아서 했다고 한다.

　③『해동문헌총록(海東文獻總錄)』

　신라 이후 고려, 조선 왕조에 걸쳐 유포된 670여 종의 도서를 21개 항목으로 나누어 해제하였다. 이 책은 우리나라 초유의 도서해제 집대성이며, 최초로 서지적 개념을 가지고 저술하였다. 또한 이 책은 저자·인물에 치중해서 해제한 것이 특징이다.

　저자 김휴(金烋)는 스승인 장현광(張顯光)의 명을 받아 당시 임진왜란을 겪은 후, 전국에 흩어져 탕진된 문화유적인 도서를 수집 해제하여 후세에 전한 것이다. 저자 자필(自筆)의 사본(寫本)이 그 후손에 의하여 전수(傳受)되어 왔으나, 병화로 일부 소실되었다가 다행히 지우간(知友間)에 전하여 온 복본(複本)으로 세상에 반포(頒布)를 보게 된 것이다. 신라, 고려, 조선 중기에 걸쳐 유명한 문헌 670여 종에 대하여 해제하고, 저자의 경력을 서술하여 많은 인물에 대하여 일

일이 그 행적을 조사하고 참고가 되게 하고 있다. 1969년 영인본(影印本)이 나왔고, 현재 안동에 비치되어 있다.

④ 『조선도서목록(朝鮮圖書目錄)』

고종(高宗) 31년(1894년) 갑오경장 이후, 우리나라에서 저술한 도서를 책명의 가나다순으로 작성한 목록인데, 작자와 연대는 미상이나 김태준(金台俊)의 소장본을 1936년에 송석하(宋錫夏)가 베낀 것으로, 책명(册名), 권책수(卷册數), 저자(著者), 발행연대(發行年代) 등을 기록하였다.

상권(上卷)은 가 행(行)에서 라 행(行)까지 1,633종, 중권(中卷)은 마 행(行)에서 아 행(行)까지 2,045종, 하권(下卷)은 1,395종 합 5,073종의 도서 목록이 수록되어 있다. 서명(書名), 저자명(著者名)의 착오와 서적이 아닌 것까지 포함된 것이 흠이지만, 우리나라 진본고서(珍本古書)를 편람(便覽) 하는 데 참고하기 편리한 귀중서(貴重書)이다.

⑤ 『조선도서해제(朝鮮圖書解題)』

우리나라 사람의 저서를 해제한 책으로 1919년 조선총독부에서 편찬·간행하였다. 경(經)·사(史)·자(子)·집(集)의 4부문으로 나누어 도서 목록을 작성하고 간단한 해설을 붙였는데, 부류(部類)에 의한 목차는 외국 도서명의 머릿자에 의한 50음(音) 색인(索引) 및 편저자(編著者)의 왕호표(王號表), 그리고 성별표(姓別表)를 들어 도

문헌 연구 방법

서명 및 편저자 일본인(日本人) 소전(小傳)의 수출(搜出)에 편리하게 하였고, 편저자 연시(年時)의 기재 중 왕명(王名)에는 국호(國號)를 머리로 하였으나, 조선은 대개 이것을 생략한다고 범례(凡例)에서 밝히고 있다. 수록한 부수는 약 2,700여 종이나 되며, 증보판(增補版)을 총독부에서 내었다. 이 증보판에서는 특이한 것을 색출해내어 사진판으로 하여 참고케 했고, 그 뒤 1932년에 조선통신사에서 개판본(改版本)을 펴냈다.

이 책은 고대(古代)의 중요한 우리나라 사료(史料)는 거의 다 망라되어 있는데, 경인출판사의 영인본(影印本)을 쉽게 접해볼 수 있다.

⑥ 『고선책보(古鮮冊譜)』

우리나라 고도서(古圖書)를 해제한 책으로, 일인(日人) 전간공작(前間恭作)에 의해 1934・1956・1957년에 걸쳐 모두 3책으로 동양문고(東洋文庫)에서 간행되었다. 체제는 일본(日本)의 가명(假名) 50음(音)의 순서로 서명(書名)을 기재하고, 저자와 그 인물의 대요(大要)를 적고, 서(序)와 발(跋), 기타 본 바를 뽑아 수록한 뒤에 각본(刻本)이 있는 것은 판본(板本)에 대하여 초록(抄錄)을 하였고, 편자(編者)가 찾아볼 수 있는 서목(書目)에서 그것을 수색(搜索)하여 일일이 명기(明記)하였다.

그러나 집필을 착수한 뒤 집필을 끝낼 때까지 20여 년이나 걸렸으므로 체계가 일관되지 않고, 상략(詳略)에도 심한 차가 있는 점이 유감이긴 하지만, 현재 우리나라 고도서(古圖書) 중 이를 능가할 책이 거의 없다. 이 원고본(原稿本)은 12행(行) 괘지(罫紙) 1행(行) 1본(本)으로 해제하여 전(全) 12책(册) 1,411항(項)에 미치고 있다.

⑦ 『Bibliographie Coréenne』

이 책은 1890년 프랑스 공사관 서기관 겸 통역관으로 서울에 들어와 1년 10개월간 체재했던 Maurice Courant에 의해 1894・1895・1896년에 3권이 간행되었고, 1901년 보유(補遺) 1권이 추가되었다. 한국에서 인쇄술이 발명된 이래 1899년까지 저자가 당시 접근할 수 있었던 3,821부(部)의 한국 도서를 교회(敎誨), 언어(言語), 유교(儒敎), 문묵(文墨), 의범(儀範), 사서(史書), 기예(技藝), 교문(敎門), 교통(交通)의 9부문으로 분류한 후, 이에 대해 상세한 서지학적 해설과 문화사적 논평을 가했다.

원본은 프랑스어로 프랑스 동양어학교(東洋語學校)에서 간행되었고, 번역판이 많이 나와 있다. 이 책은 한국 도서를 과학적으로 분류한 최초의, 그리고 가장 권위 있는 저술로서의 영예를 얻게 되었는 바, 그 이후에 간행된 이 방면의 연구와 저술에 선구가 되었다.

⑧ 『증보문헌비고(增補文獻備考)』

우리나라 상고(上古)로부터 대한제국말기(大韓帝國末期)에 이르기까지의 문물제도(文物制度)를 분류・정리한 책으로 우리 전통문화 전 영역에 걸친 최대의 백과사전이며, 실용과 경제의 내용이 큰 부분을 차지하고 있는데, 3차의 편찬(編纂)을 거쳐 이루어졌다.

　1차는 영조(英祖) 46년(1770년)에 홍봉한(洪鳳漢) 등이 왕명을 받들어 13고(考)로 분류하여 100여 종을 편찬하였는데,『동국문헌비고(東國文獻備考)』라 하였다. 그러나 이 책은 약 반년 만에 급조한 까닭으로 사실에 어긋난 점과 빠진 부분이 많다.

　2차는 1차의 틀리고 빠진 부분뿐 아니라, 시대를 내려갈수록 법령과 제도가 많이 변경되었으므로, 정조(正祖) 6년(1782년) 이만운(李萬運)이 왕명에 의하여 자기의 사택에 사관(寫官)을 두어 9년에 걸쳐 1차의 틀리고 빠진 부분을 정정·삽입하였을 뿐만 아니라, 7고(考)를 증보(增補)하여 146권을 편성(編成)하였으니, 이를『증보동국문헌비고(增補東國文獻備考)』라 하였다. 그러나 이 책은 출판되지 못하고 100여 년을 지나 고종(高宗) 광무연간(光武年間)에 이르러야 세상에 빛을 보았다.

　3차는 우리나라가 일본과 서양의 문물을 수입하여 사회의 모든 제도를 근본적으로 개혁하였기 때문에『문헌비고(文獻備考)』의 각항을 다시 증보(增補)하지 않을 수 없게 되니, 광무(光武) 7년(1903년)에 특별히 찬집청(撰集廳)을 설치하고 박용대(朴容大) 등 30여 명의 문사에게 명(命)하여 이를 보수(補修)케 하였다. 박용대 등은 5년에 걸쳐 2차 때의 20고(考)를 재분류 수정하여 16고(考) 250권(卷) 50책(册)으로 편성하고, 이를『증보문헌비고(增補文獻備考)』라 하였는데, 1908년에 출판(出版)되었다. 지금 전해지는 영인본(影印本)은 1908년에 출판한『증보문헌비고(增補文獻備考)』를 영인(影印)한 것이다.

Ⅱ. 문헌(文獻)과 서지학(書誌學)의 이해

⑨ 『대정신수대장경목록(大正新修大藏經目錄)』

대정신수대장경간행회(大正新修大藏經刊行會)에서 1969년 간행한 책으로 총 55권(卷) 2,184부(部)를 싣고 있다. 특이한 것은 의천(義天)의 『신편제종교장총록(新編諸宗敎藏總錄)』이 2,184번째 부(部)로 실려 있다는 점이다. 불경에 관한 것을 집성한 것으로 1971년 보련각(寶蓮閣)에서 『신수대장경(新修大藏經)』이 간행되었는데, 이 책은 위의 책을 보완한 것이다.

⑩ 『이조서원문고목록(李朝書院文庫目錄)』

이춘희가 편찬하고 국회도서관이 1969년에 펴낸 이 목록은, 대원군 집정 당시 훼철되지 아니한 47개의 서원 가운데 남한에 현존하는 33곳의 서원을 주요 대상으로 선정하여 그 소장본 중 한적(漢籍)만을 수록한 것이다. 따라서 훼철 후에 다시 복구한 서원들은 본 목록 대상에서 제외하였다. 편자는 500책 이상인 서원문고를 일일이 방문하여 답사했으나, 북한지역에 남아 있는 서원문고 장서는 조사하지 못했으며, 남한지역의 서원도 장서가 미상인 경우가 많다.

서원문고 장서 분류를 통해 당시 서원의 성격을 다소 알 수 있는데, 서원문고는 대단히 편파적이어서 당색(黨色)을 엄격히 가리고 있었고, 임진왜란 후 문집류가 다소 증가한 것을 제외하면 경서(經書) 등 유가류(儒家類)가 일색이고, 병가, 의가, 농가, 천문 류 등 실용적인 저술은 거의 없다.

문헌 연구 방법

배열은 서원 문고별로 나누어 서명의 자모순으로 배열하였으며, 서원 문고는 도별로 나누되, 장서량에 따라서 그 순위를 정하였다.

기술 방법에 있어서는 완전 목록법으로 일관하고자 하였으나, 대체로 고종 이후에 간행된 서적에 대해서는 활자본 등 일부의 예외를 제외하고는 간략 목록법을 택하였다. 완전 목록법에서는 서명, 저자명, 판종, 출판사항, 대조 사항, 주기 사항 등이 실려 있다.

⑪ 『한국고서종합목록(韓國古書綜合目錄)』

도서관 계통에 종사하는 윤병태(尹炳泰)가 한국인에 의한 한국상(韓國像) 건립의 초석이 되고자, 1958년 이래 10여 년에 걸쳐 한적(漢籍)의 양적 조사를 시작하고, 1966년 그가 수집한 총 37,000여 표목(標目)의 방대한 원고를 국회도서관에서 인수하는 한편, 그와 동고(同苦)하며 수집에 종사한 김영실(金英實)과 함께 계속 추가 보완하여 1968년 국회도서관에서 간행되었다.

자료의 소장조사는 1차적으로 국내의 기간고서목록(旣刊古書目錄)과 외국의 장서목록(藏書目錄)에서 가능한 한 조사하였고, 다음에는 국내의 고서장서처(古書藏書處)의 조사는 공공 및 대학도서관, 단체, 중고등학교, 개인 문고 등을 망라해 실사(實査)도 하면서 해당 소장기관원(所藏機關員)의 협조를 얻어 소장목록(所藏目錄)을 입수·수록하였다.

우리나라 고대(古代)로부터 한말(韓末)까지 인쇄되었거나 필사된 것, 한말(韓末) 이후에 인쇄 또는 필사한 도서라 할지라도 그 저작(著作) 시기가 한말(韓末) 이전인 것으로 한장(韓裝)된 것, 또 소장처

(所藏處)에서 장정(裝釘)이나 그 밖의 이유로 고서(古書)를 다룬 것 등이 망라되었다. 특히 끝에 소장자(所藏者)까지 다룬 것이 특징이다.

⑫ 『한국도서해제(韓國圖書解題)』

1971년 고려대학교 민족문화연구소에서 간행되었다. 1910년 이전 한국인에 의하여 저술·편찬·번역된 중요도서 5,267종 29,015책을 수록하였으며, 1910년 이후에 간행된 도서라도 1910년 이전에 저술된 것은 함께 수록하였고, 저작연대를 알 수 없는 고대소설, 신소설 등은 1910년 이후에 간행된 것도 수록했다.

총 80여 명의 집필자가 동원되었고, 9년이란 세월이 걸렸으며, 해제의 이해를 돕기 위해 중요도서 136종을 선정하여 그 도판을 수록했다.

⑬ 『고서목록(古書目錄) 1~5』

국립중앙도서관에 수장(收藏)되어 있는 약 160,000책의 고서를 이동환(李東歡), 이장우(李章佑), 공재석(孔在錫) 등에 의해 편찬(編纂)된 것으로, 1970, 1971, 1972, 1973, 1980년에 걸쳐 간행되었다.

『고서목록 1』(1970)은 1945년까지 수장된 한국본 고서 및 한국에 관계된 고서 중에서 6,229부 18,371책을 수록했다.

『고서목록 2』(1971)는 역시 1945년까지 수장된 한국본 고서 및 한국에 관계된 고서 중에서 5,834부 20,126책을 수록했다.

『고서목록 3』(1972)은 1945년 이후에 수장된 한국본 고서 및 한국에 관계된 고서 중에서 4,497부 19,988책을 수록했다.

『고서목록 4』(1973)는 승계문고(勝溪文庫) 505종 2,251책, 의산문고(義山文庫) 740종 2,291책, 관리전환(管理轉換) 2,630종 13,643책 기타(신수입 도서, 누락분) 155종 등 4,000여종 170,000여 책을 수록했다.

『고서목록 5』(1980)는 1974년부터 1980년까지 수집된 고서 2,751종 8,187책의 목록을 수록했다.

11개 부문으로 분류하였는데, 배열은 국립도서관 고서의 청구 기호순으로 배열하였다. 기재 순서와 방법은 김시우가 편한 <고서목록규칙>에 의거하고 있다.

⑭ 『장서각도서한국판총목록(藏書閣圖書韓國版總目錄)』

1975년 문화재관리국에서 편찬하고, 탐구당에서 간행되었다. 장서각의 장서는 적상산사고본(赤裳山史庫本), 봉모당(奉謨堂) 및 선원전소장본(璿源殿所藏本), 칠궁(七宮)의 소장본(所藏本)과 낙선재(樂善齋)의 한글 소설류 등이며, 자료구성의 다양함은 규장각 도서와 쌍벽을 이루는 전적(典籍)이다.

이 목록의 수록 범위는 장서각에 소장된 도서 중 한국판만을 대상으로 하였다. 이 한국판에는 한국인의 찬술로서 간(刊)·사(寫)된 것이 위주이지만, 그 외에도 중국인, 일본인의 찬술로서 우리나라에 간

(刊)・사(寫)된 것은 모두 포함되어 있다. 수록된 도서의 내역은 고서, 탁본류, 서화류, 고문서류 등 12,465종, 40,020여 책이며, 그중 낱장으로 되어 있는 고문서류와 복본(複本)은 목록에서 제외되었다. 분류는 전통적인 4부(部) 분류법(경(經)・사(史)・자(字)・집(集))을 참고하고, 부분적인 점에서 국학의 특수성을 감안하여 내용과 차서(次序)를 두고 있다. 1984년 한국정신문화연구원에서 탐구당에서 출간된 목록과 그 보유편(補遺編)을 간행하였다. 책 뒤의 색인은 서명, 찬자명, 호별로 구분하여 음순(音順)으로 배열하였다.

⑮ 『규장각도서한국본종합목록 상하(奎章閣圖書韓國本綜合目錄 上下)』

서울대학교 도서관에서 1981년 간행하였는데, 규장각 도서 관리실에서 관리하는 고서 가운데 한국에서 간행된 것만을 한국본으로 규정하여 총 33,088종 113,820책을 수록했다. 그런데 정조가 규장각을 설립할 당시 약 10,000여 책이었던 것이 이처럼 방대하게 증가한 것은 구입과 함께 다른 도서와 기록들이 규장각 도서로 편입되었기 때문이다.

규장각은 본래 조선 22대 왕인 정조(正祖)가 즉위 직후에 설치한 조선의 왕조도서관의 명칭이다. 서울대학교 규장각 도서는 이 왕조도서관의 이름을 계승한 것이다.

도서의 분류는 원칙적으로 『사고총목(史庫總目)』의 예를 따랐으나, 사부(史部)의 분류에 있어서는 한국도서의 특성을 참작하였다. 책 뒤의 색인은 편・저자명과 서명으로 구분하여 가나다순으로 작성하였다. 목록에 이어 미정리 도서의 목록이 부록으로 실려 있는데, 일사문고(一簑文庫), 가람문고(文庫), 상백문고(想白文庫), 경제문고(經濟文庫), 고도서(古圖書) 등을 포함하고 있다.

⑯『규장각한국본도서해제(奎章閣韓國本圖書解題)Ⅰ~Ⅶ』

서울대학교 도서관에 의해 1979~1984년에 걸쳐 매년 1권씩 간행되었다. 규장각 도서『한국본총목록』을 중심으로 이루어졌고, 한국본은 저자가 한국인인 것은 물론 저자가 한국인이 아닐지라도 한국에서 간행된 것까지를 말한다. Ⅰ집에는 집(集)·자부(子部), Ⅱ·Ⅲ집에는 집부(集部), Ⅳ~Ⅶ집에는 사부(史部)가 실려 있다.

⑰『한국전적종합목록(韓國典籍綜合目錄)』

국학 자료보존회가 1974년부터 부정기적으로 간행하여온 이 부록은 문예 진흥 5개년 계획에 의한 국학 개발 사업의 하나로서, 국가적으로는 전적(典籍) 문화재에 대한 소재 및 그 보존·관리상태의 파악과 등록, 학자와 일반인에게는 국학 각 분야의 연구와 조사에 기초자료가 될 수 있도록 편찬하였다. 수록 범위는 우리나라에 소장되고 있는 모든 전적을 다음과 같은 순서로 조사·감정하여 수록하고 있다.

㉠ 개인 수장가
㉡ 사찰, 서원 및 교회

Ⅱ. 문헌(文獻)과 서지학(書誌學)의 이해

ⓒ 사회 단체 및 연구소

ⓔ 각종 도서관 및 박물관

ⓜ 기타 각 기관

　그 조사 대상의 자료는 한국에서 간행, 서사한 전적을 비롯한 고문서, 탁본, 간찰류 등을 원칙으로 한다. 그러나 외국에서 간행, 서사한 것이라도 귀중하거나 희귀한 자료는 이를 병록한다. 분류는 전통적인 4부(部) 분류법을 참고하고 한국 전적의 특수성과 소장량을 감안하여 그 내용과 순서를 적절히 하고 있다. 책 뒤의 색인은 서명, 찬자명으로 구분하여 음순(音順)으로 배열하고 있다. 지금까지 조사된 목록을 대략 살펴보면 다음과 같다.

　『산기문고목록(山氣文庫目錄)』, 『상태문고목록(尙態文庫目錄)』, 『완수문고목록(玩樹文庫目錄)』, 『성암문고목록(誠岩文庫目錄)』, 『인수문고목록(仁壽文庫目錄)』, 『도남문고목록(陶南文庫目錄)』, 『덕우문고목록(德愚文庫目錄)』, 『유곡문고목록(維谷文庫目錄)』, 『송암문고목록(松岩文庫目錄)』, 『성균관대 소장도서목록(成均館大所藏圖書目錄)』, 『동국대소장도서목록(東國大所藏圖書目錄)』 등등을 들 수 있다.

⑱ 『만송김완섭문고목록(晚松金完燮文庫目錄)』

　이 목록은 만송(晚松) 김완섭(金完燮)이 1920년대부터 1975년 별세할 때까지 50여 년간에 걸쳐 수집・보장(寶藏)하였던 한적(漢籍) 4,899종 19,701책을 수록한 것이다. 당대에 모집한 한적(漢籍)이 2만

193

(萬)을 헤아린다는 것은, 개인 장서로서는 희유(稀有)한 일이고, 민족 문화재에 대한 깊은 인식과 보존을 위한 사명감의 소산이라 아니할 수 없다. 1976년 고려대 도서관에 기증되었고, 1979년 목록집을 동 대학교 중앙도서관에서 출판하였다.

목록의 배열은 고려대 중앙도서관의 한적 분류 순에 따라 부(部)·류(類)·목(目)으로 세분하였고, 이 중 귀중서는 따로 모아 책머리에 서명순(書名順)으로 배열하였다. 그리고 배열순서는 경(經)·사(史)·자(子)·집(集) 및 유총서부(類叢書部)와 고문서(古文書)로 나누고 있다.

⑲『Kodae Sosŏl : A survey of Korean Traditional Style popular Nevels』

영국 런던대학 한국문학 교수로 재직하고 있는 W. E. Skillend에 의해 런던대학교에서 1968년 간행되었다. 총 531종의 고대소설에 대한 목록과 해제, 서지사항을 싣고 있는데, 실증적이며, 해제나 서지사항이 정말하고, 각종의 소설을 그 중요성에 따라 소밀(疏密)하게 해제했다. 또한 중요한 소설은 그 줄거리, 번역, 자료연구, 주역서, 평, 간본, 사본, 현대식 간행물, 연구논문 등까지 자세히 수록하였다.

⑳『한국고소설목록(韓國古小說目錄)』

한국정신문화연구원에서 1983년 간행되었다. 1,437종 4,869책이 수록되어 있으며, 대부분 사본이나 판본과 구활자본도 가능한 대로

Ⅱ. 문헌(文獻)과 서지학(書誌學)의 이해

수록했는데, 장서각본 99종 2,215책, 별도 수집본 363종 443책, 김동욱 소장본 422종 555책, 국립도서관 소장본 269종 758책, 고려대 도서관 소장본 119종 186책, 서울대 도서관 소장본 95종 594책, 기타 70종 118책이 수록되어 있다.

필사자에 대한 사항이나 필사기(筆寫記)도 있는 대로 제시했으며, 희귀본이라고 생각되는 것은 첫 면을 영인해서 권말에 수록했다. 고소설이 아니고 신소설이 명백한 작품은 원칙적으로 제외했는데, 이에 혼란이 있다.

㉑『선본해제(善本解題) Ⅰ~Ⅳ』

도서관학연구회에서 1970~1973년에 걸쳐 국립중앙도서관이 소장하고 있는 선본(善本) 중에서 이조초기(李朝初期)에 간행된 세계에 자랑할만한 민족문화의 유산을 서지학적인 입장에서 내용과 함께 소개 및 해제하여 간행하였다.

이밖에 각 대학교 고서목록(大學校古書目錄 :『고려대 도서관 고서목록』,『성균관대 도서관 고서목록』,『동국대 도서관 고서목록』,『연세대 도서관 고서목록』등등),『도서해제』(圖書解題 : 부산시립도서관, 1~4, 1969),『고서목록』(古書目錄 : 사직공원 도서관),『고서부분류목록』(古書部分類目錄 : 국립도서관, 1945),『한국불교찬술문헌목록』(韓國佛敎撰述文獻目錄 : 동국대 불교문화연구소 편),『존경각문고한적분류목록』(尊經閣文庫漢籍分類目錄 : 1934),『정가당문고한적분류목록』(靜嘉堂文庫漢籍分類目錄 : 1929),『간송문고한

적목록』(澗松文庫漢籍目錄 : 한국 민족미술연구소, 1969),『기은박문수도서목록』(耆隱朴文秀圖書目錄 : 문화재관리국, 1979) 등등을 들 수 있다.[37]

---

37 <참고문헌> : 姚名達,『中國目錄學史』,臺灣商務印書館, 1981. ; 韓國精神文化硏究院,『韓國學硏究人名錄』, 1983. ; 「大學別刊行冊子目錄書紙一覽 : 1981年까지」,『도서관』, 第37卷 第2號 通卷 259號, 國立中央圖書館, 1982. ; 韓國精神文化硏究院,『海外韓國學硏究者名單』, 國際協力室 공문서, 1983. ; 黃寬重, 「韓國硏究著作目錄」,『韓國學報』4期, 中華民國73年, 1984. ; 鄭駜謨,「圖書館 및 文獻利用法」, 韓國圖書館協會, 1971. ; 黃秉國,「校勘考」,『出判學』, 2輯, 韓國出版學會, 1969. ; 東洋文庫,『東洋文庫十五年史』, 1939. ; 白麟,『韓國圖書館史硏究』, 韓國圖書館協會, 1982.

III

문헌 연구 방법

Ⅲ. 문헌 연구 방법

　문헌적 연구의 실제는 문헌 연구 방법을 통해서 해야 한다. 그러므로 필자는 먼저 방법론적 모색을 통해 문헌 연구의 방법을 제시하겠다. 그런 연후에 이를 통해 실제 적용 사례를 논급하겠다. 그런데 실제 적용 사례는 지면 관계상 핵심 위주[(1)~(6)은 핵심만, (7)은 전문 수록]로 간단히 제시하겠다.

1. 방법론적 모색

　문헌적 연구는 연구방법론을 통해 이루어져야 한다. 그러기 위해서는 먼저 문헌과 서지학에 대한 기본적・일반적 사항 숙지 및 이해가 선행되어야 한다. 문헌과 서지학에 대한 지식이 없으면 문헌・문헌적 연구를 할 수 없다. 문헌과 서지학에 대한 지식을 숙지한 다음 이를 토대로 연구방법론을 통해 해당 문헌의 문헌적 자료, 작품, 작가 등을 구명해야 한다. 여기서 필자가 제시하는 문헌 연구 방법은 주로 고전문학 분야나 한문학 분야를 대상으로 한 것임을 밝힌다.
　그러면 필자는 문헌 연구 방법의 방법론적 모색을 위한 7가지의 방안을 제시하고, 이를 간단히 논급하겠다. 방법론적 모색을 위한 7가지 방안은 (1) 미지(未知)의 작품(作品)을 문헌(文獻)에서 발견하는 경우, (2) 목・활판본(木・活版本) 자료(資料)의 오류(誤謬)를 원본 대조(原本 對照)로써 정정(訂定)하는 경우, (3) 문헌(文獻)에 빠진 자료를 판목(板木)에서 발견하여 사실(事實)을 밝히는 경우, (4) 실전(失傳)한 부분을 다른 문헌(文獻)에서 찾는 경우, (5) 쟁점(爭點)을 새

문헌 연구 방법

문헌(文獻) 자료(資料)로 정론화(定論化)하게 되는 경우, (6) 작자 고증, (7) 일반적·전반적 문헌 사항 등이다. 이에 대해 살펴보겠다.

(1) 미지(未知)의 작품(作品)을 문헌(文獻)에서 발견하는 경우

① 예를 들면 변안열(邊安烈)의 <불굴가(不屈歌)>를 『원주변씨 경신보(原州邊氏 庚申譜)』에서 발견했을 경우이다. 먼저 『국문학 자료목록』, 『논저목록』, 『고서목록』, RISS 등등을 통해 미발표 작품인가를 확인한다. 그런 다음 문학적 가치 유무를 판단한다.

② 작품의 진위를 확인한다. 예를 들어 목판·활자일 경우, 발간 연도를 확인한다. 필사본일 경우, 필사자를 파악한다. 서지적 검증이 필요한바, 문헌 고증학 중 서지학에 대한 지식이 있어야 한다.

③ 작가에 대해 파악한다. 이를 위해 『문집』, 『조선왕조실록』, 『야사(野史)』, 『족보』, 기타 자료들을 총동원해서 파악한다. 그리고 작가가 작품을 지은 것인지 조사한다.

④ 작품에 대해 파악한다. 이를 위해 『문집』, 『조선왕조실록』, 『야사(野史)』, 『족보』, 기타 자료들을 총동원해서 파악한다. 특히 작품에 대한 언급 여부를 조사한다.

⑤ 유사 작품을 조사 대조 검토한다. 이본의 경우, 이본들을 대조 검토한다.

⑥ 작가의 생애 및 저술 등을 파악하고, 당시의 시대 상황과 작가의 관련 사항을 정리한다.

Ⅲ. 문헌 연구 방법

⑦ 창작 배경과 창작 동기를 검토한다.

⑧ 원문(작품)을 면밀하게 검토 분석한다. 예를 들어, 오·탈자, 표기법, 주해, 내용분석 등등.

⑨ 일목요연(一目瞭然)하게 정리한다. 특히 작품의 문학적 가치나 문학사적 위치 등을 언급한다.

변안렬의 <불굴가>나 유희춘의 <제목 미상>의 시조, 작자 미상의 소설 <마원철녹>(역관 홍순언의 일화를 소설화) 등을 예로 들 수 있다.[38]

(2) 목·활판본(木·活版本) 자료(資料)의 오류(誤謬)를 원본 대조(原本 對照)로써 정정(訂定)하는 경우

① 기존 자료 및 작자와 창작 배경 등을 파악하고, 작품 관계 자료(기존의 발표 논문, 관련 문집, 역사 자료 등) 등을 검토한다.

② 서지학·문헌 고증학적 지식 등을 토대로 이본을 조사 대비한다.

③ 이를 원본과 대조한다. 한문 소양과 국어학적(특히 표기법) 소양을 갖추고 있어야 한다.

④ 보정(교정)과 평가를 한다.

자료의 오류를 원본 대조를 통해 정정할 때, 먼저 그 증거 기록을 제시(구체적)하고, 그리고 어학적 측면에서도 검토할 필요가 있다.

---

[38] <참고문헌>: 황패강, 「邊安烈과 不屈歌」, 『한국 고전문학의 이론과 과제』, 단국대 출판부, 1997.; 송재용, 「미암일기 연구」, 단국대 박사학위논문, 1996.; 송재용, 「마원철녹」, 『한국 고전문학의 이해』, 박문사, 2023.

문헌 연구 방법

<부운전(浮雲傳)>→<부설전(浮雪傳)> 정정(訂定)을 예로 들 수 있다.[39]

(3) 문헌(文獻)에 빠진 자료를 판목(板木)에서 발견하여 사실(事實)을 밝히는 경우

① 먼저 국립중앙도서관, 한국학중앙연구원, 각 대학교의 도서관 등에 소장된 고서들의『고서목록』(『고서종합목록』,『한국본도서해제』등등) 등을 보고 이본 조사와 함께, RISS 등을 통해 해당 관련 논저들을 조사한다.

② 이본들의 비교표를 작성하여 대조 검토한다. 구체적으로 ㉠ 간년(刊年. 발간 연도) ㉡ 서명(書名) ㉢ 서·발(序·跋) ㉣ 작품에 대한 사항(수록 게재된 수재 위치, 간기 유무, 체재<한문 또는 국문>, 장수 <張數>, 판목<목판, 활판>, 변란, 반엽 광곽<半葉 匡郭>, 계선<界線>, 행<行>, 글자 수(평균), 판심<版心>, 판심 문자, 내용 목차<序부터 자세히>, 내용 대조<세부적으로>, 지질<紙質>, 작자·편자·찬자, 소장자<필자, 개인, 국립·대학도서관>, 기타) 등을 검토한다.

③ 문헌에 빠진 부분을 집중 논의 분석(이본 재검토, 당시의 상황 <시대적 상황, 출판 배경, 창작 배경, 찬자 내지는 작자 파악 등>-각종 책<실록, 야사, 문집 등등>을 통해 조사)한다. 여기서 중요한 것은

---

39 <참고문헌> : 황패강,「浮雪傳 硏究」,『신라가야문화』6~8 합집, 영남대 신라가야문화연구소, 1975.

먼저 자료의 신빙성 여부를 검토해야 한다. 다시 말해 1차 자료 · 2차 자료인가?, 직접 자료 · 간접 자료인가? 초간 · 중간 · 복간본인가?, 자료의 연대(매우 중요), 자료의 저자에 대한 파악(예를 들어 정철의 시조는 위작이 많은데, 후손이 정철 작품으로 삽입한 것도 있어 그렇다), 자료의 사실성 여부 등을 살펴보아야 한다.

④ 작자에 대해 고찰한다. 주로 실증주의적 방법론을 참고하여 작가의 생애 및 시대 배경 등 전기적 측면과 문학적 측면에서 고찰한다.

⑤ 판본에 대해 고찰한다. 판본을 서지 · 문헌학적 측면에서 정밀하게 고찰한다.

⑥ 가치평가를 한다. 위에서 논의한 사항들을 종합하여 냉정하고 객관적으로 그 가치를 평가한다.

나옹(懶翁)이 찬(撰)한 『권념요록(勸念要錄)』, 「서(序)」를 예로 들 수 있다.[40]

(4) 실전(失傳)한 부분을 다른 문헌(文獻)에서 찾는 경우

① 실전된 내용(또는 작품)을 언급한 자료들을 조사 검토한다. 『논저목록』이나 『고서목록』, RISS 등등을 통해 조사하고, 이를 검토해야 한다. 예를 들면 『해동고승전』에 『법화영험전』의 존재를 확인하는 것을 들 수 있다.

---

[40] <참고문헌>: 황패강, 「懶翁 普雨와 王郎返魂傳」, 『국어국문학』 42 · 43 합집, 국어국문학회, 1970.

② 실전된 내용(또는 작품)이 수록된 자료를 소개 분석한다. 이때 자료의 서지적 검토를 반드시 해야 한다(간기, 판종, 권책, 소장처 등등……).

③ 실전된 내용(작품)이 수록된 배경을 검토한다.

④ 찬자(撰者) 내지는 기록자, 또는 작자를 파악한다.

⑤ 그 내용(작품)의 가치를 평가한다.

료원(了圓)의 『법화영험전(法華靈驗傳)』(『해동고승전<海東高僧傳>』)을 예로 들 수 있다.[41]

(5) 쟁점(爭點)을 새 문헌자료(文獻資料)로 정론화(定論化) 하게 되는 경우

① 기존의 이본(異本) 및 연구업적을 조사 검토한다.

② 서지·문헌 고증학적 측면에서 이본을 고찰한다.

③ 문헌 고증학과 실증주의적 방법론을 토대로 작자를 변증(辨證)한다. 특히 작자 논란이 있을 때 근거를 제시해 확정한다.

④ 작자의 인물과 문학에 대해 고찰한다. 실증주의적 방법론을 참고해 구체적인 방증 자료를 제시한다. 이때 작품·작자도 연관시킨다.

⑤ 위에서 논의한 사항들을 종합적으로 분석 판단하여 작품과 작

41　<참고문헌>: 황패강,「고전의 재평가: 해동고승전」,『淑大學報』455號, 숙명여대 학보사, 1973.

Ⅲ. 문헌 연구 방법

자에 관한 평가를 한다.

황여일(黃汝一)의 『해월문집(海月文集)』을 통해 <원생몽유록(元生夢遊錄)>의 작자(임제<林悌>)를 규명한 경우를 예로 들 수 있다.[42]

(6) 작자 고증

① 작자에 대한 기존 논의를 정밀하게 검토한다. 이때 RISS 등을 통해 기존의 연구업적을 조사 검토한다(특히 작자 관련). 예를 들면 <천군연의> 작자에 대해서 기존의 논의를 조사 검토한다.

② 기존의 자료를 문헌 고증학적 측면을 바탕으로 검토한다.

③ 결정된 자료를 제시한다. 이때 자료 발굴 및 구체적인 사항도 논급한다.

④ 작자의 생애 및 작품과 작자와의 관계, 작품의 성격 등을 실증주의적 방법론을 참고하여 고찰한다.

⑤ 위에서 논의한 사항들을 종합적으로 분석 판단하여 작자를 확정한다.

<천군연의(天君衍義)>의 작자(정태제<鄭泰齊>)를 예로 들 수 있다.[43]

---

[42] <참고문헌> : 황패강, 「林悌와 元生夢遊錄」, 『論文集』 4輯, 檀國大, 1970.
[43] <참고문헌> : 강재철, 「天君衍義 作者考」, 『東洋學』 19, 단국대 동양학연구원, 1989.

(7) 일반적 · 전반적 문헌 사항

① 현지답사 및 소장처 방문 조사를 선행한다. 예를 들면 담양 유희춘 종가(宗家)를 답사하여 종가 앞 모현관(慕賢館)에 소장된『미암일기(眉巖日記)』의 친필본과 필사본 이본,『미암집(眉巖集)』과 각종 고문헌, 고문서 등을 조사했을 경우이다.
② 고서 총목록 등과 RISS 등을 통해 연구업적 등을 조사 검토한다.
③ 서지 · 문헌 고증학적 방법을 동원하여 친필본(親筆本)과 이본(異本)에 대한 구체적인 서지사항 등을 조사 분석한다. 예를 들면『미암일기(眉巖日記)』의 친필본과 이본들의 간기, 판종, 책수, 소장처, 편차 구성, 내용 대조 등등을 대조 분석한다.
④ 친필본과 이본 관련 자료 또는 작품과의 관계, 창작 동기 또는 필사 동기 등을 검토한다.
⑤ 위에서 논의한 사항들을 종합적으로 분석 판단하여 가치를 평가한다.

『미암일기(眉巖日記)의 서지(서지)와 사료적 가치를 예로 들 수 있다.『미암일기(眉巖日記) 이본에 대한 문헌 · 서지학적 방법을 통한 일반적 · 전반적 문헌 사항에 대한 종합적 고찰, 그리고 특히『선조실록(宣祖實錄)』찬수(撰修) 시, 선조(宣祖) 즉위년부터 11년간의 사료가 주로 유희춘(柳希春)의『미암일기(眉巖日記)』, 이이(李珥)의『석담일기(石潭日記)』, 기대승(奇大升)의『논사록(論思錄)』등을 근거로 편찬되었다는 역사학계의 견해(정설<定說>)[44]에 대해 이의를 제기했다. 선조 즉위년부터 10년간의 기록은『선조실록』,『미암일기』・『석담일기』・『논사록』등을 대조 분석한 결과,『석담일기』와 『논사록』은 일자(日字) 기록이 거의 없다. 그러나『미암일기』와『선조실록』을 대비하여 양서(兩書)에 같은 기사(記事)가 수록된 일자(日字)를 조사해본 결과,『미암일기』는 1567년 10월 9일부터 1576년 7월 25일까지 총 861일분(日分)의 기사(記事)에 참고되었음을 확인할 수 있었다. 그리고『석담일기』는『선조실록』편찬에 별로 활용되지 않았고, 주로『선조수정실록』편찬에 참고되었다는 점이다. 반면 『논사록』은『선조실록』편찬에 더러 활용되었을 뿐이다. 따라서『미암일기』가『선조실록』을 편찬 시, 주로 활용(특히 즉위년부터 11년) 되었음을 확인 구명하였다.[45]

이상은 문헌 연구 방법의 방법론적 모색의 7가지이다.[46]

---

[44] <참고문헌> :『한국민족문화대백과사전』8, 한국정신문화연구원, 1991.

[45] <참고문헌> : 宋宰鏞,「眉巖日記의 書誌와 史料的 價値」,『退溪學硏究』第12輯, 檀國大 退溪學硏究所, 1998. ; 송재용,「미암일기 연구」, 단국대 박사학위논문, 1996. ; 송재용,『한국 고전문학의 이해』, 박문사, 2023.

[46] 다른 방법 등도 있을 수 있겠지만, 7가지로 어느 정도 논의가 가능하다고 본다. 참고로 서지・문헌 고증학이나 실증주의적 방법론, 동양의 문학이론, 이기(理氣) 철학의 이론 등을 바탕, 또는 원용하여 논리적이고 객관적이고 체계적인 방법론을 제시하고, 이를 문학작품에 적용・분석 후, 문학작품의 가치나 문학사적 위치 등을 평가하는 학자도 있다. 예를 들면 황패강은 신라 불교 설화 자료 고징(考徵) 등을 통해 불교 서사문학 형성의 논리를 제시했으며(황패강,「新羅佛敎說話硏究序說」,『論文集』17, 단국대, 1973.), 원형(Archetype)을 통해 이론적 정립과 함께 한국 고대 서사문학의 실체를 규명하였다(황패강,『韓國敍事文學硏究』, 단국대 출판부, 1977.). 조동일은 이기 철학(理氣 哲學)의 이론을 원용하여 한국문학 연구의 총체적인 관점을 개척한 성과를 구명하였다(조동일,『한국소설의 이론』, 지식산업사, 1977.). 이외에도 강재철은 동양의 문학 이론을 토대로 권선징악(勸善懲惡) 이론을 고전소설에 적용하였다(「勸善懲惡 이론의 전통과 고전소설」, 인하대 박사학위논문, 1993.). 이들의 이러한 논의는 주목된다.

2. 실제 적용 사례

(1) 미지(未知)의 작품(作品)을 문헌(文獻)에서 발견하는 경우:

① 대은(大隱) 변안렬(邊安烈)의 〈불굴가(不屈歌)〉, ② 미암(眉巖) 유희춘(柳希春)의 〈제목 미상〉 시조 — 핵심만 간단히 제시함.

① 대은(大隱) 변안렬(邊安烈)의 〈불굴가(不屈歌)〉

㉠ 정몽주(鄭夢周)……이 몸이 죽고 죽어……(후략)

"麗史 太宗大王設宴 激致鄭夢周 至酒蘭太宗大王把盃作歌 以觀鄭夢周之意 公作歌以和 知其終不變之意也"(『대학본 청구영언(大學本 青丘永言)』)

㉡ "太宗設宴請之 作歌侑酒 曰 此亦何如 彼亦何如 城隍堂後垣頹落亦何如 我輩若此爲 不死亦何如 文忠遂作歌送酒 曰 此身死了死了 一百番更死了 白骨爲塵土魂魄有也無 向主一片丹心寧有改理也歟 太宗知其不變 遂議除之"(『해동악부(海東樂府)』)

㉢ 『포은선생집(圃隱先生集)』, 「신증부록(新增附錄)」 卷9, 같은 책 續 卷2.

㉣ 『원주변씨 경신보(原州邊氏 庚申譜)』: (『原州邊氏世譜』 — 正

祖34年<1800>, 古活字本, 경북 봉화군 봉화면 거촌리 변덕우씨 소장 <邊德雨氏 所藏>) 卷1,「雜錄」附.

"執義歸溪公 諱希李 傳家錄云 麗祚將革 太宗激宰執飮 自爲歌 試諸公意 圃隱歌曰 此身死 復死復死一百回 白骨化塵土 魂魄有無 向君一片丹心 那有磨滅理 府院君歌曰 穴吾之胸洞如斗 貫以藁索長又長 前牽後引磨且戛 任汝之爲吾不辭 有欲奪吾主此事吾不從 二公之志 眞可謂與日月爭光 而圃老之歌 懇惻切至 府院君之歌 則尤直截剛毅 有確乎不可撓 凜乎不可犯之氣"(집의 귀계공<龜溪公> 이름은 희리<希李>의「전가록<傳家錄>」에 이르기를, 고려 왕조가 장차 바꾸어 지려고 할 무렵 태종께서 대신을 불러 술자리를 베풀었다. 태종 자신이 노래하여 여러 귀공들의 뜻을 시험하니, 포은<圃隱>이 노래하기를, '이 몸이 죽고 죽어 일백 번 고쳐 죽어 백골이 진토 되어 넋이야 있고 없고 임 향한 일편단심이야 가실 줄이 있으랴' 했다. 부원군 <邊安烈>이 노래하기를, '내 가슴에 말 인양 둥시렇게 구멍을 뚫고 새끼줄로 길게 길게 꿰어 앞에서 끌고 뒤에서 당겨, 갈리고 부대껴도 너 하는데 맡겨 내 사양치 않겠지만, 내 임금을 찬탈코자 하는 이 일만은 내가 좇을 수 없도다.'라고 하였다.)

변희리(邊希李<1435~1509>) : 변안렬의 5세손, 28세에 생원시 1등, 성종 17년에 승문원 정자, 다음 해 사헌부 감찰에 이어 형조좌랑 역임. 연산 4년 무오사화가 일어나자 예천군 북제고곡면 귀계곡에 숨고 다시 출사치 않았다. 중종반정 후 누차의 제명에도 나가지 않았

다. 자(字)는 선보(仙甫), 호(號)는 귀계(歸溪)다.[47]

㉤『청구영언』'언락' 작자 불명(靑丘永言 '言樂' 作者 不明)

"가슴에 궁글에 둥실케 뚤고 왼삿끼을 눈길게 느슷느슷 쇼아 그 궁게 그 삿 너허 두놈이 마조잡고 흘근흘근 흘나드릴제 그는 아모또로나 견듸려니와 흘니나 님외오 살나ᄒᆞ면 그는 그리못ᄒᆞ리라"(『대학본 청구영언<大學本 靑丘永言>』)

"가슴에 궁글 둥시러케 뚤고 왼숫기를 눈길게 너슷너슷 쇼와 그 궁게 그 숫 너코 두 놈이 두긋 마조자바 이리로 흘근 져리로 흘젹 흘져긔는 나남즉 ᄂᆞᆷ대되 그는 아모뾰로나 견듸려니와 아마도 님 외오 살라면 그는 그리 못ᄒᆞ리라"(『진본 청구영언<珍本 靑丘永言>』)

㉥ "世傳 二先生之禍 萌於此歌之日云(세상에 전하기를, 두 선생 <포은, 대은>의 화는 이 노래를 부른 날에 움이 텄다고 이른다.)"(『대은실기<大隱實記>』卷1)

필자는 우연한 기회에 변안렬(邊安烈. 1334~1390)의 행장, 기타를 집성한『대은선생실기(大隱先生實記』를 구해볼 수 있었다.[48] 동 실

---

47 <참고문헌> :『醴泉郡誌』卷1, 移寓, 節義.

Ⅲ. 문헌 연구 방법

기는 1949년(己丑年)에 원주변씨(原州邊氏) 양주성 요회(楊州省 澆會)에서 간행한 2권 1책의 목판 선장본(五針眼釘本)이다. 동 실기의 권1에 변안렬이 지은 <불굴가<不屈歌>가 한역(漢譯)되어 수록되어 있었다. 그 노래에 주기(註記)한 것을 보면, 고려 말에 이방원이 여러 대신을 초치(招致)하여 소위 <하여가(何如歌)>로 가시(歌試)하였을 때, 정몽주는 이에 <단심가(丹心歌)>로써 답한 뒤, 그를 이어 변안렬이 <불굴가(不屈歌)>로써 굽힐 수 없는 뜻을 담아 답하였다고 하고, 정몽주와 변안렬이 장차 화를 입게 될 빌미는 이날에 움튼 것으로 세상에 전한다고 했다. 그 뒤 필자는 정조 24년(1800) 경신에 간행된『경신보(庚申譜)』(『원주변씨세보<原州邊氏世譜>)』권1과『고려부원군 양절공실기(高麗府院君 亮節公實記)』(필사본)를 구해볼 기회가 있었다.[49]

<불굴가>는 필사본『선조전행장』가운데도 보인다. 그러나 지금부터 170년(논문 발표 연도. 현재로는 224년) 전에 간행된『경신보』, 「잡록」가운데 있는 <불굴가(不屈歌)>(또는 불종가<不從歌>)가 현재로는 가장 신실(信實)한 자료다.[50]

---

[48] 경북 봉화군 봉화면 거촌리 변우룡씨(邊雨龍氏)로부터 얻어서 봄.
[49] 경북 봉화군 봉화면 거촌리 변덕우씨(邊德雨氏) 소장(所藏).
[50] <참고문헌> : 황패강,「大隱 邊安烈의 不屈歌」,『論文集』2輯, 檀國大, 1968. : 황패강,「大隱의 '不屈歌' 補考 : 國文 原歌를 中心으로」,『국어국문학』, 49・50 合輯, 국어국문학회, 1970. ; 황패강,「邊安烈과 不屈歌」,『한국 고전문학의 이론과 과제』, 단국대 출판부, 1997.

② 미암(眉巖) 유희춘(柳希春)의 〈제목 미상〉 시조

필자는 유희춘(柳希春. 1513~1577)의 담양 종가 답사 때 『미암일기(眉巖日記)』(담양 종가 모현관 소장 필사본)에서 학계에 소개되지 않은 〈제목 미상〉의 시조[51] 1수를 발굴해 이를 학계에 소개한 바 있다.

    〈제목 미상〉
    우흐로   聖主乙이고   아라로   英俊乙 드리고
    淸明흔   時節에   됴히노는   오느리야
    이몸이   退休田里흔들   니즐저기   이시랴[52]

유희춘이 옥당(玉堂)에서 동료들과 함께 선조(宣祖)가 하사한 어주(御酒)를 마시고 대취(大醉)한 상태에서 지은 작품이다.[53] 위로는

[51] 유희춘(1513~1577)이 생존했던 시기는 '시조(時調)'라는 명칭을 사용하지 않았다. 그래서 시조(時調)라는 명칭 대신 '단가(短歌)'라는 명칭을 쓰는 이도 있다. 그러나 여기서는 현재 학계에서 통용되고 인정받고 있는 시조(時調)라는 명칭을 쓰고자 한다.

[52] 『眉巖日記』(慕賢館 所藏, 筆寫本), 〈甲戌 11月 11日〉. 위의 時調들의 分段과 띄어쓰기는 필자가 임의로 했음을 밝힌다. 그런데 위의 時調 중 학계에 알려진 〈感上恩歌〉·〈獻芹歌〉 2首는, 黃浿江 의 「短歌 感上恩歌考」(『國文學論集』 제2輯, 檀國大 國文科, 1967.)와 『眉巖日記草』에 수록된 〈獻芹歌〉 原文을 제외하고는 현존 시조집에 수록된 原文과 약간의 차이를 보이고 있다. 또 〈感上恩歌〉는 『眉巖日記草』에 수록된 〈感上恩歌〉의 原文과도 약간의 차이를 보이고 있다.

[53] 『眉巖日記』(慕賢館 所藏, 筆寫本), 〈甲戌 11月 11日〉. "大殿誕日朝賀…(中略)…至玉堂與校理尹晛申點金宇顒金應南李敬中金晬同詣經筵廳之西 請可謁入門 安單子 上命中使賜酒…(中略)…賜酒伏地而飲 飲畢 畢後行巡盃…(中略)…希春 亦相酬酌大醉 令崔彦國唱歌 余作歌令唱 其辭曰"

성군(聖君)이 계시고, 조정엔 영준(英俊)한 인재들이 있어 태평성대를 이루고 있으므로 마음 편히 사직할 수 있지만, 고향에 돌아간들 이를 어찌 잊을 수 있겠는가 하는 내용이다. 몇 차례 사직소(辭職疏)를 올렸던 자신의 귀전(歸田)의 당위성을 은근히 내비치고 있다.

이 시조 또한 초중종(初中終) 3장(三章)으로 분단(分段)할 수 있고, 각장(各章)은 시조의 기본자수율(基本字數律)인 3·4조(調)를 밟고 있다. 특히 '을(乙)'이라는 구결 표기가 눈길을 끈다.[54]

(2) 목활판본(木活版本) 자료(資料)의 오류(誤謬)를 원본 대조(原本 對照)로써 정정(訂定)하는 경우: ①〈浮雪傳〉② 시조〈感上恩〉── 핵심만 간단히 제시함.

① 〈부운전(浮雲傳)〉→〈부설전(浮雪傳)〉

㉠ 金台俊,『朝鮮小說史』, 1939.

"邊山 月明庵에 전하는「浮雲居士傳」은 僧傳으로서 상당한 소설적 體裁를 가진 것이며 그 他「朋學同知傳」,「普德閣氏傳」이 있다고 하나 ……(後略)"[55]

---

54 〈참고문헌〉; 송재용,「미암일기 연구」, 단국대 박사학위논문, 1996.; 송재용,『미암일기 연구』, 제이앤씨, 2008.
55 〈참고문헌〉: 金台俊,『朝鮮小說史』, 1939, 42쪽.

ⓛ <浮雪傳>(筆寫本, 單册, 漢文. 全北 扶安郡 山內面 中溪里 山 97-1. 月明庵 所藏)

ⓒ 李能和,『朝鮮佛教通史』下篇, 1968.

"浮雪功熟水懸空中"[56]

ⓔ 丁若鏞,「大東禪教考」(『大芚寺志』, 第4卷)

"其絶無聲跡者 開列名字 以備後攷…(中略)…浮雪"[57]

ⓜ 楞伽山 重興法主滿虛禪師碑銘(『增補校正 朝鮮寺刹史料』, 下卷, 附錄,「全羅北道寺刹史料集」,)

"相傳云 有羅浮雪居士創棲月明"[58]

② 시조(時調) 〈감상은(感上恩)〉

㉠『眉巖日記草』(朝鮮史料叢刊〈活版本〉, 朝鮮總督府 朝鮮史編修會, 1938)

[56] 〈참고문헌〉: 李能和,『朝鮮佛教通史』下篇, 1968, 210~215쪽.
[57] 〈참고문헌〉: 丁若鏞,「大東禪教考」,『大芚寺志』, 第4卷, 48쪽.
[58] 〈참고문헌〉:『增補校正 朝鮮寺刹史料』, 下卷, 附錄,「全羅北道寺刹史料集」, 16쪽.

III. 문헌 연구 방법

　　　　　玉簪은 ᄀ라고 죄년　　　과 ᄒ시
"머리를 고텨 뀌워 연지와 粉늘 불ᄂ ■근디다가되니미혼자됴 혀기니ᄂ진실로됴녀기시면그여더언이리이시다"(以下 前同)(原文 縱書)[59]

ⓛ 『眉巖日記草』第4册(漢文 抄書本, 庚午7月 至12月, 全南 潭陽郡 大德面 章山里 柳大洙氏 所藏)

"머리를 고텨 뀌워 玉簪은 ᄀ라 고죄 년근 디나가되 니미 혼자 과ᄒ시니 진실로 과ᄒ시면 그예 더언이리이시가(一作 百年光ㅣ 아니링잇가. 百年光ㅣ 어니ᄯ나)"

(교정 이전의 원고)
"머리를 고텨 뀌워 연지와 粉늘 불는 년(?)근 디나가되 니미 혼자 됴혀기니니 진실로 됴녀기시면 그예 더언이리이시가"(이하 위와 같음)[60]

(교정 이후)
　　章　3　　　4　　3　　　4
(初) 머리를 고텨 뀌워 玉簪은 ᄀ라고죄

---

[59] <참고문헌>: 『眉巖日記草』(朝鮮史料叢刊<活版本>), 朝鮮總督府 朝鮮史編修會, 1938.
[60] <참고문헌>: 『眉巖日記』(모현관 소장. 필사본) <庚午 11月 2日>.

215

2   4   4   4
(中) 년근 디나가되 니미혼자 과ᄒ시니

           3   4   4   5
(終) 진실로 과ᄒ시면 그예더언 이리이시가[61]

(3) 문헌에 빠진 자료를 판목(板木)에서 발견하여 사실(事實) 밝히는 경우: 懶菴 撰,『勸念要錄』「序」──핵심만 간단히 제시함.

화엄사본(華嚴寺本)『권념요록(勸念要錄)』은 서울대학교 도서관 一蓑文庫 소장본이 있다. 그러나 이 본에는 '나암 찬'(懶菴 撰)의 서문(序文) 2장이 없고, <왕랑반혼전>으로 본문이 시작되고 있다. 필자는 1968년 7월 전남 구례군 마산면 황전리 소재 화엄사(華嚴寺)에서 <권념요록>의 판목(板木) 완질을 찾아내어 쇄출한 일이 있다. 여기에는 '나암 찬'의 서문 2장이 한 판 앞뒤에 새겨져 있었다. 다만 앞판에 새겨진 제1장은 각자(刻字)가 선명하였으나, 뒤판에 새긴 제2장은 판목의 손상으로 인하여 각자(刻字)의 반 이상을 알아볼 수 없었다. 서문에 이어 본문은 <왕랑반혼전>으로 시작하여 총 11편의 불교 설화와 <관법>(觀法), <인증>(引證) 등 총 35장의 글이 실려 있는데, 각각 단락별로 한문 현토(懸吐)한 보문(補文)과 국문으로 된 본문

---

[61] <참고문헌> :「眉巖日記草」,『한국고전문학의 이론과 과제』, 단국대 출판부, 1997, 496~508쪽.

III. 문헌 연구 방법

을 나란히 싣고 있다. <인증> 말미(末尾)에 딴 줄로,

"以此 同念彌陀齊登樂岸同種善因共成佛道願與萬萬千千同結成佛正因…(중략)…悉令成道如是展轉普與盡法界同成無上佛果菩提"

라고 첨기(添記)하고, "勸念要錄 終"이라 하고 마쳤다. 그리고 계속하여 같은 면에 음각으로 "崇德 2年 秋7月 初吉日 求禮地 華嚴寺 開刊"이라 간기(刊記)를 밝히고, 양각(陽刻)으로 "自施刊海淳比丘"라 시간자(施刊者)를 밝혔다. 그리고 아랫부분에 계선(界線)을 음각(陰刻)한 글자 없이 검은 바탕이 끝 3행의 아랫부분을 차지하고 있다.

1637년(인조 15년) 구례(求禮) 화엄사(華嚴寺)에서 각간(刻刊)한 목판본으로「서(序)」에 '나암 찬(懶庵 撰)'으로 표기하고 있어, 필자가 고찰 결과 보우(普雨)의 찬서(撰書)임이 밝혀졌다.[62]

『권념요록(勸念要錄)』은 염불을 권하는 공덕담 11편을 수록한, 총 35장의 목판본인바, 각각 단락별로 잘라서 한문 현토 본문과 국문 본문을 앞뒤로 나누어 함께 실었다. 11편 가운데 10편은 중국에 원전(原典)이 있고, 나머지 1편인 <왕랑반혼전>을 찬자 보우의 창작으로 추정하였던 터였으나,[63] 이 역시 최근에 알려진 1304년(충렬왕 30년)

---

[62] <참고문헌>: 황패강,「懶菴 普雨와 王郎返魂傳」,『國語國文學』, 42·43 합집, 국어국문학회, 1970.; 황패강,「보우론」,『羅孫先生追慕論叢(韓國文學作家論)』, 同刊行委員會, 現代文學, 1991, 357~363쪽.

[63] <참고문헌>: 황패강,「懶菴 普雨와 王郎返魂傳」,『國語國文學』, 42·43 합집, 국어국문학회, 1970.

217

9월 각간(刻刊)의 『불설아미타경(佛說阿彌陀經)』에 『궁원집(窮原集)』에서 인용한 <왕랑전(王郞傳)>(한문)이 수록되어 있어, 보우의 창작으로 보기는 어렵게 되었다. 나암(懶庵)의 『권념요록』은 한문 식자층을 상대한 찬서(撰書)가 아니라, 한문과 인연이 먼, 부녀층과 평민을 대상으로 한 찬술로 보인다.[64]

(4) 실전(失傳)한 부분을 다른 문헌에서 찾는 경우:

『法華靈驗傳』→『海東高僧傳』의 일문(逸文) —— 핵심만 간단히 제시함.

○ 顯比丘尼身

"新羅憬興國師住京師三郎寺 病久不瘳 有一尼請看 門人引視之 尼曰 師雖悟大法 合四大爲身 豈能無病…(中略)…於是作二十一樣面而舞之 師視詭譎之態 頗歡悅 不知病之去也 尼出 師使跡之 入南花寺佛殿而隱 其所持竹杖在十一面觀音像前"(出『海東高僧傳』第五)

* '十一樣面貌', '南巷寺'↔『三國遺事』

---

[64] <참고문헌> : 황패강, 「普雨의 문학세계」, 『한국고전문학의 이론과 과제』, 단국대 출판부, 1997.

Ⅲ. 문헌 연구 방법

 *『法華靈驗傳』(高麗 了圓 撰, 上下 2卷 1冊, 木版本, 1652, 전라남도 보성군 오봉산 開興寺 重刊)

(5) 쟁점(爭點)을 새 문헌(文獻) 자료(資料)로 정론화(定論化) 하게 되는 경우: ① <원생몽유록(元生夢遊錄)>의 작자 ② 라대향언(羅代鄕言) ── 핵심만 간단히 제시함.

① <元生夢遊錄>의 작자

'題林白湖元生夢遊錄後'(『海月集』卷3), '書林白湖元生夢遊錄後'(『海月集』卷7)

 *『海月集』(黃汝一<1556~1622>, 14卷 5冊, 木板本, 경북 울진군 기성면 사동리 黃義錫氏 所藏)

② 羅代鄕言

『五臺山事迹』(筆寫本, 單冊, 跋 : 閔漬, 光武6年 壬寅 仲秋 謄書, 月精寺 所藏)

「跋」 "是山之名 聞於天下 而所有古稽 皆羅代鄕言 非四方君子所可通見 雖欲使人人能究 是山寺之靈異 豈可得乎 若他日或有天使到

山 而求觀古記 則其將何以示之哉 願以文易其鄕言 使諸觀者明知大
聖靈異之迹 如日月皎然耳 予聞其言 以爲然 雖自知爲 文不能副其
意 亦重違其請而 筆削云爾 大德十二年 二月 日 宣授朝列大夫 翰林
直學士匡靖大夫咨議都僉議司事延英殿 大司學提修史判文翰署事
閔漬 記"

   * 閔漬(1248~1326) 大德 12年(忠烈王 33年, 1307)[65]

 <원생몽유록(元生夢遊錄)> 작자에 대해서는 논란이 있었다. 김태준의 임제설(林悌說), 장덕순의 김시습설(金時習說), 이가원의 원호설(元昊說) 등이 있다.

 그런데 작자 고증에 결정적 단서가 될 '해월거사(海月居士)'에 대하여 파악할 수 있었다. 필자가 답사 시 『해월문집(海月文集)』을 볼 기회가 있었다. 선조(宣祖) 때 무술변무사(戊戌辨誣使) 일행으로 정사 이항복, 부사 이정구와 함께 서장관으로 명경(明京)에 다녀온 황여일(黃汝一. 1556~1622), 바로 그 사람이다. 영조(英祖) 52년(1776) 청명절(淸明節)에 각간(刻刊)된 그의 문집 『해월문집(海月文集)』 권3, 「시(詩)」 28장에 <제임백호원생몽유록후(題林白湖元生夢遊錄後>와 동(同) 권7, 「발(跋)」 24~25장에 <서임백호원생몽유록후(書林白湖元生夢遊錄後)>가 수록되어 있다. <원생몽유록>에 붙은 제시(題詩)와 발(跋)로는 『해월문집』의 것이 『장릉지(莊陵誌)』 외의 다른 이

---

[65] <참고문헌> : 黃浿江, 「국문학 연구와 지방자료」, 『제4회 단국대 한국학연구소 학술회의 발표요지초』, 단국대 한국학연구소, 1992.

본보다 간년(刊年) 상 가장 오래고 신실(信實)한 자료라 하겠다. 동록(同錄)의 목판본으로 현존하는 것으로는『장릉지』와 함께 유일한 것이 아닌가 한다.『관란유고』의 초간본이라고 볼『정간공유고』(1813년)보다도 37년 앞선다(필자는 유고의 현전 여부를 확인할 수 없었다). 이로써 볼 때 "子虛之友 海月居士…(중략)…海月居士志"의 '해월(海月)'은 결코 '매월(每月-김시습)로 대체될 수 없음이 확실해진다.

『해월문집』의 기록으로 보아 <원자허전(元子虛傳)>의 본명은 <원생몽유록(元生夢遊錄)>이요, 작자는 백호(白湖) 임제(林悌)다.

그리고 "元子虛者慷慨士也…(중략)…子虛亦驚悟 則乃一夢也"는 임제가 지은 <원생몽유록>이요, "子虛之友海月居士聞而悲之曰…(중략)…徒增志士之懷也已"는 해월(海月)의 록후(錄後) …발문(跋文)이요, "乃吟一絶曰…(중략)…愁聽竹枝歌"는 해월(海月)의 록후제시(錄後題詩)이다.

황여일은 임제보다 7세 연하이다. 이 두 사람은 서로 통하고 의기투합하는 데가 있었다. 이에 대해서는 이광정(李光庭)의「묘갈명(墓碣銘)」의 문면(文面)에 소상하다. 이광정이 지은 신도비 문면에 '장생미접(莊生迷蝶)'에 우의(寓意)한 임제의 시는 다름 아닌 단종(端宗)과 사육신(死六臣)의 음영으로 엮어진 <원생몽유록>을 가리킨 듯하다. 더욱이 그것을 당시 '휘어(諱語)'라고 한 것으로 보아, 해월이 백호 임제의 <원생몽유록>에 발(跋)과 제시(題詩)를 지어 붙인 사실을 가리켜 말한 것으로 보인다. 그리고 "至若元生夢遊錄 人毋敢窺 而公能題跋"을 통해 임제의 <원생몽유록>에 해월 황여일의 발(跋)과 시(詩)가 부기된 경위를 알 수 있게 되었다.

문헌 연구 방법

  1972년 평해(平海) 황씨 문중에서 간행한『해월선생연보 부보첩 (海月先生年譜 附譜牒)』(권1)을 보면, "先生與林公悌素友善…(중략)…林公亦知先生之有大節 出而示之 乃標其題曰 元生夢遊錄"라고 밝히고 있는바, 임제가 <원생몽유록>을 지었음을 알 수 있다.[66]

  그리고『오대산사적(五臺山事迹)』,「발(跋)」(閔漬 記)을 통해 신라시대 향언(鄕言)의 존재를 확인할 수 있다.

(6) 작자 고증: <천군연의(天君衍義)> —— 핵심만 간단히 제시함.

  <천군연의> 작자에 대해서는「채정하발본(蔡呈夏跋本)」의 발굴을 통해서이다. 수의(壽衣)와 함께 발굴되었는데(1986년 8월 5일 경기도 성남시 신흥2동 야산에 있는 동래 정씨 사암공파 분묘 이장 시 다량의 복식과 유물이 발굴), 수의는 단국대 석주선 박물관에 기증(寄贈)되었다. 그런데 수의와 함께 <천군연의>가 무덤에서 나왔다. <천군연의>(채정하발본)는 정태제 묘소 천묘(遷墓) 때문에 알려진 것이라 할 수 있다. 정태제의 5대손의 언급을 토대로 한「박의회발본(朴義會跋本)」의 발문 기록 외에도, 채정하(蔡呈夏)의 발문에 의하여 정태제의 작품이 확실해졌다. 정태제(채정하의 외삼촌)의 생질인 채정하는 "……序文中 不知何人所作云者 盖自韜也 俳語等書 又有詩集二卷而藏于家 甥姪廣平蔡呈夏謹跋"이라고 한 기록이 <천군연

---

[66] <참고문헌>: 황패강,「원생몽유록」,『한국고전문학의 이론과 과제』, 단국대 출판부, 1997.

222

의>가 정태제의 작품임을 입증해주는 좋은 자료가 되었다. 그리고 1961년 5월에 정연학(鄭淵鶴)이 간행한 『동래정씨세보(東萊鄭氏世譜)』에도 "公閑居多有著述 有天君衍義 俳語等書 又有詩集一卷 而詩集則至今無傳"을 보면, <천군연의>의 작자가 정태제임을 알 수 있다. 그런바 「채정하발본」의 출현으로 <천군연의>의 작자가 정태제(鄭泰齊)임을 확정(確定)할 수 있다.[67]

(7) 일반적·전반적 문헌 사항: 『미암일기(眉巖日記)』의 서지 (書誌)와 사료적(史料的) 가치 —— 전문(全文) 수록

『미암일기』의 서지와 사료적 가치

『眉巖日記』는 宣祖代의 대표적 학자인 眉巖 柳希春(1513.12.4.~1577.5.15.)의 自筆(親筆)日記이다. 眉巖은 官人으로서 忠節을 지키다 乙巳士禍 때 파직당하고, 이어 丁未年 良才驛壁書事件에 무고하게 연루되어 21년 동안 濟州·鍾城·恩津 등에서 유배 생활을 하였으며, 解配·復官되어 經筵官·學者로서 그 이름을 朝野에 크게 떨치었다. 眉巖은 河西 金麟厚와 함께 호남 사림을 흥기시켰으며, 호남 사림의 영수·宗師로서 학문의 구심적 역할을 했을 뿐만 아니라, 退溪 李滉 死後, 학계를 주도적으로 이끌었다. 특히 宣祖 초기의 학풍

---

[67] <참고문헌>: 강재철, 「天君衍義 作者考」, 『東洋學』 19, 단국대 동양학연구원, 1989.

진작에 기여한 공이 지대하였다.

여기서 주목할 것은 眉巖이 유배지나 관직 생활, 특히 중앙 정계의 핵심 직책을 맡아 多忙했음에도 불구하고, 하루도 빠짐없이 別世하기 이틀 전까지 일기를 썼다는 점이다. 그것도 개인의 일상 생활사뿐만 아니라 왕조사회의 상층부에서 國事를 논의한 사실까지 사실적으로 진솔하게 기록하였는바 주목할 필요가 있다.

『眉巖日記』는 보물 제260호로 문학적 가치뿐만 아니라, 정치·사회·경제·사상·민속·어학적으로도 그 가치가 높이 평가된다. 특히『宣祖實錄』편찬에 중요한 역할을 하였는바, 역사학에서도 그 사료적 가치를 인정하고 있다. 그러나『眉巖日記』에 대한 서지적 고찰과 사료적 가치에 대한 구체적인 검증은 전무한 실정이다. 그러므로 필자는 여기에 주목하였다. 따라서 본고는 문헌 고증학적 방법을 통하여『眉巖日記』의 서지적 측면을 고찰하고 이를 토대로『宣祖實錄』과의 대비·고찰을 통해 그 사료적 가치를 구명하겠다.

① 自筆本과 異本

現傳하는 柳希春의 自筆『眉巖日記』는 10冊으로,[68] 恩津 配所에

---

[68] 필자가 조사한 바에 의하면, 現傳하는 眉巖의 自筆日記는 11冊이 아니라 10冊이다. 宗家藏本 中 附錄 1冊(第11冊, 주로 眉巖과 그의 부인 宋德峯의 詩·文임)은 필자가 필체를 대조해 본 결과, 필사자가 한 명이 아니라 두 명일 가능성이 크다. 그리고 그 내용을 살펴보면, 眉巖 생존시대의 기록으로 볼 수 없는 것이 있다. 그 實例를 세 가지만 들어보기로 하겠다. <崇禎七年甲戌三月二十七日行迎諡禮>라는 제목의 글이 있는데, 여기서 '崇禎 七年'은 仁祖 12년 (1634)이다. 그리고 <觀水說> 小註에 '先君在鍾城時癸亥甲子年間作'이라 明記되어 있다. 또 말미

Ⅲ. 문헌 연구 방법

있던 1567년 10월 1일부터 解配·復職되어 관직에 있던 1576년 7월 29일까지의 기록이다. 본래의 自筆日記는 14冊[69]으로, 1567년 10월 1일부터 타계하기 이틀 전인 1577년 5월 13일까지의 기록이다. 그러나 1576년 8월 1일부터 1577년 5월 13일까지의 自筆日記의 일부는 유실되었고, 現傳하는 이 부분의 기록은 後人(또는 後孫)이 原本을 筆寫한 것이다. 그리고 自筆『眉巖日記』의 原本은 21冊이었다[70]고

<田家卽事> 앞장은 한 페이지 반 정도가 국문이다.
"세히각두필식주다긔시예샹쥬의휘풍두필반부쥬의十月初三日보시는산역샹쥬의뿔여듧마、부쥬의세희게연마、식주다귁도면나모대들보기둥七쇼들보둘……(後略)"에서 보는 바와 같이, 16세기의 국어 표기가 아니다. 그러므로 부록 1冊은 ⓐ 後人(또는 後孫)과 眉巖, 또는 ⓑ 後人(또는 後孫) 2人이 기록했을 가능성이 크다. 필자가 보기에는 ⓑ 일 가능성이 농후하다. 따라서 第11冊(부록 1책)은 後人(또는 後孫) 두 명이 필사한 것으로, 眉巖의 自筆로 볼 수 없을 것 같다. 그리고 自筆日記의 內·外表紙의 필체는 眉巖의 필체가 아닌 동일인의 필체로, 後人(또는 後孫)의 필체이다. 또한 『德峯文集幷眉巖集』(1718년 筆寫 추정)에는 附錄의 누락된 제목이나 내용(예를 들면 第27張a의 <祭李公文> 題目 등)들을 수록하고 있다. 이로써 짐작컨대, 『德峯文集幷眉巖集』을 보고 附錄을 만든 듯하다. 따라서 眉巖의 自筆日記는 10冊으로 보인다.
여기서 冊數와 부록이란 명칭은 自筆日記에 明記되어 있는 것이 아니라, 필자가 편의상 임의로 사용한 것임을 밝힌다. 또 第11冊(부록 1책)은 內·外表紙題가 없다. 그리고 『眉巖日記』의 책의 크기는 각기 不一하다.

69 朝鮮史編修會, 「朝鮮史料叢刊 第八 眉巖日記草解說」, 『眉巖日記草』 五, 朝鮮總督府 朝鮮史編修會, 1938, 5쪽.
"本日記は宣祖卽位年丁卯(明宗二十二年, 日本永祿十年, 明隆慶元年, 西紀一五六七年) 十月一日卽ち希春が恩津の配所にいる時より始まり, 宣祖十年(日本天正五年, 明萬曆五年, 西紀一五七七年) 五月十三日卽ち彼が死ぬ前前日まで, 凡そ十一年間に亙つている. 原本は本と十四冊あつたと傳へられているが詳かでない"

70 위의 책, 「眉巖日記草解說」, 6쪽. "眉巖日記原本は本と二十一冊". 그런데 조선사편수회에서 「眉巖日記草解說」을 쓸 때, 어떤 자료를 근거로 하여 丁卯年(1567) 10월 1일에서 丁丑年(1577) 5월 13일까지의 日記 原本이 14冊이었다고 했는지를 밝히지 않았다. 따라서 日記 原本의 冊數에 대해서는 수긍은 가지만, 판단에는 좀 더 신중을 기할 필요가 있다.

225

한다. 이 自筆 原本이 어떤 과정을 거쳐 보관되었는지 알 수 없으나, 원래는 海南 白明憲家에 있었다고 한다. 白明憲家는 眉巖의 외손녀 (사위 尹寬中의 딸)와 혼인한 白振南[71](白光勳의 아들)의 후손일 가능성이 크다. 이 自筆日記(21冊)는 후일 直孫의 노력으로 潭陽 宗家에서 보관하였으나,[72] 일부가 유실되어 14冊이 전하다가 다시 10冊으로 落卷만 현재 남게 되었다. 그러니까 現傳 10冊의 自筆日記는 그가 쓴 일기 전체가 아니다. 그나마 다행스러운 것은 이 10冊의 自筆日記와 附錄 1冊이 日帝에 의해 간행되었다는 사실이다. 그렇다면 『眉巖日記』가 이처럼 散佚된 이유는 무엇일까? 그것은 다음의 몇 가지로 추정해 볼 수 있다.

첫째, 후손들에 의하면 眉巖이 서울에서 갑자기 他界하자, 아들 柳景濂이 경황도 없었을 뿐만 아니라, 당시의 初終葬禮의 기간이 길었던 관계로 그의 저술이나 소장 서책들을 潭陽 本家로 즉시 옮기지 못했다고 한다. 이 과정에서 그의 일기를 포함한 저술이나 서책들의 일부가 유실된 것으로 추정된다.

둘째, 眉巖의 저술과 소장 서책들을 그의 아들 유경렴이 일부만 보관했거나, 아니면 丁酉再亂 時 왜구가 潭陽 章山里에 침입했을 때,[73]

---

[71] 『善山柳氏派譜』 一, 南辰石版印刷所, 1930 참고.

[72] 『德峯文集幷眉巖集』, <答文節公書> (末尾 小註), 第20張b. "文節公日記二十一卷 在於海南白明憲家 直孫所當極力推尋 留置本家矣"

[73] 潭陽郡 大德面 章山里 宗家 앞에 건립된 慕賢館의 所藏 文記 中에는, 남원에 사는 고모(韓士訥의 부인)가 丁酉再亂 때 죽은 줄만 알았던 친정 조카 유경렴이 생존한 것을 보고 기뻐 노비와 재물을 주었다는 기록이 있다. 또 후손들에 의하면 丁酉再亂 時 왜구가 章山里를 침입한 적이 있었다고 한다. 필자는 『眉巖日記』가 日本에 있을 가능성이 크다고 본다. 그 一例로 『老松堂日本行錄』 <序文>을 보면,

III. 문헌 연구 방법

그의 일기와 저술, 서책 일부가 소실 또는 散佚되거나, 왜구들이 가져갔을 가능성이 있다.

셋째, 후손들에 의하면 서울에 있던 眉巖의 저술이나 서책들을 淳昌 剛泉寺(?)로 옮겼다고 한다. 이 과정에서 그의 일기와 저술, 서책의 일부가 없어졌을 가능성이 있다.

넷째, 후손들에 의하면 義岩書院에 있던 眉巖의 저술이나 서책, 문서들을 慕賢館으로 옮겼다고 한다. 이 과정에서 그의 일기와 저술, 서책의 일부가 유실되었을 가능성이 있다.

自筆『眉巖日記』는 오랜 세월을 거쳐 오면서 후손들의 관리 소홀로 일부는 유실되거나, 병화로 소실된 것 같다. 최근 몇몇 뜻있는 후손들을 중심으로 眉巖의 저술을 수합·간행하려는 움직임이 일고 있다고 한다. 또 사적비까지 세운다니 때늦은 감은 있으나 반가운 일이다.

筆者가 현지 답사하여 조사한 바에 의하면,[74] 현재 眉巖의 自筆日

丁酉再亂 時 兵火로 불타버린 것으로 여겼던 宋希璟의『老松堂日本行錄』을 일본에 포로로 끌려 갔던 鄭慶得이 倭僧이 소장한 것을 보고 후일 귀국할 때(1599년) 왜승에게 간절히 청하여 가져왔다는 기록이 있다. 한편 최근 국내에 없는 眉巖의 저술들이 김두찬·남풍현 교수에 의해 발견·소개된 적이 있다. 필자 역시 1992년 大谷森繁 교수의 호의로 日本 天理大 所藏(今西龍文庫)『眉巖詩稿』(3卷 1冊. 복판. 초간본)의 복사본을 접할 수 있었다. 이 책은 국내에 소개되지 않은(후손들조차 그 존재 사실을 모르고 있었다). 眉巖의 詩集이다. 필자는 이를 재복사하여 후손에게 전해준 적이 있다. 위의 사실들로 짐작컨대, 日人들이『眉巖日記』를 가져갔을 가능성이 있다고 본다.

[74] 필자는 1994년 9월 11일과, 1995년 1월 13일~1월 15일 2회에 걸쳐 宗家를 답사하였다. 종가 답사 시 潭陽鄕土文化研究會 李海燮 회장, 12대손 목포대 사학과 柳元迪 교수, 관리인 柳鍾夏氏(13代孫), 潭陽文化院 金貴洙 사무국장의 도움을 받았다. 특히『德峯文集』(眉巖의 부인 洪州 宋氏의 문집. 그러나 이 책은 外表紙題에는 德峯文集으로 되어 있으나, 內表紙題에는 德峯文集并眉巖集으로 되어 있다.

記는 宗家 앞에 건립한 慕賢館의 금고 안에 보관되어 있다. 모현관에는 自筆日記를 비롯해 眉巖의 유품(신발·도장·羅經 등등)과 手迹, 각종 書册과 古文書, 『眉巖先生集』판목 일부, 義巖書院 현판, 타인의 문집, 후손의 과거 시험지, 眉巖에게 내린 追贈敎旨 등등이 있다. 보존 상태는 비교적 양호한 편이다.[75]

自筆 『眉巖日記』는 1963년 1월 21일 보물 제260호로 지정되었다. 보물 지정 경위에 대해서는 자세히 알 수 없다.

현재 『眉巖日記』는 慕賢館에 보관되어 있는 自筆 『眉巖日記』(10册. 이후 自筆本으로 命名함), 모현관 소장 필사본 『眉巖日記』일부(이후 慕賢館本으로 命名함), 서울대 奎章閣 圖書館 所藏의 필사본 『眉巖先生日記抄錄』(4卷 4册. 후인이 원본을 보고 발췌한 듯. 이후 奎章閣本으로 命名함), 국사편찬위원회 소장의 『眉巖日記草本』(11册 편자미상. 1928 寫. 이후 國編本으로 命名함), 『眉巖先生集』의 日記(1869년 목판본 20卷 10册. 1897년 목판본 21卷 10册의 卷5~卷18은 日記임. 이후 文集本으로 命名함), 1938년 조선총독부 조선사편

宋德峯의 詩·文은 23首에 불과하고, 眉巖의 詩·文은 125首이다. 따라서 內表紙題가 합당한 듯하다)과 眉巖 관련자료를 복사하여 보내준 이해섭 회장과 유원적 교수, 그리고 보물 제260호 自筆『眉巖日記』를 사진 촬영할 수 있도록 허락해준 유종하씨께 감사드린다. 필자는 현지답사를 통해 지금까지 알려지지 않은 眉巖 관련 자료들을 발굴하게 되었고, 새로운 사실도 알게 되었다.

[75] 1967년 8월 宗家를 답사했던 황패강 교수에 의하면, 慕賢館은 정낙평이 중심이 되어 국고 보조금 120만 원, 지방보조금 80만 원, 문화보수비(교량 관계인 듯) 30만 원, 사재 등 총 620만 원의 예산으로 1957년 10월에 착공하여 1959년 4월에 낙성식을 했다고 한다(지금의 후손들은 위의 사실을 잘 모르는 것 같다). 모현관은 건물이 15평, 연못이 950평이다. 원래는 정자가 있었다고 하나, 지금은 찾아볼 수 없다. 또 宣祖가 하사한 어의를 보관하였으나 분실했다고 한다. 보존 상태는 모현관이 사당보다 비교적 나은 편이나 쇄락해 보수해야 할 상황이다.

수회에서 宗家藏本(自筆日記 10冊, 附錄 1冊)을 底本으로, 自筆日記의 누락 부분을 『眉巖先生集』의 日記(卷5~卷18)에서 뽑아 日字順으로 排列하여 補完・活印한 『眉巖日記草』(5冊. 이후 조선사편수회본으로 命名함) 등을 대표적으로 들 수 있다.

그런데 위의 일기들은 모두 日字와 그 내용이 일부 누락되어 있다. 그러니까 1567년 10월 1일부터 1577년 5월 13일까지 逐日記錄된 『眉巖日記』는 없는 셈이다. 이는 문집간행 때부터 自筆日記의 일부가 이미 유실되었고, 그 후에 또 일부가 散佚되었기 때문인 듯하다.[76]

필자가 自筆本, 慕賢館本, 奎章閣本, 國編本, 文集本, 朝鮮史編修會本의 일기를 대조해 본 결과, 자필본, 모현관본, 규장각본, 국편본, 조선사편수회본, 그리고 문집본으로 5分할 수 있었다. 특히 국편본은 문집간행 이후의 종가 소장 11冊(自筆日記 10冊과 부록 1冊)을 필사한 것이며, 문집본은 문집간행 이전의 종가 소장 自筆日記를 刪節抄錄한 것이다. 그러므로 『眉巖日記』는 현재로서는 자필본, 모현관본, 규장각본, 문집본, 조선사편수회본의 내용을 보완적으로 살펴야 할 처지이다. 그러면 자필본・모현관본・규장각본・문집본・조선사편수회본의 書誌的 事項을 간단히 살펴보자.

自筆本은 보물 제260호로 全南 潭陽郡 大德面 章山里 宗家 앞 慕賢館의 금고에 11冊(日記 10冊, 附錄 1冊)이 보관되어 있다. 이 일기는 逐日記錄(1567.10.1~1576.7.29)이나, 日字와 그 내용이 일부 누락되어 있다.

---

[76] 『眉巖先生集』, <眉巖先生集跋 : 柳慶集>, 548쪽.
"獨幸手筆日記尙傳 起於丁卯 終於丁丑 雖未免有落卷 十全七八矣"

문헌 연구 방법

慕賢館本은 모현관에 소장되어 있는 筆寫本(落卷)들이다.[77] 이 필사본 일기들은 주로 문집간행 전(대개 1869년 이전) 또는 1850년 이전에 필사되었을 가능성이 매우 높다고 하겠다. 그러면 筆寫本 日記들을 살펴보기로 하자.

㉠『眉巖日記』: 後孫이 自筆日記 14冊을 주로 필사한 듯하다. 필사연대는 1850년~1869년, 또는 1850년 이전으로 추정되는데, 후자

---

[77] 筆寫本 日記들의 筆寫年代를 추정하기 위해서는『眉巖先生集』의 간행경위와 手筆日記의 존재사실에 대해 먼저 알아 둘 필요가 있다.
○ 奇正鎭의 <序:1861년> : "詩藁 所刊於鍾城者 僅若而篇 雜文大抵散軼 獨幸手筆日記尙傳 起於丁卯 終於卒年丁丑…(中略)…雖未免有落卷 十全七八矣…(中略)…丁卯以前 時義自晦 闕不修歟…(中略)…今之幹事者後孫慶深甫 欲繼述先志…(中略)…其再從慶寅甫也 未知卒乃克完否"
○ 尹致羲의 <序:1866년> : "先生歿三百有餘年 遺集未完 重經兵燹 散軼太半 惜乎或不傳今之存者 不過 二千筆日記凡十一年 經筵日記凡九十日 詩凡一百八十一首 文凡六十一首 庭訓內外篇…(中略)…先生後孫廷植甫猶以爲未盡也 謀欲重刊而壽其傳"
○ 柳慶集의 <跋:1869년> : "獨幸手筆日記尙傳 起於丁卯 終於丁丑…(中略)…雖未免有落卷 十全七八矣 零文小詩 或載於此 而掩在篋笥 蠹魚觸殘 越在庚戌仲兄慶深慨然先蹟之泯沒 收合家藏 往拜于丈席奇公正鎭氏之門…(中略)…不辭校正 合爲十卷也 噫 數百年未遑之事 今焉歸竟…(中略)…未及印布 而門運薄仲兄奄忽夭逝痛迫何言 長侄廷植卽先祖之祀孫也 一日語余曰 先集尙未印出 則仲父創始之意 後嗣繼述之道 安在哉 略謀出力 印出若干卷帙"

『眉巖先生集』의 간행은 진작 이루어지지 않았을 뿐 아니라, 한 번에 매듭지어지지 않았던 것 같다. 그만큼 형편이 어려웠던 듯하다. 위에서 보는 바와 같이, 鍾城에서 眉巖의 詩稿가 간행된 후, 후손 柳慶深이 1850년 家藏草稿(주로『眉巖日記』)를 편집하여 奇正鎭의 刪定을 거친 定稿本을, 1869년 祀孫 柳廷植의 주관으로 重刊本(20卷 10册)이 간행되었다. 그 뒤 1897년 重刊本에 續附錄 1卷(卷21)을 追補하여 再刊(21卷 10册) 하였다. 이처럼『眉巖先生集』은 9代孫 柳慶深(1826~1851)·柳慶集(1834~1880) 형제와 再從 柳慶寅(1807~1858), 嗣孫(10代 宗孫) 柳廷植(1831~1883) 등의 노력으로 간행되었다. 이 같은 후손들의 노력은 계속되어 1930년 柳羲迪(12代 宗孫)의 주도로『善山柳氏派譜』를 간행하게 된다. 또 眉巖의 11년 간의 手筆日記가 문집간행의 핵심이 되었음을 알 수 있다.

230

일 가능성이 높다. 逐日記錄으로 그 記錄 期間은 다음과 같다.

㉮ 戊辰(1568) 1.1~7.30 ㉯ 戊辰 8.1~11.5 ㉰ 壬申(1572) 9.1~12.29 ㉱ 甲戌(1574) 1.1~5.1 ㉲ 甲戌 5.1~7.29 ㉳ 甲戌 8.1~12.30 ㉴ 甲戌 閏 12.1~乙亥(1575) 2.11 ㉵ 丙子(1576) 8.1~12.19. 여기서 ㉳·㉴·㉵의 경우, 現傳하는 自筆日記의 누락 日字와 그 내용이 기록되어 있다. ㉰를 제외하고는 모두 동일인의 필체이다. ㉰는 말미에 '丁亥閏四月初八日不肖孫基□泣血記'라 明記하고 있다. 글씨가 너무 희미해 필사자를 알 수 없다. 필사연대는 1887년으로 추정되나, 그 이전일 가능성도 있다. 그리고 위의 기록 다음에 <眉巖先生平生事實記>(관직 위주로 간략히 기록)가 수록되어 있다.

㉡ 『眉巖先生日記』: 후손이 現傳하는 自筆日記를 필사한 것으로 짐작되며 逐日記錄이다. ① 癸酉(1573) 1.1~8.21 ② 癸酉 9.10~甲戌(1574) 5.13 필사자·필사연대[㉠보다 후대인 듯]는 미상이다.

㉢ 『眉巖先生經筵日記』: 후손이 現傳하는 自筆日記를 보고 발췌한 듯하다. 필사자 및 필사연대 미상(1869년 전후로 추정)으로 부정기적 日字順記錄이다. ㉮ 丁卯(1567) 11.5~庚午(1570) 6.21 ㉯ 庚午 7.17~9.9.

㉣ 『眉巖日記抄錄』: 후손이 定稿本을 보고 발췌한 듯하다. 필사자는 미상이며, 필사연대는 후미에 '丁卯八月十五日重製'라 明記하였는바, 1867년으로 추정된다. ㉮ 甲戌(1574) 1.6~乙亥(1575) 3.21 ㉯ 乙亥 10.29~丁丑(1577) 4.13.

奎章閣本은 서울대 奎章閣 소장의 筆寫本(4卷 4冊)이다. 抄錄이어서 서문·발문 및 필사자와 필사연대를 알 수 없다. 그런데 필사자는 필체로 보아 한 명이 아니라 두 명이다. 또 필사연대는 現傳하는 自筆日記의 유실 이전으로 추정된다. 1567년 10월 9일부터 1577년 5월 13일까지의 記錄이다.

　文集本은 후손들이 ㉠ 1869년에 간행한 『眉巖先生集』(목판, 20卷 10册)과 ㉡ 1897년에 續附錄 1卷을 追補하여 간행한 『眉巖先生集』(목판, 21卷 10册)이다. ㉠·㉡은 卷5에서 卷18까지 日記로 중요 대목만 뽑아 抄略하였다. 卷5에서 卷14까지 每卷 첫 장 右上端에 '日記'라 쓰고, 그 밑에 작은 글씨로 '刪節上經筵日記別編'이라 明記하였다. 卷15에서 卷18 역시 每卷 첫 장 右上端에 '經筵日記'(총90日)라 明記하였다. ㉠·㉡은 1567년 10월 3일부터 1577년 5월 13일까지의 記錄이다. ㉠은 고대, 서울대, 연대, 이대, 전남대, 충남대, 국립중앙도서관, 한국정신문화연구원, 釣水樓(종로구 충신동 55-5. 忠信), 中京文庫(개성, 9책), 大阪市立圖書館, 金仁述, 李丙燾 등이 소장하고 있다. ㉡은 성균관대, 국립중앙도서관 등에 소장되어 있다. 또한 서울대 규장각 소장의 필사본『眉巖先生文集』(20卷 10册. 필사자 및 필사연대 미상), 필사본(등사)『眉巖先生集』(3册. 권1~권4, 권19, 권20만 있음), 정신문화연구원 소장의『眉巖先生文集』(목판본. 13卷6册) 등이 있다. 이 밖에도 각 대학의 도서관이나 개인 등이『眉巖先生集』을 소장하고 있는 것 같다.

　朝鮮史編修會本은 1938년 조선총독부 조선사편수회에서 宗家藏本(自筆 日記 10册, 附錄 1册)을 底本으로, 自筆日記의 누락 부분을 『眉巖先生集』의 日記(권5~권18)에서 뽑아 [一名, 眉巖集 日記抄(一, 二)] 日字順으로 배열하여 補完·活印한 것이다. 독자의 편의를 돕

III. 문헌 연구 방법

기 위해 頭注・旁注를 곁들인 것이 특이하다. 逐日記錄(1567.10.1~1577.5.13)이나 누락 부분이 있다. 이 책은 현재 성균관대, 吳世玉, 釣水樓(종로구 충신동 55-5. 忠信) 橘雨館, 日本 今西龍文庫, 日本 東洋文庫 등에 소장되어 있다. 그런데 규장각본・문집본・조선사편수회본의 <丁丑(1577) 五月 十四日條>를 보면, 내용은 없고 十四日 바로 밑에 작은 글씨로 '病患極重 不得日記 十五日卒'이라 쓰여 있다. 후손이 쓴 것으로, 죽기 이틀 전까지 일기를 썼던 眉巖의 인간적 면모와 기록 정신을 엿볼 수 있다.

자필본은 초서체와 행서체로 섞어 쓰는 바람에 판독이 쉽지 않다. 현재 이본 중 最善本이라 할 수 있는 조선사편수회본을 참고할 필요가 있다. 자필본의 경우, 약자・속자가 간혹 사용되었고, 誤脫과 衍文이 간혹 게재되어 있으며, 중간에 파손・마멸된 자구와 약간 빠진 것도 있다. 조선사편수회본은 이를 비교적 잘 바로 잡았다고 평가할 만하다. 그러나 여전히 誤・脫字가 눈에 뜨인다.[78]

그러면 자필본의 편차 구성을 간단히 제시한 후, 자필본에 없는 日字, 그리고 모현관본・규장각본・문집본・조선사편수회본을 자필본과 대조해 자필본에는 없고, 모현관본・규장각본・문집본・조선사편수회본에만 있는 日字를 함께 明記하겠다. 自筆『眉巖日記』의 편차구성은 다음과 같다.

---

[78] 이를 一例로 들면 다음과 같다.
『眉巖日記草』一, <丁卯 10月11日>.
"細君夢見考妣及他吉兆" ⇒ "細君夢見考妣及吉兆也"
『眉巖日記草』五, <仲冬二十七日咏雪聯句>.
"綠水風來蒲刺紋眉峯" ⇒ "綠水風來蒲刺紋眉巖"
日帝가 어떤 의도로『眉巖日記草』를 간행하였는지 알 수 없으나, 문헌 고증학적 측면에 있어서는 평가할 만하다.

문헌 연구 방법

※ 自筆『眉巖日記』의 편차 구성

册數	外表紙	內表紙	記錄期間	비고
1册	左端:眉巖先生日記. 右上端:丁卯十月至十二月. 南還事實·戊辰正月至三月. 全卷二十七張.	左端:南還錄. 右上端:丁卯十月以後. 戊辰正二三月.	・丁卯(1567년, 宣祖元年) 10월(大)1일-30일 11월(小)1일-29일 12월(大)1일-30일 ・戊辰(1568년) 1월(大)1일-30일 2월(大)1일-30일 3월(小)1일-29일	
2册	左端:眉巖先生日記. 右上端:戊辰三月至十一月.	左端:戊辰日記. 右上端:戊辰三月以後事. 長通坊.	・戊辰(1568년) 3월 29일. 4월(大)1일-30일. 5월(小)1일-29일. 6월(小)1일-29일. 7월(大)1일-30일. 8월(小)1일-29일. 9월(小)1일-29일. 10월(大)1일-30일. 11월(小)1일-5일.	*戊辰(1568년) 11월 6일-己巳(1569년) 5월 21일 누락.
3册	左端:眉巖先生日記. 右上端:己巳五月至十二月.	左端:日記. 右上端:己巳五月以後事.	・己巳(1569년) 5월(小)22일-29일. 6월(大)1일-30일. 閏6월(小)1일-29일. 7월(大)1일-30일. 8월(小)1일-29일. 9월(大)1일-30일. 10월(小)1일-29일. 11월(小)1일-29일. 12월(大)1일-30일.	
4册	左端:眉巖日記.	左端:眉巖日記. 右上端:庚午四月二十四日至七月初八日.	・庚午(1570년) 4월(大)24일-30일. 5월(小)1일-29일. 6월(大)1일-30일. 7월(小)1일-8일.	*庚午(1570년) 1월 1일~4월 23일 누락. *6월 19일 누락.

234

III. 문헌 연구 방법

冊				
5冊	左端:眉巖先生日記. 右上端:庚午七月至十二日.	左端:眉巖日記. 右上端:庚午七月至十二日.	·庚午(1570년) 7월 9일-29일. 8월(大)1일-30일. 9월(小)1일-29일. 10월(大)1일-30일. 11월(小)1일-29일. 12월(大)1일-25일.	
6冊	左端:眉巖先生日記· 右上端:庚午十二月二十五日以後事.辛未正月至十二月.	左端:日記. 右上端:庚午十二月以後事. 辛未正月至十二月.	·庚午(1570년) 12월25일-30일. ·辛未(1571년) 1월(小)1일-29일. 2월(小)1일-29일. 3월(大)1일-30일. 4월(大)1일-30일. 5월(小)1일-29일. 6월(大)1일-30일. 7월(小)1일-29일. 8월(大)1일-30일. 9월(大)1일-30일. 10월(小)1일-29일. 11월(大)1일-30일. 12월(小)1일-3일.	
7冊	左端:眉巖先生日記. 右上端:壬申九月至十二月. 癸酉正月至五月.	無.	·壬申(1572년) 9월(大)1일-30일. 10월(小)1일-29일. 11월(大)1일-30일. 12월(小)1일-29일. ·癸酉(1573년) 1월(大)1일-30일. 2월(小)1일-29일. 3월(小)1일-29일. 4월(大)1일-30일. 5월(小)1일-26일.	*辛未(1571년) 12월4일~壬申(1572년) 8월 30일 누락. ·첫장 '日記' 표기. (親筆)
8冊	左端:眉巖日記. 右上端:癸酉六月至十二月.	左端:眉巖日記 右上端:癸酉六月至十二月.	·癸酉(1573년) 6월(大)1일-30일. 7월(小)1일-29일. 8월(大)1일-30일. 9월(大)1일-30일. 10월(小)1일-29일. 11월(大)1일-30일. 12월(大)1일-30일.	*癸酉(1573년) 5월 27일, 28, 29일 누락.

235

문헌 연구 방법

9册	左端:眉巖先生日記. 右上端:甲戌正月至 九月.	左端:眉巖先生日記. 右上端:甲戌正月至 九月.	·甲戌(1574년) 1월(小)1일-29일. 2월(大)1일-30일. 3월(小)1일-29일. 4월(小)1일-29일. 5월(大)1일-30일. 6월(小)1일-29일. 7월(小)1일-29일. 8월(大)1일-30일. 9월(大)1일-26일.	
10册	左端:眉巖先生日記. 右上端:乙亥十月至 十二月. 只載十月 二十七日事. 丙子 正月至七月.	左端:日記. 右上端:乙亥十月以 後事. 丙子正月至 七月.	·乙亥(1575년) 10월(大)27일-30일. 11월(大)1일-30일. 12월(大)1일-30일. ·丙子(1576년) 1월(大)1일-30일. 2월(小)1일-29일. 3월(大)1일-30일. 4월(小)1일-29일. 5월(小)1일-29일. 6월(大)1일-30일. 7월(小)1일-29일.	*甲戌(1574년) 9월 27일~乙亥(1575년) 10월 26일 누락. *原表紙 左端:乙亥十月二十 七日以後 日記(親筆). *丙子(1576년) 8월 1일~丁丑(1577년) 5월 13일 누락.

III. 문헌 연구 방법

※ [自筆本과 他 異本과의 日字 對照表 (自筆本에 없는 日字와 他 異本에만 있는 日字를 중심으로)]

	自筆『眉巖日記』(自筆本)	慕賢館所藏 筆寫本『眉巖日記』(慕賢館本)	奎章閣所藏 筆寫本『眉巖先生日記抄』(奎章閣本)	『眉巖先生集』(木板本) (文集本)	朝鮮史編修會印本『眉巖日記草』(朝鮮史編修會本)	비고
2册	· 戊辰(1568년) 11월 6일~己巳(1569년) 5월 21일.					
4册	· 庚午(1570년) 4월 1일~4월 23일, 6월 19일.					
7册	· 辛未(1571년) 12월 4일~壬申(1572년) 8월 30일.					
8册	· 癸酉(1573년) 5월 27일, 28일, 29일.					
10册	· 甲戌(1574년) 9월 27일~乙亥(1575년) 10월 26일.	落卷	利 卷3	卷12 五卷 眉巖日記抄一	· 甲戌(1574년) 9월 1.0.12.13. 14.17.19.20. 22.24.25.26.29. 11월 3.6.8.9.12. 17.22.24. 12월 1.2.6.8.9. 14.15.17.18 22.25. 윤12월 2.3.4.8. 13.14.15.18. 19.22.24.25. 29.30 · 乙亥(1575년) 1월 2.3.6.7.9.10. 12.14.15.16. 17.19.20.22. 24.25.27.29.	

(10册 慕賢館本 details: · 甲戌(1574년) 9월 27.28.29.30. 10월 1일~29일. 11월 1일~30일. 12월 1일~30일. 윤12월 1일~30일.

奎章閣本 details: · 甲戌(1574년) 10월 1.0.12.14. 15.18.19.25. 11월 3.4.6.7.8. 10.12.13.18. 21.23. 12월 1.2.3.7.8. 10.15.18.24 윤12월 4.6.7.8. 9.13.14.16. 18.20.21.22.

文集本 details: · 甲戌(1574년) 10월 9.12.13.14.17. 20.22.24.26.29. 11월 3.6.8.9.12.17. 22.24. 12월 1.8.9.14.17.18. 22.25 윤12월 2.3.4.8. 13.14.15.18.19. 22.24.25.29.30.)

237

문헌 연구 방법

				眉巖日記抄 二	·乙亥(1575년) 2월 1.3.6.9.11 (3日條 옆 3月 표기는 오기)	·丙子(1576년) 8월 3.4.6.10.14. 16.18.19.21.22. 23.27.28. 9월 2.6.7.9.10.11 13.15.17.18.20. 25.26.29.30. 10월 3.4.6.8.10 11.12.13.14.15. 16.21.25.27.28. 11월 1.7.11.13. 27.30. 12월 2.7.10.13. 14.25.27. 1월 1.5.7.9.12. 16.17.19.21.24. 27.29. 2월 2.3.4.5.8.9. 10.11.13.18.27. 3월 2.3.4.6.8.10. 20.22.23.24.28.
		五卷			
			卷13	·乙亥(1575년) 1월 2.3.6.7.9.10. 12.14.15.16.17.19.20. 22.24.25.27.29. ·乙亥(1575년) 2월 1.3.6.9.11.	卷14	·丙子(1576년) 8월 3.6.10.14.16. 18.19.21.22.23. 27.28. 9월 2.6.7.10.11. 13.15.17.18.20. 25.26.29.30. 10월 3.4.6.8.10. 11.12.13.14.15. 16.21.25.27.28. 11월 1.7.11.13. 27.30. 12월 2.7.10.13. 14.25.27. ·丁丑(1577년) 1월 1.5.7.9.12. 16.17.19.21.24. 27.29. 2월 2.3.4.5.8.9. 10.11.13.18.27. 3월 2.3.4.6.8.10. 20.22.23.24.28.
	貞	卷4	·乙亥(1575년) 1월 2.5.6.7.9.10. 11.14.15.17.18. 19.20.21.22.29. 2월 1.2.3.4.5.6.7. 8.11.15.20.21. 25.26.28.30. 3월 1.2.5.7.9.10. 15.16.18.19.21	·丙子(1576년) 8월 1.3.4.11.19. 22.23.24.27.28 9월 3.4.5.9.10.11 12.15.17.18.19. 20.22.23.25.26. 30. 10월 1.2.3.4.5.6. 7.8.9.10.11.13. 14.15.16.17.19. 21.22.28. 11월 12.7.11.13. 17.20.27.28.30. 12월 2.7.11.14. 15.25.27.28.29. ·丁丑(1577년) 1월 5.7.8.9.12.14 20.22.25.26.29. 2월 1.3.4.11.12. 16.17.18.24.27. 3월 2.6.8.10.16. 20.22.23.24.
10冊	·乙亥(1575년) 1월 1일~29일.	2월 1일~11일.	·丙子(1576년) 8월 1일~30일.	9월 1일~30일.	10월 1일~29일.	11월 1일~30일.	12월 1일~19일.	·丙子(1576년) 8월 1일~丁丑(1577년) 5월 13일.

238

Ⅲ. 문헌 연구 방법

		眉巖日記抄 二	4월 1.3.5.6.8.9. 10.11.12.13.14. 16.17.18.19.20. 21.23.24.29. 5월 1.7.8.9.10.11 13.
	五卷		
	卷14	4월 1.3.5.6.8.9. 10.11.12.13.14. 16.17.18.19.20. 21.23.24.27.29. 5월 1.7.8.9.10.11.13.	
	卷18	*經筵日記(總90회) ·甲戌(1574년) 10월 10.19.25. 11월 8. 12월 1.2.6.15 ·丙子(1576년) 8월 4. 9월 9.	
4월 1.2.5.6.9.11. 13.14.17.20.21. 24.26.27.30. 5월 1.2.3.4.5.7.8. 9.10.11.13.			

239

이상과 같이 살펴본 결과, 自筆『眉巖日記』의 유실 등으로 인해 1567년 10월 1일부터 1577년 5월 13일까지 日字가 누락되지 않은『眉巖日記』는 하나도 없다고 하겠다. 필자가 現存 異本들을 토대로 누락 日字를 대략 확인한 바로는, 주로 戊辰(1568) 11월 6일~己巳(1569) 5월 21일, 庚午(1570) 1월 1일~4월 23일, 辛未(1571) 12월 4일~壬申(1572) 8월 30일, 乙亥(1575) 3월 22일~10월 26일까지의 기록을 거의 찾아볼 수 없었다. 그러므로 이 기간 동안은 眉巖의 삶과 문학 활동의 실상을 조명할 수 없다. 그러나 모현관본과 같은 새로운 이본들이 발굴되고 있는바, 앞으로 그 공백을 메울 수 있을 것으로 본다. 필자가 이본을 대조한 결과 조선사편수회본이 현재로서는 最善本임을 확인할 수 있었다. 그러나 조선사편수회본의 경우, 자필본에 있는 日字와 문집본에서 뽑은 자필본의 누락 日字만을 日字順으로 再排列·補完하는데 그쳤다. 셰익스피어 작품들을 원상대로 복원한 것처럼 자필본·모현관본·규장각본·문집본·조선사편수회본에 있는 日字 뿐만 아니라, 他異本들을 발굴하고 이를 日字順으로 再排列·校訂하여 校合本『眉巖日記』를 만드는 작업이 필요하다.

眉巖은 어떠한 이유로 일기를 쓰기 시작했고, 그 시기는 언제부터였으며, 또 몇 책의 일기를 남겼는지 현재로서는 알 수 없다. 이에 대해서는 다음과 같이 추측해 볼 수 있다. 眉巖이 일기를 쓰게 된 근본적 동기는 家風 때문인 듯하다. 그의 일기 가운데, <戊辰正月初七日>의 내용을 보면, '伏觀先君日記八冊', '伯氏乙亥日記'라는 구절이 있다. 특히 <辛未五月二十二日>의 기록에는 "頃閱先君子日記 辛巳年夏云 喜孫者始讀通鑑 一日之受 僅只二張 然時以其意論古今人

物 出人意表…(中略)…不勝感激"이라는 내용이 있는바 주목된다. 이로써 보건대, 아버지와 형의 일기가 있었던바, 眉巖 역시 이들에게 영향을 받고 일기를 쓴 것 같다. 또 外祖父인 錦南 崔溥가 『漂海錄』을 썼다는 사실도 참고할 필요가 있다. 이 같은 가풍과 함께 당대인들의 일기에 대한 관심은 眉巖에게도 예외는 아니었던 것 같다. 이 또한 그가 일기를 쓰게 된 동기 중의 하나로 짐작된다. 주지하다시피 "1500년대는 뜻있는 先人들이 일기에 큰 관심을 쏟았던 시기"[79]이다. 이는 중국의 영향과 더불어, 예로부터 우리 先人들은 글로 남기려는 버릇[80]이 있었다는 점에서 그 일단을 추측해 볼 수 있을 것 같다. 그리고 조선시대 사대부들은 고려의 문인들에 비해 실제적인 경험과 이념을 더 중시하였으므로, 견문과 實事를 기술하고 사물의 이치를 따지며 인물의 생애를 서술하는 등의 일에 좀 더 많은 관심을 기울였다. 아울러 조선 중기 이후의 사회·문화적 변화과정에서 시적인 절제와 함축의 언어보다 일상적 삶의 문제들을 세밀하고도 구체적으로 다루는데 적합한 산문의 필요성이 확대되면서[81] 일기에 큰 관심을 갖게 되고, 이로 인해 일기를 쓰게 된 것 같다. 이러한 연유 등이 眉巖으로 하여금 일기를 쓰게 한 동기가 된 것으로 보인다. 16세기는 眉巖을 비롯하여 李耔·李滉·蘇巡·盧守愼·李珥·禹性傳·鄭澈 등과 같은 당대의 학자나 문인들 일부가 일기를 썼다.

그러면 眉巖은 언제부터 일기를 쓰기 시작했고, 또 몇 册의 일기를

---

[79] 장덕순, 앞의 책, 158쪽.
[80] 위의 책, 157쪽.
[81] 金興圭, 『韓國文學의 理解』, 民音社, 1988, 114쪽 참고.

문헌 연구 방법

남겼을까?

　眉巖이 언제부터 일기를 썼는지는 확인할 수 없다. 필자가 현지답사 때 만난 사람들은(후손 포함) 한결같이 1567년 10월 1일 이전의 일기가 있었을 것으로 추정하고 있었다. 또 후손들에 의하면, 일찍이 門中의 어른들로부터 1567년 10월 1일 이전의 일기가 존재했을 것이라는 얘기를 들은 적이 있다고 한다. 사실 1567년 10월 1일 일기의 첫 부분을 보면('初一日 陰而晴 細君夢見雲捲天晴 乃愁散憂解之兆 長水宰……'), 그 내용이 앞에 쓴 記事와 모종의 연관을 가진 것으로 보인다. 필자 역시 그가 아버지와 형의 영향을 받아 일기를 썼다고 본다면, 1567년 10월 1일 이전의 일기, 나아가 젊어서부터 죽기 이틀 전까지 평생동안 쓴 일기가 존재했을 것으로 짐작된다. 그러므로 自筆日記는 14冊 또는 21冊이 존재했던 것이 아니라, 그 이상이 있었던 것으로 여겨진다. 李好閔이 쓴 <諡狀>을 보면, "公平居 手書一日所行事 卽錄之冊 在疾病急遽中 亦不少輟"[82]이라 언급하였는바, 주목할 필요가 있다. 眉巖은 매일 매일의 행사를 기록했을 뿐 아니라, 병

---

[82] 『眉巖先生集』附錄 卷二, <諡狀>, 成均館大 大東文化硏究院 影印本, 1990, 897쪽. 그런데 조선사편수회에서 쓴 <眉巖日記草解說>(5쪽)을 보면, 眉巖의 門人 許筠이 撰한 <行狀>(문집의 <행장>을 보면, 내용은 없고 그 밑에 작은 글씨로 '許筠撰文佚不傳'이라 明記되어 있다)에 의거하여 "先生平居 手錄一日所行事 卽書之冊 在疾病急遽中 亦不少輟"이라 摘記하고 있다. 필자는 이때까지 <行狀>이 존재했나 의심하던 차에, 현지답사를 통해 모현관에 소장되어 있는 편자 및 연대 미상의 필사본 『先生行狀草』(單冊)를 발굴하게 되었다. 그래서 위의 기록과 대조해 보니 한 字도 틀리지 않았다. 따라서 이 『先生行狀草』는 지질 상태나 필체, 내용 등으로 보아 許筠이 撰한 <行狀>이 틀림없다고 하겠다. 조선사편수회에서 이를 보고 썼는지는 알 수 없으나, 후손들도 문집 간행 시 이를 발견하지 못했던 것 같다. 이로써 짐작컨대 眉巖의 自筆日記와 저술, 소장서책, 유품 등이 모현관에 보관되기 전까지 관리가 제대로 안된 것 같다.

환 중에도 또한 일기를 썼다. 이처럼 성실하게 기록하였기에 그는 죽기 이틀 전까지의 일기를 남겨놓고 있는 것이다. 이는 그의 꼼꼼하고 솔직한 성격과 선비정신에서 비롯된 것이라 하겠다. 그는 일기를 기록함으로써 진솔 된 자기 고백 내지는 자기반성의 기회를 가졌고, 春秋大義와 朱子의 治史精神[83] 등을 본받아 가식 없는 역사기술과 철저하고도 정확한 기록[84]을 남길 수 있었다.

② 『宣祖實錄』과의 關係

『眉巖日記』는 문학 이외에도 정치・사회・경제・문화・사상・

---

[83] 麓保孝, 崔熙在 譯, 「朱子의 歷史論」, 『中國의 歷史認識』 下, 創作과 批評社, 1985, 471~480쪽 참고. 眉巖은 철저한 尊朱主義者였다.
[84] 여기서는 몇가지 實例만 간단히 제시하겠다.
  <辛未 7月 12日>. "夕 余覺得有淋症"
  <壬申 9月 13日>. "余與朴大憲 初入殿庭 立于第三席 朴誤聞傍人客位之言 以爲當進一行 余亦以爲然 遂進立判書之席 旣升殿始悟 還下庭而立于第三席 可笑可笑"
  <壬申 12月 29日>. "蔚珍縣令丁龜壽 送白文魚二尾 乾廣魚拾尾 小全鰒二貼 生鰒三百介 生赤魚五尾 乾獐一口 毛獐皮一令 乾雉三首來 以蒙余薦拔 故表誠如此"
  <癸酉 5月 5日>. "希春陪香祝 行三十餘里 到多樂院 得如厠 於久忍之餘 頗有所泄 自手洗滌"
  <己巳 9月 9日>. "見丁未九月十八日日記副提學鄭彦慤 與宣傳官李櫓 同啓良才驛壁書 其書朱書曰 女主執政於上 李戡臣李芑等 弄權天下 國之將亡 可立而待 豈不寒心哉"
  <庚午 5月 24日>. "聞十九日 宋麒壽以特進官入侍 極陳己巳忠順堂姦兇誣陷善類之事"
  <戊辰 8月 4日>. "所謂博文者 非謂雜覽無理之書 乃爲討論聖賢典訓及歷代治亂君臣之迹 以爲窮理之資也"
  <丁卯 10月 3日>. "燈花太喜 追記. 昨日金可宗來去"
  <戊辰 3月 10日>. "古人云 有疑須箚記 又曰 聰明不如鈍筆"

어학·민속·예속·복식·의술·천문기상·풍수지리·식생활 등 각종 기록이 총망라 되어 있다. 그러므로 그 자료적 의미나 가치로도 중요하다. 특히 眉巖은 조정의 핵심관직에 있으면서 國事를 논의한 사실까지 사실적으로 기록하였다. 임진왜란 때 史草가 소실되자, 國事를 사실적으로 세밀히 기록한 점이 인정되어 『眉巖日記』는 후일 『宣祖實錄』을 편찬할 때 주로 활용되어진다.

『宣祖實錄』은 『朝鮮實錄』[85]중 가장 불비한 실록으로 평가된다.[86] 이는 壬辰倭亂 때 承政院日記·房上日記·時政記·史草[87] 등이 燒盡되었기 때문이다. 따라서 光海君 元年(1609)에 『宣祖實錄』을 撰修하게 되자, 壬亂 前 기록들이 불타버린 관계로 각 개인의 일기나 문

---

[85] 裵賢淑은(「朝鮮實錄의 書誌的 硏究」, 중앙대 박사학위논문, 1989, 3쪽)『朝鮮實錄』의 명칭 사용에 대해 다음과 같이 이의를 제기하였다. "실록은 처음부터 綜合書名이 있었던 것은 아니고, 王에 따라 書名이 길고 다양하기 때문에 편의상 국사편찬위원회에서 영인할 때 『朝鮮王朝實錄』으로 총칭한 것이다. 실록에 대한 일반적인 통칭으로 볼 때 明·淸의 실록도 『明實錄』·『淸實錄』이라고 칭하고 있고, 『高麗實錄』도 '高麗王朝實錄'이라고 칭하지 않으므로 조선의 실록도 『朝鮮實錄』으로 칭하는 것이 온당하다"고 하였다. 필자도 이에 동의하는바, 『朝鮮實錄』이라 칭하겠다. 이후 『朝鮮實錄』에 대한 書誌的 논의는 배현숙의 논문으로 미룬다.

[86] 위의 논문, 68쪽 참고.

[87] 위의 일기들의 존재 사실은 『眉巖日記』에서 자주 접할 수 있다. 日記의 書名과 날짜만을 간단히 요약하여 제시하면 다음과 같다.
『承政院日記』: <戊辰 4月 25日>·<己巳 閏2月 2日>(同年日記로 표기: 甲辰年의 承政院日記인듯) 出.
『注書日記』: <丁卯 10月 12日>(史官이 아닌 관리도 볼 수 있었던 듯하다.) 出.
『家藏史草』: <戊辰 10月 14日>(眉巖의 家藏史草인듯) 出.
『時政記』: <庚午 6月 8日>(眉巖은 己巳年 11月 6日字 時政記를 봄)·<癸酉 2月 22日>(注書 李準이 時政記를 베끼다 적발·처벌당함) 出.
그런데 史草는 ㉮時政記·房上日記(춘추관에 비치, 他史官 열람 가능. 위의 논문, 27쪽 참고.) ㉯家藏史草(비공개) 등 2종류가 있다.

III. 문헌 연구 방법

집 또는 남아있는 各司謄錄·疏草 등을 수집하여 편찬하게 되었다.[88] 그런데『宣祖實錄』은 편찬과정에서부터 문제가 있었다. 그것은 李爾瞻 등 北人이 주동이 되어 처음의 원고를 지우고 改修[89]했기 때문이다. 그러므로 仁祖反正 後 西人들이 정권을 잡게 되자,『宣祖實錄』을 수정하자는 의견이 대두되었고, 仁祖 21년(1643) 수정작업에 착수[90]하여 孝宗 8년(1657) 완성하게 된다.

본고가 여기서 주로 논의하고자 하는 것은 현재까지 일반적으로 알려진 사실, 즉『宣祖實錄』을 撰修할 때, 선조 즉위년부터 11년간의 사료가 주로 柳希春의『眉巖日記』· 李珥의『石潭日記』· 奇大升의『論思錄』등을 근거로 편찬되었다는 견해[91]에 대해 이의를 제기하고

---

[88] 실록편찬의 기본 자료는 승정원일기·시정기·방상일기·사초·각사등록·소초·개인의 일기·문집·야사 등을 수집하여 자료로 이용한다. 수집 자료는 편찬 시 1字도 가감해서는 안 된다. 각 방별로 분담하여 찬수를 시작하고, 찬수가 끝나면 도청에 올리고, 도청에서는 각 방 당상을 소집하여 논의·취사하되 작은 일이라도 적실한 것은 그대로 두고 그렇지 않은 것은 삭제한다.(위의 논문, 41쪽 참고.) 이로써 보건대 실록이 객관적으로 편찬되었음을 알 수 있다. 그런데 曲筆이 가해지거나 수정·개수된 실록도 있다. 曲筆이 가해진 실록: 선조·현종·경종·숙종실록, 수정·개수된 실록: 태조·정종·태종·선조·현종·숙종·경종실록(위의 논문, 66쪽 참고.)『眉巖日記』에는『明宗實錄』편찬을 위한 실록청 설치에서부터 구성원 선정 및 편찬과정의 일부가 기록되어 있어 주목된다. 日字와 그 내용을 간단히 요약·제시하면 다음과 같다.
<戊辰 7月 12日>: 명종실록 설립논의. <戊辰 8月 12日>: 실록청 구성원 선정(眉巖 郞廳으로 선발). <戊辰 8月 14日>: 實錄廳 事目 마련. <戊辰 8月 18日>: 實錄廳 都廳 會合. <戊辰 8月 19日>: 家藏史草 걷표지만 이름 명기, 八道에 수합 通文. <戊辰 9月 23日>: 都廳 郞廳 업무시작. <戊辰 9月 24日>: 時政記·日記(承政院 日記)·房上日記 검토. <戊辰 9月 25日>: 家藏史草 100여종 엄중 감시하에 史庫에 보관(이때 眉巖은 乙丑年 은진 이배의 기록을 보다). 편집 節目논의. <戊辰 9月 26日>: 실록청 출근 각종 일기 검토. <戊辰 10月 6日>: 史草橫열람. 房別(三房)분담.
[89]『국역 증보문헌비고』, <예문고>, 세종대왕기념사업회, 1980, 103쪽 참고.
[90] 같은 책, 같은 곳.

자 하는 것이다. 필자가 조사한 바로는 宣祖 즉위년(1567) 10月부터 宣祖 10年(1577) 5月까지의『宣祖實錄』기록은 주로『眉巖日記』를 참고로 하여 편찬되었다는 사실이다.『石潭日記』는『宣祖實錄』편찬에 별로 활용되지 않았고, 주로『宣祖修正實錄』편찬에 참고 되었다는 점이다. 반면『論思錄』은『宣祖實錄』편찬에 더 활용되었다. 그러나『石潭日記』나『論思錄』은 부정기적 日字 順 기록인바, 분량 면에서『眉巖日記』에 상대가 되지 않는다.

『眉巖日記』가『宣祖實錄』을 편찬하는데 주로 활용되었다는 사실은『宣祖實錄』과의 대비를 통해 구명될 수 있다. 그러면 그 實例를 대표적으로 하나만 들어 보기로 하자.

慕忽聞夜對之命 問之則近日所未有也 昏往經筵廳 承旨許曄注書尹卓然翰林鄭彦信鄭士偉余等上下番六人 上御丕顯閣西壁東向坐 臣等入房內向北而拜 就坐 上命安坐……(後略) (<丁卯 11月 5日>)

夜對 承旨許曄校理柳希春正字趙廷機注書尹卓然翰林鄭彦信鄭士偉入侍 上御丕顯閣西壁東向坐 (『宣祖實錄』<宣祖卽位年 丁卯 11月 5日條>)

위에서 보는 바와 같이,『宣祖實錄』을 편찬할 때『眉巖日記』를 활용하였음을 확인할 수 있었다. 특히『眉巖日記』는『宣祖實錄』보다

---

91 『한국민족문화대백과사전』 8, 한국 정신문화연구원, 1991, 655쪽 참고.

III. 문헌 연구 방법

자세하고 생생하게 당시의 정치・사회・경제상태나 관리층의 내면 세계 등을 전해주고 있다.

　필자가 『眉巖日記』와 『宣祖實錄』을 대비하여 兩書에 같은 記事가 수록된 日字를 조사해본 결과, 『眉巖日記』는 1567년 10월 9일부터 1576년 7월 25일까지 총 861日分의 記事가 『宣祖實錄』에 참고 되었음을 확인할 수 있었다.

　이상에서 보듯, 『眉巖日記』는 『宣祖實錄』편찬에 대단히 중요한 역할을 하였다. 따라서 그 사료적 가치가 매우 높다고 하겠다.

문헌 연구 방법

※ 『眉巖日記』와 『宣祖實錄』의 日字 對照表

眉巖日記	宣祖實錄	眉巖日記	宣祖實錄
丁卯(1567) 10. 9	丁卯 10. 5	2. 24	2. 24
10. 11	9. 1	2. 25	2. 25
10. 12	10. 12, 10. 6	2. 26	2. 26
10. 12	10. 12	2. 27	2. 27
10. 17	10. 12	2. 28	2. 28
10. 19	10. 12	2. 29	2. 29
10. 19	10. 6	2. 30	2. 30
10. 20	10. 15	3. 12	3. 12
10. 20	10. 15	3. 13	3. 13
10. 20	10. 15	3. 19	3. 19
10. 22	10. 17	3. 22	3. 22
10. 26	10. 24	3. 27	3. 27
10. 26	10. 23	4. 12	4. 12
10. 30	10. 30	4. 16	4. 16
11. 4	11. 4	5. 1	5. 1
11. 5	11. 5	5. 11	5. 11
11. 6	11. 6	5. 16	5. 16
11. 7	11. 7	5. 17	5. 17
12. 3	11. 22	5. 20	5. 20
12. 16	12. 2	5. 23	5. 23
戊辰(1568) 1. 22	戊辰 1. 14	6. 2	6. 7
1. 24	丁卯 12. 23	6. 3	6. 3
1. 26	戊辰 1. 27	6. 4	6. 4
2. 1	2. 1	6. 8	6. 8
2. 3	2. 3	6. 9	6. 9
2. 6	2. 6	6. 11	6. 11
2. 7	2. 7	6. 12	6. 12
2. 9	2. 8	6. 13	6. 13
2. 9	2. 9	6. 14	6. 14
2. 10	2. 10	6. 18	6. 18
2. 11	2. 11	6. 19	6. 19
2. 14	2. 14	6. 25	6. 25
2. 15	2. 15	6. 29	6. 29
2. 17	2. 16	7. 2	7. 2
2. 18	2. 18	7. 4	7. 4
2. 20	2. 20	7. 5	7. 5
2. 21	2. 21	7. 6	7. 6
2. 23	2. 23	7. 8	7. 8

Ⅲ. 문헌 연구 방법

眉巖日記	宣祖實錄	眉巖日記	宣祖實錄
7. 12	7. 12	6. 4	6. 4
7. 13	7. 12	6. 5	6. 5
7. 14	7. 14	6. 6	6. 5. 6. 6
7. 15	7. 15	6. 7	6. 7
7. 17	7. 17	6. 8	6. 8
7. 18	7. 18	6. 9	6. 9
7. 19	7. 17	6. 10	6. 9
7. 24	7. 24	6. 15	6. 15
7. 24	7. 17	6. 18	6. 18
7. 25	7. 25	6. 20	6. 19
7. 26	7. 26	6. 25	6. 25
7. 27	7. 27	7. 3	7. 3
8. 3	8. 3	7. 6	7. 6
8. 6	8. 4	7. 7	7. 7
8. 6	8. 6	7. 10	7. 10
8. 7	8. 7	7. 11	7. 11
8. 8	8. 8	7. 13	7. 13
8. 11	8. 9	7. 18	7. 18
8. 12	8. 12	7. 25	7. 25
8. 16	8. 16	7. 29	7. 28
8. 22	8. 22	7. 29	7. 29
8. 23	8. 23	8. 2	8. 2
8. 24	8. 24	8. 6	8. 6
8. 26	8. 26	8. 6	8. 5
9. 13	9. 12	8. 7	8. 7
9. 20	9. 20	8. 9	8. 9
9. 21	9. 21	8. 14	8. 14
9. 22	9. 22	8. 17	8. 16
9. 23	9. 23	8. 19	8. 18
9. 26	9. 25	8. 19	8. 19
9. 27	9. 26	8. 20	8. 20
10. 4	10. 4	8. 23	8. 23
10. 9	10. 9	8. 26	8. 26
10. 14	10. 14	8. 27	8. 27
10. 22	10. 22	8. 29	8. 29
己巳 5. 22	己巳 5. 22	9. 1	9. 1
5. 27	5. 27	9. 4	9. 4
5. 28	5. 28	9. 5	9. 5
5. 29	5. 29	9. 8	9. 8
6. 3	6. 3	9. 11	9. 11

문헌 연구 방법

眉巖日記	宣祖實錄	眉巖日記	宣祖實錄
9. 12	9. 12	3. 19	7. 19
9. 13	9. 13	7. 20	7. 20
9. 14	9. 14	7. 21	7. 21
9. 18	9. 18	7. 23	7. 23
9. 19	9. 19	7. 27	7. 27
9. 21	9. 21	8. 1	8. 1
9. 24	9. 24	8. 4	8. 4
9. 25	9. 25	8. 5	8. 5
10. 21	10. 21	8. 6	8. 6
11. 6	11. 6	8. 8	8. 8
12. 29	12. 29	8. 9	8. 8
庚午(1570) 4. 24	庚午 4. 24	8. 10	8. 9
4. 25	4. 25	8. 12	8. 12
4. 27	4. 27	辛未(1571) 1. 7	庚午 12. 19
5. 1	5. 1	1. 8	辛未 1. 8
5. 4	5. 4	1. 16	庚午 12. 26
5. 6	5. 6	1. 22	辛未 1. 22
5. 8	5. 8	1. 23	1. 23
5. 9	5. 9	1. 25	1. 25
5. 12	5. 12	1. 29	1. 25
5. 13	5. 13	2. 4	2. 4
5. 14	5. 14	2. 5	2. 5
5. 15	5. 15	2. 10	2. 10
5. 16	5. 16	2. 11	2. 4
5. 16	5. 15	2. 11	2. 11
5. 17	5. 17	2. 13	1. 22
5. 18	5. 18	2. 25	2. 26
5. 19	5. 18	2. 25	2. 28
5. 20	5. 20	3. 4	3. 4
5. 21	5. 21	3. 6	3. 6
5. 22	5. 22	3. 8	3. 6
5. 23	5. 23	3. 11	3. 11
7. 9	7. 9	3. 13	3. 13
7. 11	7. 10	3. 15	3. 15
7. 13	7. 13	3. 20	3. 20
7. 14	7. 13	3. 21	3. 21
3. 14	7. 14	3. 23	3. 23
3. 16	7. 15	3. 24	3. 21
3. 17	7. 17	4. 28	4. 28
3. 18	7. 18	4. 30	4. 30

III. 문헌 연구 방법

眉巖日記	宣祖實錄	眉巖日記	宣祖實錄
5. 2	5. 2	10. 14	10. 14
5. 3	5. 3	10. 15	10. 15
5. 4	5. 4	10. 19	10. 19
5. 18	5. 18	10. 21	9. 24
5. 22	5. 22	10. 27	10. 27
5. 28	5. 28	10. 29	10. 29
5. 29	5. 20	11. 1	11. 1
5. 29	5. 23	11. 2	11. 2
6. 4	6. 4	11. 3	11. 3
6. 5	6. 4	11. 5	11. 5
6. 9	6. 9	11. 6	11. 6
6. 14	6. 14	11. 9	11. 9
6. 17	6. 17	11. 12	11. 12
6. 18	6. 18	11. 20	11. 20
6. 22	6. 22	11. 21	11. 21
6. 28	6. 28	11. 24	11. 24
6. 29	6. 29	11. 25	11. 25
7. 1	7. 1	11. 29	11. 29
7. 4	7. 4	11. 30	11. 30
7. 8	7. 8	12. 1	12. 1
7. 16	7. 16	12. 2	12. 2
8. 15	8. 15	12. 3	12. 3
8. 18	8. 18	壬申(1572) 9. 1	壬申 9. 1
8. 19	8. 20	9. 3	9. 3
8. 22	8. 22	9. 4	9. 4
8. 27	8. 27	9. 5	9. 5
8. 28	8. 13	9. 6	9. 6
8. 30	8. 24	9. 7	9. 5
9. 5	9. 4	9. 8	9. 8
9. 7	9. 4	9. 10	9. 10
9. 7	9. 7	9. 11	9. 11
9. 11	9. 6	9. 13	9. 13
9. 12	9. 6	9. 14	9. 14
9. 12	9. 12	9. 15	9. 14
9. 14	9. 8	9. 16	9. 14
9. 15	9. 14	9. 17	9. 17
9. 18	9. 10	9. 18	9. 18
9. 18	9. 12	9. 18	9. 14
9. 29	9. 29	9. 19	9. 19
10. 2	10. 2	9. 20	9. 20

251

문헌 연구 방법

眉巖日記	宣祖實錄	眉巖日記	宣祖實錄
9.21	9.21	11.10	11.10
9.22	9.21	11.11	11.11
9.22	9.22	11.13	11.13
9.23	9.22	11.15	11.15
9.24	9.24	11.17	11.17
9.25	9.25	11.20	11.20
9.27	9.27	11.23	11.23
9.28	9.28	11.27	11.27
9.29	9.29	11.29	11.29
9.30	9.30	11.30	11.30
10.1	10.1	12.1	12.1
10.2	10.2	12.3	12.3
10.3	10.3	12.4	12.4
10.5	10.5	12.6	12.6
10.6	10.6	12.7	12.4
10.8	10.8	12.8	12.8
10.9	10.9	12.12	12.12
10.10	10.10	12.13	12.13
10.11	10.11	12.15	12.15
10.12	10.12	12.16	12.16
10.13	10.13	12.17	12.17
10.14	10.14	12.19	12.19
10.15	10.15	12.20	12.20
10.16	10.15	12.22	12.22
10.17	10.17	12.24	12.24
10.19	11.19	12.25	12.25
10.23	12.23	12.26	12.26
10.24	12.24	12.27	12.27
10.25	12.25	癸酉(1573) 1.1	癸酉 1.1
10.27	12.27	1.2	1.2
10.29	12.29	1.3	1.3
11.1	11.1	1.5	1.4
11.2	11.2	1.5	1.5
11.3	11.3	1.6	1.6
11.4	11.4	1.9	1.9
11.6	11.6	1.11	1.10
11.7	11.7	1.12	1.12
11.8	11.8	1.14	1.14
11.9	11.9	1.16	1.16
11.10	11.9	1.17	1.17

III. 문헌 연구 방법

眉巖日記	宣祖實錄	眉巖日記	宣祖實錄
1. 18	1. 18	3. 4	2. 4
1. 19	1. 19	3. 6	2. 6
1. 20	1. 20	3. 6	3. 6
1. 21	1. 21	3. 7	3. 7
1. 22	1. 22	3. 8	3. 8
1. 23	1. 23	3. 9	3. 8, 3. 9
1. 24	1. 24	3. 10	3. 10
1. 26	1. 26	3. 11	3. 11
1. 27	1. 27	3. 13	3. 13
1. 28	1. 28	3. 15	3. 14
1. 29	1. 29	3. 17	3. 17
1. 30	1. 30	3. 19	3. 18
2. 1	2. 1	3. 22	3. 22
2. 2	2. 2	3. 23	3. 23
2. 3	2. 3	3. 24	3. 24
2. 4	2. 4	3. 25	3. 25
2. 5	2. 5	3. 26	3. 26
2. 6	2. 6	3. 27	3. 27
2. 7	2. 7	3. 28	3. 28
2. 8	2. 8	3. 29	3. 29
2. 9	2. 9	4. 1	4. 1
2. 10	2. 10	4. 2	4. 2
2. 11	2. 11	4. 4	4. 4
2. 12	2. 12	4. 9	4. 9
2. 13	2. 13	4. 10	4. 10
2. 14	2. 14	4. 12	4. 12
2. 17	2. 17	4. 13	4. 13
2. 18	2. 18	4. 14	4. 14
2. 19	2. 19	4. 15	4. 15
2. 20	2. 20	4. 18	4. 18
2. 21	2. 21	4. 19	4. 19
2. 23	2. 23	4. 20	4. 20
2. 24	2. 24	4. 21	4. 21
2. 25	2. 25	4. 22	4. 22
2. 26	2. 26	4. 22	4. 25
2. 28	2. 28	4. 24	4. 24
2. 28	3. 1	4. 25	4. 25
3. 1	3. 1	4. 27	4. 27
3. 2	3. 1	4. 29	4. 29
3. 2	2. 1	5. 2	5. 2

眉巖日記	宣祖實錄
5. 3	5. 3
5. 4	5. 4
5. 5	5. 5
5. 6	5. 5
5. 7	5. 6
5. 7	5. 7
5. 10	5. 10
5. 11	5. 11
5. 12	5. 12
5. 22	5. 22
5. 23	5. 23
5. 24	5. 24
5. 25	5. 25
6. 1	6. 1
6. 2	6. 2
6. 3	6. 3
6. 5	6. 5
6. 5	6. 2
6. 6	6. 6
6. 7	6. 7
6. 8	6. 8
6. 9	6. 9
6. 12	6. 12
6. 13	6. 13
6. 15	6. 15
6. 17	6. 17
6. 18	6. 18
6. 22	6. 22
6. 23	6. 23
6. 24	6. 24
6. 25	6. 25
6. 26	6. 26
7. 2	7. 2
7. 5	7. 5
7. 6	7. 6
7. 7	7. 7
7. 10	7. 10
7. 11	7. 11
7. 12	7. 12
7. 13	7. 13

眉巖日記	宣祖實錄
7. 14	7. 14
7. 16	7. 16
7. 17	7. 17
7. 21	7. 21
7. 22	7. 22
7. 23	7. 23
7. 24	7. 24
7. 25	7. 25
7. 25	7. 17
7. 26	7. 26
7. 27	7. 27
7. 28	7. 28
7. 29	7. 29
8. 1	8. 1
8. 2	8. 2
8. 4	8. 4
8. 5	8. 5
8. 6	8. 6
8. 7	8. 7
8. 8	8. 8
8. 9	8. 9
8. 10	8. 10
8. 11	8. 11
8. 12	8. 12
8. 13	8. 12
8. 14	8. 14
8. 15	8. 15
8. 16	8. 16
8. 17	8. 17
8. 19	8. 19
8. 20	8. 20
8. 22	8. 22
8. 24	8. 24
8. 26	8. 26
8. 27	8. 27
8. 29	8. 29
8. 30	8. 29
9. 2	9. 2
9. 4	9. 4
9. 5	9. 5

III. 문헌 연구 방법

眉巖日記	宣祖實錄	眉巖日記	宣祖實錄
9. 9	9. 9	10. 23	10. 23
9. 10	9. 10	10. 24	10. 24
9. 12	9. 12	10. 25	10. 25
9. 13	9. 13	10. 27	10. 27
9. 15	9. 15	10. 28	10. 28
9. 16	9. 16	10. 29	10. 29
9. 17	9. 17	11. 1	11. 1
9. 18	9. 18	11. 2	11. 2
9. 19	9. 19	11. 3	11. 3
9. 20	9. 20	11. 4	11. 4
9. 21	9. 21	11. 5	11. 5
9. 24	9. 24	11. 6	11. 5
9. 24	9. 26	11. 9	11. 9
9. 26	9. 26	11. 10	11. 10
9. 27	9. 27	11. 11	11. 11
9. 28	9. 28	11. 12	11. 12
9. 29	9. 29	11. 13	11. 13
10. 1	9. 11	11. 15	11. 15
10. 1	10. 1	11. 17	11. 17
10. 2	10. 2	11. 19	11. 19
10. 3	10. 3	11. 20	11. 20
10. 3	10. 2	11. 21	11. 21
10. 3	10. 4	11. 23	11. 23
10. 4	10. 4	11. 24	11. 24
10. 5	10. 5	11. 25	11. 25
10. 6	10. 6	11. 27	11. 26
10. 9	10. 9	11. 28	11. 28
10. 10	10. 10	12. 2	12. 2
10. 11	10. 11	12. 4	12. 2
10. 12	10. 12	12. 5	12. 5
10. 13	10. 13	12. 6	12. 6
10. 14	10. 14	12. 14	12. 14
10. 15	10. 15	12. 15	12. 15
10. 16	10. 16	12. 16	12. 16
10. 17	10. 17	12. 19	12. 17
10. 18	10. 18	12. 19	12. 18
10. 19	10. 19	12. 20	12. 20
10. 20	10. 20	12. 21	12. 21
10. 21	10. 21	12. 25	12. 25
10. 22	10. 22	12. 28	12. 28

255

문헌 연구 방법

眉巖日記	宣祖實錄	眉巖日記	宣祖實錄
12. 29	12. 29	2. 21	2. 21
12. 30	12. 30	2. 23	2. 23
甲戌(1574) 1. 2	甲戌 1. 2	2. 25	2. 25
1. 3	1. 3	2. 26	2. 26
1. 4	1. 4	2. 27	2. 28
1. 5	1. 5	2. 28	2. 28
1. 6	1. 6	2. 29	2. 29
1. 7	1. 7	3. 2	3. 2
1. 8	1. 8	3. 3	3. 3
1. 9	1. 9	3. 5	3. 5
1. 10	1. 10	3. 6	3. 6
1. 13	1. 13	3. 7	3. 7
1. 14	1. 14	3. 8	3. 8
1. 15	1. 15	3. 9	3. 9
1. 16	1. 16	3. 10	3. 10
1. 18	1. 18	3. 11	3. 11
1. 20	1. 20	3. 12	3. 12
1. 21	1. 21	3. 14	3. 14
1. 22	1. 22	3. 15	3. 15
1. 23	1. 23	3. 16	3. 16
1. 25	1. 25	3. 17	3. 17
1. 26	1. 26	3. 18	3. 18
1. 27	1. 27	3. 20	3. 19
1. 28	1. 28	3. 20	3. 20
1. 29	1. 29	3. 21	3. 21
2. 1	2. 1	3. 25	3. 25
2. 4	2. 4	3. 27	3. 27
2. 5	2. 5	3. 28	3. 28
2. 6	2. 6	3. 29	3. 29
2. 7	2. 7	4. 1	4. 1
2. 7	2. 6	4. 3	4. 3
2. 8	2. 8	4. 5	4. 5
2. 10	2. 10	4. 9	4. 9
2. 11	2. 11	4. 10	4. 10
2. 12	2. 12	4. 11	4. 11
2. 13	2. 13	4. 12	4. 12
2. 14	2. 14	4. 13	4. 13
2. 17	2. 17	4. 15	4. 15
2. 18	2. 18	4. 16	4. 16
2. 20	2. 20	4. 19	4. 19

Ⅲ. 문헌 연구 방법

眉巖日記	宣祖實錄	眉巖日記	宣祖實錄
4. 20	4. 20	6. 17	6. 17
4. 21	4. 21	6. 18	6. 18
4. 23	4. 23	6. 20	6. 20
4. 24	4. 24	6. 21	6. 21
4. 25	4. 25	6. 22	6. 22
4. 28	4. 28	6. 23	6. 23
5. 2	5. 2	6. 24	6. 24
5. 3	5. 3	6. 26	6. 26
5. 4	5. 4	6. 27	6. 27
5. 6	5. 6	6. 29	6. 29
5. 8	5. 8	7. 4	7. 4
5. 11	5. 11	7. 5	7. 5
5. 12	5. 12	7. 6	7. 6
5. 13	5. 13	7. 8	7. 8
5. 14	5. 14	7. 11	7. 11
5. 15	5. 15	7. 12	7. 11
5. 16	5. 16	7. 12	7. 12
5. 18	5. 18	7. 13	7. 13
5. 19	5. 19	7. 14	7. 14
5. 20	5. 20	7. 15	7. 14
5. 21	5. 21	7. 16	7. 16
5. 22	5. 22	7. 19	7. 19
5. 23	5. 23	7. 20	7. 20
5. 24	5. 24	7. 21	7. 21
5. 25	5. 25	7. 22	7. 22
5. 26	5. 26	7. 23	7. 22
5. 27	5. 27	7. 23	7. 23
5. 28	5. 28	7. 25	7. 25
5. 30	5. 30	7. 26	7. 26
6. 4	6. 4	7. 27	7. 27
6. 7	6. 7	7. 28	7. 28
6. 8	6. 8	7. 29	7. 29
6. 9	6. 9	8. 3	8. 3
6. 10	6. 10	8. 4	8. 4
6. 11	6. 11	8. 5	8. 5
6. 12	6. 12	8. 7	8. 7
6. 13	6. 13	8. 11	8. 10
6. 14	6. 14	8. 16	8. 16
6. 15	6. 15	8. 18	8. 18
6. 16	6. 16	8. 27	8. 27

眉巖日記	宣祖實錄	眉巖日記	宣祖實錄
8. 28	8. 28	3. 7	2. 18
9. 1	9. 1	3. 17	3. 16
9. 1	8. 30	3. 19	3. 19
9. 2	9. 2	3. 20	3. 20
9. 3	9. 3	3. 21	3. 10
9. 6	9. 6	3. 30	3. 19
9. 7	9. 6	4. 3	4. 3
9. 8	9. 8	4. 4	4. 4
9. 11	9. 11	4. 13	3. 30
9. 15	9. 15	4. 23	4. 16
9. 16	9. 16	4. 24	4. 11
9. 17	9. 17	4. 29	4. 29
9. 20	9. 20	5. 3	4. 16
9. 21	9. 21	5. 3	4. 24
9. 25	9. 25	5. 3	5. 2
9. 25	9. 27	6. 6	5. 15
9. 26	9. 26	6. 9	6. 8
乙亥(1775) 11. 1	乙亥 9. 27	6. 9	5. 25
11. 1	11. 1	6. 20	6. 10
11. 2	10. 19	7. 6	6. 24
11. 7	10. 26	7. 8	6. 24
11. 22	10. 16	7. 16	6. 29
11. 24	11. 11	7. 21	7. 20
12. 4	11. 13	7. 22	7. 22
12. 9	11. 28	7. 23	7. 22
12. 13	12. 3	7. 24	7. 24
12. 17	12. 7	7. 25	7. 25
12. 18	12. 8		
12. 19	12. 10		
12. 19	12. 11		
12. 30	12. 21		
12. 30	12. 22		
丙子(1576) 1. 13	丙子 1. 4		
1. 13	1. 13		
1. 26	1. 9		
1. 30	1. 30		
2. 1	2. 1		
2. 26	2. 26		
2. 28	2. 28		
3. 3	3. 3		

※ 『宣祖實錄』・『論思錄』, 『宣祖修正實錄』・『石潭日記』對照表[같은 記事가 수록된 日字(月)는 1567년 10월부터 1577년 5월까지로 국한한 것임]

III. 문헌 연구 방법

宣祖實錄		論思錄	
丁卯(1567)	10. 23	丁卯	10. 23
	11. 3		11. 3
	11. 4		11. 4
	11. 16		11. 16
	11. 17		11. 17
	11. 19		11. 19
	12. 9		12. 9
戊辰(1568)	1. 12	戊辰	1. 12
	3. 25		3. 25
	4. 3		4. 3
	12. 2		12. 2
	12. 6		12. 6
	12. 19		12. 19
己巳(1569)	1. 16	己巳	1. 16
	4. 5		4. 5
	4. 29		4. 29
	5. 21		5. 21
	6. 4		6. 4
	6. 20		6. 20
	윤6. 6		윤6. 6
	윤6. 7		윤6. 7
	윤6. 24		윤6. 24
壬申(1572)	5. 1	壬申	5. 1

※ 『論思錄』 記事 中 <己巳 3月 4日> 記事만 유일하게 『宣祖實錄』에 수록되어 있지 않다.

祖修正實錄(日字미상)		石潭日記(日字미상)	
丁卯(1567)	10月	丁卯	10月
戊辰(1568)	2月	戊辰	1, 2月
	3月		3月
	4月		4月
	5月		5月
	7月		7月
己巳(1569)	1月		1, 2月
	3月		3月
	6月		6月
	7月		7月
	8月		8月
	9月		9月
	10月		10月
	11月		11, 12월
庚午(1570)	1月	庚午	1月
	3月		3月
	4月		4月
	7月		7月
	8月		8月
	10月		10月
	11月		11月
	12月		12月
辛未(1571)	3月	辛未	3月
	5月		5月
	6月		6月
	7月		7月
	겨울		겨울
壬申(1572)	1月	壬申	1月
	2月		2月
	윤2月		윤2月
	3月		3月
	4月		4月
	5月		5月
	6月		6月
	7月		7月
	8月		8月

문헌 연구 방법

	9월		9월	8월	8월
	10월		10월	11월	11월
	11월		11월	12월	12월
癸酉(1573)	1월	癸酉	1월	丁丑(1577) 1월	丁丑 1월
	2월		2월	3월	3월
	3월		3월	4월	4월
	5월		5월	5월	5월
	6월		6월		
	7월		7월	※『石潭日記』記事 中 <戊辰 가을>·	
	8월		8월	<戊辰 11月>·<庚午 5月>·<壬申 12	
	9월		9월	月>·<甲戌 閏12月>·<乙亥 12月>의	
	10월		10월	記事는『宣祖修正實錄』에 실려 있지	
	11월		11, 12월	않다.	
甲戌(1574)	1월	甲戌	1월		
	2월		2월		
	3월		3월		
	4월		4월		
	4월		5월		
	6월		6월		
	7월		7월		
	8월		8월		
	9월		9월		
	10월		10월		
乙亥(1575)	1월	乙亥	1월		
	3월		3월		
	4월		4월		
	5월		5월		
	6월		6월		
	7월		7월		
	8월		8월		
	9월		9월		
	10월		10월		
	11월		11월		
丙子(1576)	1월	丙子	1월		
	2월		2월		
	3월		3월		
	7월		7월		

Ⅲ. 문헌 연구 방법

본고는 『眉巖日記』의 서지와 사료적 가치에 대하여 고찰하였다. 앞에서 논의된 사항들을 요약하여 결론으로 삼겠다.

現傳하는 自筆日記는 지금까지 알려진 11冊이 아니라 10冊으로, 1567년 10월 1일부터 1576년 7월 29일까지의 기록이다. 自筆本 및 異本들을 조사한 결과, 1567년 10월1일부터 1577년 5월13일까지 日字가 누락되지 않은 『眉巖日記』는 하나도 없었다. 그리고 現存하지는 않지만, 1567년 10월 1일 이전의 일기가 있었던 것으로 보인다. 그러니까 1567년 10월1일부터 일기를 쓴 것이 아니라, 그 이전부터 일기를 쓴 것으로 여겨진다. 따라서 現傳하는 일기보다 그 분량이 더 많았던 것으로 짐작된다. 그리고 眉巖이 일기를 쓰게 된 근본적인 동기는 올바른 역사 인식과 진실구명, 자기 고백을 통한 반성 내지는 자기 성찰을 하기 위해서인 듯하다. 또 부친과 형의 일기가 존재했던 사실, 李滉・李珥・盧守愼・禹性傳・鄭澈 등과 같은 당대의 학자나 문인들 일부가 일기를 썼고, 이에 대한 관심을 가졌다는 사실도 眉巖이 일기를 쓰게 된 이유 중의 하나로 보인다. 특히 眉巖은 병환 중에도 일기를 썼고, 타계하기 이틀 전까지 일기를 썼다. 이는 꼼꼼하고 솔직한 성격과 선비정신에서 비롯된 것이라 하겠다.

『眉巖日記』는 보물 제260호로 그 사료적 가치를 인정받고 있다. 그런데 현재까지 일반적으로 알려진 사실, 즉 『宣祖實錄』을 撰修할 때, 宣祖 즉위부터 11년간의 사료가 柳希春의 『眉巖日記』・李珥의 『石潭日記』・奇大升의 『論思錄』 등을 근거로 편찬되었다는 설은 시정되어야 한다. 宣祖 즉위년(1567) 10월부터 宣祖 10년(1577) 5월까지의 『宣祖實錄』 기록은 주로 『眉巖日記』를 참고로 하여 편찬되

문헌 연구 방법

었다. 반면『論思錄』은『宣祖實錄』편찬에 더러 활용되었을 뿐이며, 『石潭日記』는『宣祖實錄』편찬 시 별로 참고 되지 않았고,『宣祖修正實錄』편찬에 주로 활용되었다. 그러므로『宣祖實錄』편찬에 가장 중요한 역할을 한 것은『眉巖日記』이다.

『眉巖日記』는 개인의 日常事뿐만 아니라, 왕조사회의 상층부에서 國事를 논의한 사실까지 사실적으로 가식 없이 진솔하게 기록하고 있다. 이와 같은 사실 기록의 진실성 때문에 후일『宣祖實錄』편찬 시『眉巖日記』가 史草처럼 채택되고, 또 그 편찬에 핵심적인 몫을 담당하게 되었던 것으로 짐작된다.

한편,『眉巖日記』는 문학적·역사적 가치뿐만 아니라, 정치·사회·경제·행정·사상·예속·민속·어학·한의학·복식·풍수지리·천문기상·식생활사적으로도 그 자료적 가치가 높이 평가된다.[92]『眉巖日記』는 당시의 모든 면을 총체적으로 담고 있어 진정한 의미에서의 日記요 日記다운 日記이다. 日記의 大作이며, 우리나라 日記의 白眉라 하겠다. 그러므로 柳希春의『眉巖日記』는 새롭게 평가되어야 한다.[93]

---

[92] 柳希春과『眉巖日記』에 대해서는 拙稿(「眉巖日記 硏究」, 檀國大 博士學位論文, 1996)와 拙著(『眉巖日記硏究』, 제이앤씨, 2008)를 참고할 것.

[93] 송재용,「미암일기의 서지와 사료적 가치」,『退溪學硏究』제12집, 단국대 퇴계학연구소, 1998.

IV

맺음말

Ⅳ. 맺음말

　이상과 같이, 문헌(文獻)과 서지학(書誌學)의 이해, 문헌 연구 방법(방법론적 모색, 실제 적용 사례) 등에 대하여 논급하였다.
　필자는 한국문학 연구, 특히 고전문학과 한문학에 관한 연구는 자료학이 선행되어야 한다고 주장하는 학자 가운데 한 사람이다. 한국문학(특히 고전문학과 한문학)은 자료를 대상으로 하고, 근거 제시를 하는 기초적·기본적 학문이라는 것이다. 자료를 찾고 풀이하는 것은 한국문학 연구의 필수적이고 지속적인 작업이요 과제이다. 그러나 그동안의 노력(개인, 교육부, 대학교, 국공립도서관, 고전 국역 기관, 공공 단체, 학회, 연구소 등등)에도 불구하고, 알려지지 않은 많은 자료가 지금도 훼손·소멸하고 있다. 따라서 자료 수집이 시급하다. 우리가 이용할 수 있는 마지막 기회가 얼마 남지 않았다. 그동안 어느 정도 성과는 있었지만, 아직도 부족하다. 그 대비책을 수립하고 이를 실행해야 한다.
　그런데 자료 정리가 이루어지지 않은 상태에서 이론적 연구를 한다는 것은 무리일 수도 있다. 그러나 그렇게 생각해서는 안 된다. 자료학에 머물러서는 절대 안 된다. 우리가 먼저 자료학을 위해서는 자료에 대한 이론이 필요하다. 닥치는 대로 모으는 작업이 아니라, 우선 무엇을 어떻게 모아야 하는가 따지는 것부터가 이론의 소관이다. 그리고 수집한 자료를 해독하고, 주석하고, 비교 검토하고, 그것이 한국문학 연구에서 차지하는 의의를 밝혀내려면 서지학적 작업에서 출발했던 이론이 사실 고증의 이론으로, 사실 고증의 이론이 작품 분석의 이론으로 발전하지 않을 수 없다. 자료가 아직 불완전한 단계에서 이론은 가설적인 이론이라고 할 수 있는데, 가설적인 이론은 자료의 확대와 함께 점차 검증되고 수정될 각오를 하고 제기되어야만 한다. 특히 자료학과 이론학은 조화를 이루어야 한다. 그런바 한국문학 연구에서 자료와 방법론은 별개의 차원에서 논의되어서는 안 된다. 따라서 자료 발굴 정리와 방법론적 모색, 자료와 방법론의 다양한 결합이 요청된다. 그러므로 필자는 이를 위해 문헌과 서지학의 이해와 함께 문헌 연구 방법의 방법론적 모색과 실제 적용 사례를 제시해 이 방면의 전공 학생들(학부생과 대학원생)과 연구자들에게 조금이나마 도움을 주려는 의도에서 이 책을 썼다. 잘못된 부분이 있으면 질정(叱正)을 바란다.

  끝으로 국학(고전문학, 한문학, 역사학, 한국철학 등)을 전공하는 학부생·대학원생들이나 연구자들은 문헌과 서지학에 대한 기본적·일반적 지식을 갖추고 있어야 한다. 이를 토대로 문헌 연구 방법 등을 통해 국학 연구를 해야 한다. 특히 고전문학과 한문학을 전공 연구하는 학부생과 대학원생, 연구자들은 반드시 알고 있어야 한다. 서지학이나 문헌 고증학, 문헌 연구 방법 등을 모르고 연구한다면 낭패 보기 십상이다. 필자는 고전문학과 한문학 전공 학생들(학부생과 대학원생)과 연구자들이 문헌과 서지학에 대한 이해와 문헌 연구 방법 등을 알고 전공 공부를 하거나, 연구에 임했으면 하는 바람이다(*참고문헌은 각주로 대신함).

저자 소개

황패강(黃浿江. 본명 : 黃日榮. 1929~2009)

평양출생

평양교원대학 국문과·단국대학교 국문과 졸업, 건국대학교 대학원 졸업(문학박사)
단국대학교 동양학연구소 소장, 박물관장, 문리과대학 학장, 부총장, 한국고전문학회 회장, 국어국문학회 대표이사, 동아시아고대학회 초대회장 역임
25회 서울시 문화상(1976년), 10회 위암 장지연상(한국학 부문, 1999년) 수상
국민훈장 모란장(1993년) 수훈

주요 저서

『한국서사문학연구』(1972년), 『조선왕조소설연구』(1978년), 『향가문학의 이론과 해석』(2001년), 『한국신화의 연구』(2006년) 등 35책

주요 논문

「임제와 원생몽유록」(1972년), 「신라향가연구」(1975년), 「신라불교설화연구」(1975년), 「호질 연구」(1978년), 「사뇌가 양식의 고찰」(1978년), 「양반전 연구」(1978년) 등 190편

송재용(宋宰鏞)

대전 출생
단국대학교 문리과대학 국어국문학과 및 동 대학원 졸업(문학박사)
동아시아고대학회 회장
단국대학교 교수협의회 회장
단국대학교 동아시아전통문화연구소 소장
단국대학교 교양교육대학 학장 역임

주요 저서

『한국 의례의 연구』(2007년 문화관광부 우수학술도서), 『미암일기 연구』(2008년 문화체육관광부 우수학술도서), 『삼국유사의 문학적 탐구』(공저, 2009년 문화

체육관광부 우수학술도서), 『한국 민속 문화의 근대적 변용』(공저, 2010년 학술원 우수학술도서), 『일생의례로 보는 근대 한국인의 삶』(공저, 2014년 세종우수학술도서), 『개화기에서 일제강점기까지 한국 민속 연구』(2017년), 『하재일기에 나타난 민속 연구』(2020년), 『문헌을 통해 본 한국의 의례』(2022년), 『16세기 여성 문인 송덕봉』(2022년), 『한국 고전문학의 이해』(2023년), 『구한말 최초의 순국열사 이한응』(2007년), 『조선의 설화와 전설』(공역, 2007), 『조선시대 선비 이야기 – 미암일기를 통해 과거와 현재를 보다』(2008년), 『옛사람들의 처신과 글을 통해 배우는 삶의 지혜와 교훈』(2022년) 등 다수

주요 논문
「한국 일기문학론 시고」, 「한중일 의례에 나타난 공통성과 다양성」, 「여류 문인 송덕봉의 생애와 문학」, 「한시 분류와 해석을 위한 시각의 재정립」 등 다수

문헌 연구 방법

초 판 인 쇄	2025년 06월 09일
초 판 발 행	2025년 06월 19일
엮 은 이	황패강·송재용
발 행 인	윤석현
발 행 처	박문사
등 록 번 호	제2009-11호
우 편 주 소	서울시 도봉구 우이천로 353
대 표 전 화	02) 992 / 3253
전 송	02) 991 / 1285
홈 페 이 지	http://jncbms.co.kr
전 자 우 편	bakmunsa@hanmail.net
책 임 편 집	최인노

ⓒ 황패강송재용 2025 Printed in KOREA.

ISBN 979-11-7390-012-9 93800   정가 20,000원

* 이 책의 내용을 사전 허가 없이 전재하거나 복제할 경우 법적인 제재를 받게 됨을 알려드립니다.
** 잘못된 책은 구입하신 서점이나 본사에서 교환해 드립니다.